教育成层研究

黄济题

刘生全 著

教育科学出版社
·北 京·

献給我的女儿刘孟和

作 者 简 介

刘生全，男，河南省商城县人，博士，研究员。曾在小学、初中和中等师范学校短期执教，并曾担任本科生辅导员。先后在教育部高校学生司、北京师范大学锻炼和工作。2007年通过处级干部公开招考进入北京市委宣传部，参与筹建北京市文化创意产业促进中心，现任该中心副主任兼产业发展部部长。

主要学术兴趣为教育基本理论、教育社会学、图书出版学和文化创意产业研究。先后在《教育研究》、《北京师范大学学报》（社科版）、《华东师范大学学报》（教科版）、《北京大学教育理论》、《教育学报》等教育类学术刊物，《出版发行研究》、《出版参考》、《大学出版》等出版类刊物，以及《中国教育报》、《中国文化报》、《中国图书商报》、《溪流》等报纸和杂志上发展学术论文、杂文及书评三十余篇，其中多篇被《新华文摘》、人大复印资料《教育学》等刊物转载。参与《考试社会学》、《中国教育大系》等专著和工具书的撰写与修订工作；主持完成省部级科研课题五项。出版学术专著《论教育批评》。

目　　录

表 目 录

图目录

序一　谈社会秩序的教育基础

谢维和

社会发展的基本理论与规律告诉我们，通过不断的分化，一个社会在发展的过程中，必然会通过不同的阶层、不同的群体的出现而变得越来越复杂。因此，建立必要和适当的社会秩序，保持社会的稳定与有序发展，应该是社会建设与社会管理的重要和基本任务。正是在这种社会秩序的建设中，教育在社会分层中的作用与功能实在是不可小觑，并且具有了越来越重要的意义，甚至可以认为是对整个社会秩序的建设与形成发挥了基础性的作用。换句话说，现代社会中差异的存在是客观的，也是不可消灭和否定的。问题在于，社会中客观存在的这些差别，以及由此所形成的社会分层，究竟是如何形成的？它们形成和存在的根据与基础是否合理？或者说，社会的差别与分层是通过什么路径形成的？教育在其中应该扮演一个什么样的角色？刘生全先生的《教育成层研究》一书，非常深入地描述了教育成层的发展历程与演变过程，对教育成层以及相关的基本概念进行了专门化的讨论，特别是对教育成层的理论做了比较系统的阐述与分析，同时，还能够结合当代中国社会的转型以及现代社会的发展等维度，进一步阐述了教育成层的意义与价值。也正是通过这样非常详尽与深入的分析与阐释，说明了现代社会中合理的社会分层的根据与基础是什么，并由此深化了对教育的社会功能的认识。

应该说，社会分层是一个非常重要和基本的社会科学研究的对象与问题，从卡尔·马克思到马克斯·韦伯；从阶级与社会分层，到种族、性别与社会分层等，几乎所有的社会学家都不会也不能回避这个问题。马克思通过生产关系与社会分层的关系的研究，特别是通过对阶级与社会分层之间关系的深入阐述，为后人的研究提供了基本的指导，也奠定了一个非常坚实的基础；而韦伯所提出的“阶级、地位与政党”的三要素，以及它们之间复杂的相互影响的分析模式，则进一步丰富和深化了社会分层的理论研究，而且也为社会分层的研究提供了更加灵活、更加周密的基础。当然，以后的许多学者在这些基础上也不断发展出新的更加具体的理论与方法。其中，特别值得一提的是法国思想家布迪厄的研究，他通过对现代社会影响社会分层的若干因素的具体分析，发现除了经济因素之外，还有许多文化的因素；同时在一般地位因素的基础上，进一步阐释了影响地位因素的一些更加具体的元素，并通过对“文化资本”的研究，丰富了传统经济学意义上的资本概念。在他看来，影响社会分层的基本因素包括四个方面：经济资本、社会资本、文化资本与符号资本，由此更加进一步拓展和深化了人们对社会分层的认识。

这里并不想非常详尽地介绍和讨论社会分层理论的发展，但即便是如此简单的说明也十分清楚地反映出，教育这个一直影响和制约社会分层的力量或因素，已经逐步从“后台”走到了“前台”，从一种间接的变量变成了非常直接的变量。可以说，这样的一种变化，既是社会现代化进程的一种必然，也是社会民主化建设的内在要求。我们很难想象，在现代民主社会中，人们还能够容忍或者接受仅仅通过一些外在的力量或因素，来产生和形成人们彼此之间的差异，以及社会的分层；或者说，人们还能够或者愿意听任某些不合理的制度或因素来安排自己的社会地位与身份，以及彼此之间的社会联系。我们所看到或者听到的更多是，人们希望这样一种社会的分层能够更加合理；人们能够有更多的自主权，并且凭借自己的努力来争取并获得自己的社会地位与适当的社会身份；即便是不得不服从社会与制度的安排，也强烈地呼吁和要求这样的制度安排能够更加科学与合理，以至于即便出现事与愿违的结果，也能够心悦诚服地接受。也正是在这种“民意”的基础上，在社会进步的推动下，教育对社会分层的功能与作用可谓是“应运而生”，并且通过各种不同的形式，获得了越来越广泛的关注。如今社会上对教育的如此广泛和普遍的批评，对教育公平的如此高调和强烈的诉求，实际上也从另一个角度反映了教育在社会分层中的重要性。

教育对社会分层的功能与作用，在教育学的专业术语和概念系统中，表达为“教育的选拔功能”，也有人称之为“教育的成层功能”。这是教育的诸多社会功能之一，通俗地说，教育的这种选拔功能，指的是通过教育及其必要与合理的评价机制，不断地认识与发现不同个体的特点与才干，及其优势，并加以有针对性的培养与帮助，进而使他们能够根据社会发展的需要，以及现代社会分工体系的特点，找到自己比较合适的职业与身份，以及恰当的社会地位。从另外一个角度说，教育的这种选拔功能恰恰是通过教育本身的各种分化或者分流措施，包括评价体系中的各种选拔机制，形成学生在教育系统中的分层与差异，由此成为他们的社会分层与差异的基础。显然，从理论上讲，这样一种分层机制并不单纯依靠某些外在因素，包括财富与权力，也不是凭借某些强制性的手段，相反，它充分尊重了学生个体的努力与自主性，也体现了某种相对而言比较合理的制度安排。由此可见，教育在社会分层中的这种选拔功能的确是现代社会发展中的一种十分关键的力量，并且获得了越来越广泛的关注。按照某些教育社会学家的观点，当代社会中几乎所有政府和老百姓对教育的关注，与其说是对经济社会发展所需人才的关注，不如说是对教育的这种选拔功能，以及教育在社会分层中的作用的关注。因为，从一定意义上说，现代社会中教育的这种选拔功能对于人们和政府的重要性，其利益相关性可能已经超过了人才培养的功能。

也许有人会觉得奇怪，教育的功能是促进和提高社会公平，怎么还会有这种选拔的功能呢？教育怎么还能够成为影响社会分化的重要因素，进而影响和制约社会分层呢？这样说，教育似乎是在“制造着”社会的不平等，这是不是与教育促进和提高社会公平的功能互相矛盾呢？其实，教育的这种选拔功能和影响社会分层的作用，与教育公平并不是矛盾的，它们甚至可以认为是相辅相成的，是统一的。而且，教育的合理的选拔功能甚至还有助于进一步促进和提升整个社会的公平。实事求是地说，现实社会是不可能绝对公平的，社会阶层与群体之间的差异是客观存在的，社会建设与管理的任务并不是消灭差异与分层，而是建构一种比较合理的分层基础，使社会的分化比较合理，使不同阶层与群体之间形成合理的关系，即良好的社会秩序。其实，问题并不在于社会中是否存在差异或者不均等，更加重要的是，这样一种差异或者不均等是否能够为人们或者大多数人所接受和认可。或者说形成这种差异或者不均等的基础、机制和路径是否合理，能否得到大家或者大多数人的认同。而且，教育公平也并非绝对的没有差异和区别，换一个角度说，教育公平也意味着建构起一种比较合理的教育秩序。

应该看到，教育的这种选拔功能或者成层功能在现代社会中得到了越来越充分的重视，也的确发挥了越来越重要的作用，促进了社会的健康合理的分层，进而提升了整个社会的公平。但令人遗憾的是，我们也不能不看到，由于某些原因，教育的这种选拔功能在某些地方并没有能够发挥出它所应该发挥的作用。且不说某些人在教育理论上的“糊涂”，分不清教育的这种选拔功能与教育公平之间的关系，进而一味地以教育公平否定教育的选拔功能，至少是避而不谈或者冷漠化。仅仅由于制度设计或者政策等方面的不恰当，以及某些主观或者客观的原因，本来应该是克服或者取代某些传统的或者是不合理的分层因素的教育的选拔功能，却在一定程度上沦为了某些不合理的社会分层力量的“伙伴”，以至于进一步加剧或者是强化了现代社会分层的不合理性，在某种程度上甚至为某些不合理的分层披上了一层“正当”的外衣。这不能不是教育的某种“悲哀”。本来是社会和人们寄予厚望的教育如今却使人们更加失望。也恰恰是由于这种选拔或者分层功能的变形，本来应该由此而得到地位提升的教育，却招致越来越严厉的批评与指责。更有甚者，由于教育的这种选拔与成层功能的变形，不仅降低了教育的地位，影响了教育的形象，而且是在一定程度上造成了社会的失序。

本书关于教育成层功能的理论分析与讨论，还包含了两个非常重要的意义。首先，从理论方面讲，作者并没有简单地就事论事地讨论教育成层，而是通过对教育成层功能在现代社会的发展与变化，进一步思考和分析了教育与社会的关系，并且在理论和实践方面提出了新的构想。我自己在多年以前也曾经提出过类似的问题，似乎感觉到现代社会中教育的功能与作用已经越来越大，而且教育与社会的关系好像正在悄然发生着某种变化。但由于本人认识水平与理论水平的限制，并没有能够通过某个切入点对此进行比较深入具体的研究。尽管我还不能简单地认为教育成为了整个社会的基础，但刘生全先生通过对教育的成层功能的研究，进而对教育与社会之间关系的探讨，确实为我们对这个问题的认识提供了非常有价值的思路与启发。其次，从现实的角度看，刘生全先生关于教育成层的研究，也为我们当代中国的社会建设与社会管理提供了十分重要的思路与方法。由此我们可以看到，教育既是社会建设与社会管理的重要内容，也是实现社会稳定的重要力量。无疑，社会秩序的重建不能不是社会建设与社会管理的重要内涵。改革开放不仅意味一种经济体制的转型与重建，它同样是一种社会秩序的转型与重建。从某种意义上说，社会秩序的重建的难度一点不比经济秩序的重建容易，它需要非常缜密的分析与设计，需要更加广泛的实践与探索，而且需要更加广泛的社会认同与支持。可以毫不夸张地说，如何形成更加合理的社会分层的机制与基础，肯定是其中最重要的方面之一。

2011 年中秋于清华荷清苑

（作者为清华大学教授、博士生导师、副校长，清华大学教育研究院院长）

序二　分层的循环

周作宇

20 世纪九十年代中期，我的导师孙喜亭先生和成有信先生为活跃学术气氛、探讨教育学理、提携带动后学，以北师大为基地，以博士生为主体，创建了教育博士论坛。论坛进行周期性交流，论题由两先生商量确定，多为当时教育热点问题。一次讨论中，突然站起一位青年学者，发言自信自如，思想锋芒毕露，给人深刻印象，原来是谢维和先生指导的硕士研究生刘生全。那次论坛过去不久，我居然成为他硕士论文《论教育批评》的答辩委员。我们的交往由此多了起来。他毕业后留北师大出版社就职，学术情结有增无减，并再次追随谢维和先生攻读博士学位。博士选题《教育成层研究》所及问题，亦为我长期关注。当其论文正式出版之际，我们各自已经或正准备流动迁徙。职业的变化或个人空间的转移也许对一个相对稳定的社会结构没有太大的影响，对个人的影响却是深刻的。生全离开北师大后在北京市文化创意产业领域驰骋，关注线扫过的面积日益扩大，观察到的社会众生面貌日益增多，阅历渐深。个人的丰富性非十几年前的血性愤青能及。世多变化，但唯有一点，他那颗学者的心始终没有变。对有的人而言，学术是生活的饭碗，还有的人学术与生存统一，学术即生存，生存即学术。在学术饱享期许和饱受怀疑的时代，留一份学术的情怀出入庙堂游走江湖，岂不是世俗生活的别样风景？

现代社会学术离不开教育。教育是学术阶梯的重要支架。学术职业惟其发现实事、切割知识边缘在社会结构中独树一帜，但并不是社会的唯一。事实上，对普罗大众而言，学术的社会功能似乎有限，学术的价值也难得所有人意识。不过，如卡尔·波普尔所言，“通过知识获得解放”，或如保罗·

弗莱雷所主张通过教育获得解放，知识的价值和教育的功能没有人怀疑。在笼统地认识到教育发挥作用的同时，必须清醒地考察教育对不同人群发挥作用的机制和效力，这是需要从学理上理清的一个课题。

布鲁纳在《教育文化学》中曾引用过一个谚语：鱼也许是最后一个发现水的动物。其寓意是人在特定的文化社会场景中生活，但往往表现出对环境的漠视和无知。人可以创造或改变环境，但总归为环境所熏染和浸渍，时间久了便可能麻木或习惯性地顺从。在人和环境之间保持怎样的张力，反映出人的个体特征。沿着这样的思路看，人和教育、教育和社会、国内社会和国际社会，如此水波般延伸开来，逐级反映出不同主体在不同系统之间张力结构中的性格特征。在人们向往的理想国，人人平等，个个发展，正义守护国际规则和社会秩序，教育滋润呵护并且培育良心。但在现实中，社会分层是普遍现象。社会分层源于个体差异。个体差异加人们对差异的评价，就构成社会分层。在社会分层中，处在不同层级的个体所能获得的社会资源不同，从而拥有的社会资本进而经济资本就有可能不同。所以，为获得分层中的有利位置，个体及其重要相关人会寻找各种资源参与层级竞争。在其中，教育是基本的也是非常重要的竞争要素。惟其如是，重视教育为文化传统的一道抹不去的花纹。通过教育获得社会地位几乎成为不言而喻的共识。社会筛选是教育诸功能中不能回避的一个，对许多人而言或许是最重要的一个。系统地而不是片面地研究教育问题，必须将教育放在更大系统之中考察。教育和社会的关系是这幅大图中一丝重要线条。其中，社会选择、社会流动、教育成层等概念构成基本的研究范畴。生全的《教育成层研究》从社会学的成层角度对教育和社会的关系进行了有益的探索，从历史钩沉到理论建构，从条件分析到机制构想，为本领域的研究涂上了一层理论的灰色，其“价值不言，后自成蹊”。

2011 年 8 月

（作者为北京师范大学教授、博士生导师、教育学部首任部长，新疆师范大学副校长）

导　　言

本书在笔者的博士论文的基础上修改而成，所探讨的基本问题是：在人类生生不息的进程中，被称为“教育”的这种社会存在究竟扮演着什么角色？换言之，在人类漫长的演化进程中，特别是在发生了深刻变化的现代社会里，教育这种社会存在究竟发挥了怎样的功能、正在或将会发生怎样的变化？通俗言之，本书关注的是教育的重要性及其变化这一基本问题。本研究并非泛泛而论，而是聚焦于教育成层这一主题，选取成层和建构两个视角，对教育功能（教育重要性的别称而已）及其变迁作了历史和现实的双重考察，以期寻找教育作用于社会结构的路径和基本规律，揭示教育对于个体的社会地位的价值及影响方式。

教育功能深受社会历史条件的制约，集中表现为在不同社会形态下或在社会的不同历史阶段中，教育功能的形成、释放总会带有该社会形态和历史阶段的鲜明烙印。因此，教育功能的具体形态必然随社会形态之演变和历史阶段之更迭而不断发生变化。这种历史规定性特征为考察教育功能的变迁提供了规律性依据，成为本研究赖以展开的基本理论假设。

成层是教育的重要功能。教育成层研究是西方教育社会学研究中的重要专题之一，迄今已形成包括英才主义说、再生产说和文化市场论诸流派在内的理论成果。在我国 20 世纪 80 年代开始的教育功能大讨论中，教育成层也成为国内学者关注并热议的对象。本书综合既有相关研究成果认为，所谓教育成层，乃是教育根据一定历史时期的特定社会要求和自身承载能力，在对一定的社会成员施加影响的过程中对其加以选拔和淘汰，实现财富、权力、文化和职业诸方面的社会分配，从而使社会的阶级—阶层结构不断得以形成、补充和再生的过程。

纵观人类社会变迁进程，自农业革命以来已经历了从传统社会到现代社会的深刻转型，目前正在迈向所谓的后现代社会，这是一次更为深刻的社会转型。

教育成层功能的形成与释放深深扎根于特定的社会和教育土壤之中，因此离不开特定的社会条件和教育条件。前者指教育成层的社会基础和依托，主要表现为物质资本和货币资本占主导地位的资源特征、缓慢而逐渐加速的社会变迁及相对封闭的社会结构特征、社会对教育的弱依存性特征；后者指教育成层的教育基础和依托，集中表现为教育结构和规模的有限性、教育价值取向上的工具主义、教育运行模式上的非正式性和工厂化特征等。

工业革命肇始以来，特别是20世纪中叶以来，人类社会及教育活动均发生了深刻变化，集中表现为伴随知识化的提速和加深，人类社会越来越成为知识社会，教育在此过程中获得了空前扩张与发展，地位和功能发生了质的转变，由此导致既有教育成层理论已不足以对教育在新的时代背景和社会条件之下的成层功能作出富有说服力的描述和解释。本研究基于教育对现代社会的影响愈益突出并越来越带有建构特征的客观现实，吸收包括知识社会学、布迪厄的文化资本理论、吉登斯的结构化理论、皮亚杰的发生认识论等在内的相关理论和建构主义、后现代主义等思潮中所蕴涵的建构思想，提出、阐释了教育建构概念并对教育建构机制予以描述性分析，从而试图拓展教育成层研究。所谓教育建构，作为描述教育的地位、功能及其变化的概念，系指社会特别是现代社会越来越成为教育活动的产物，亦即教育在现代社会的生成、运行和变迁过程中扮演着积极的行动者角色，发挥着"制造"或"创生"现代社会的重要功能。

本研究认为，教育在现代社会中发挥的成层功能之所以可用建构概念予以拓展，是基于现代教育具有建构主体资质、中介属性、知识属性和时代特征等基本条件。本书在教育与社会的实体结构、功能结构、意义结构、地位结构的诸多关系中，通过教化与内化、社会整合、合法化，符应原则、文凭与证书，文化资本、生存心态，教育选拔、教育分流、身份文化等分析工具，对教育建构功能的形成与释放机制进行了初步探讨。

由于教育成层研究在我国教育社会学中往往以“教育和社会的关系”面目出现，“教育和社会的关系”又是教育社会学乃至教育学的一个基本范畴，因此本书最后章节结合对现有教育社会学和教育学理论在“教育和社会的关系”解释上所面临的现实与理论的双重挑战的剖析，在教育成层研究基础上对教育和社会的关系理论予以理性反思，通过阐述“教育的社会基础”观点并提出“社会的教育基础”观点，期望达到对审视教育和社会关系的理论视野予以拓展。

第一章　重回教育成层研究

这是一个充满变革的世界。在这里，充斥着深刻的矛盾、碰撞和社会分化……

——［英］安东尼·吉登斯

（Anthony Giddens，1938—　）

一、教育批评运动

曾几何时，教育开始成为全社会普遍关注并津津乐道的话题。然而，在对教育的关注与议论中，更多的是质疑、不满和指责之声；甚而至于，汹涌而至的教育批评已形成一种社会运动①，昭示着一个前所未有的“教育批评时代”——人人对教育皆可得而口诛之、笔伐之的年代——在不知不觉中悄然降临。

作此断言是有充分依据的。根据笔者所作的不完全统计，20 世纪 90 年代中后期以来，见诸《南方周末》《中国青年报》《中国教育报》《中国妇女报》《北京青年报》《岭南文化时报》《人民政协报》等报纸，以及《新华文摘》《读书》《方法》《北京文学》《科技导报》《教育参考》《中国改革》等杂志或学术刊物的教育批评类文章就多达数百篇，近些年国内图书市场上唾手可得的教育批评文集和专著更多达数十部。现不妨略呈笔者藏书中的若干此类文本予以说明：

① 关于从社会运动角度理解教育批评现象，可参见谢维和教授等人所著《中国的教育公平与教育发展（1990—2005）》一书第三章的有关内容，教育科学出版社，2008 年版。

——《中国语文教育忧思录》，教育科学出版社，1998 年；
——《盲点：中国教育危机报告》，中国城市出版社，1998 年；
——《教育：我们有话要说》，中国社会科学出版社，1999 年；
——《杞人忧师：拯救中国教育》，中华工商联合出版社，1999 年；
——《审视中学语文教育：世纪末的尴尬》，汕头大学出版社，1999 年；
——《回眸与前瞻：世纪之交的教育批评》，湖南师范大学出版社，1999 年；
——《沉疴：中国教育的危机与批判》，南方出版社，1999 年；
——《问题与对策：也谈中国语文教育》，教育科学出版社，2000 年；
——《教育的问题与挑战：思想的回应》，南京师范大学出版社，2000 年；
——《中国教育：还等什么？》，经济日报出版社，2001 年；
——《先有蛋，先有鸡？——透视中国教育》，中国民航出版社，2001 年；
——《中国教育面临的紧要问题》，经济日报出版社，2002 年；
——《教育病：对当代中国教育的拷问》，中国社会出版社，2003 年；
——《教育批评》，四川文艺出版社，2004 年；
——《大学有问题》，天地出版社，2004 年；
——《中国新教育风暴》，北京出版社，2004 年；
——《直击中国教育底线》，中国社会科学出版社，2004 年；
——《谁的大学》，云南人民出版社，2005 年；
——《教育的痛与痒》，北京大学出版社，2005 年；
——《拷问中国教育》，文汇出版社，2005 年；
——《体制迷墙：大学问题高端访问》，天地出版社，2005 年；
——《逝去的大学》，同心出版社，2005 年；
——《教育的终结》，江苏人民出版社，2006 年；
——《反思中国教育》，上海三联书店，2006 年；
——《吓人的国粹教育》，北岳文艺出版社，2006 年；
——《论教育批评》，教育科学出版社，2006 年；
……

不可否认，新中国成立六十多年特别是改革开放三十多年来，我国教育的改革与发展确实取得了巨大成就，其中中国特色社会主义教育体制基本框架的确立、高等教育的大众化、新课程的研制与推广、“两基”目标的基本实现这些可圈可点的业绩，有力地表明我国作为一个教育大国已成为不争之事实。[①] 但令人不解的是，社会各界对教育的满意度并未随这些成绩的取得而“水涨船高”；相反，人们对教育的批评却日甚一日。一方面是有目共睹的快速发展，另一方面却是批评之声迭起，二者间形成了“教育越发展，人民越不满”的悖论。这究竟为何？实际上，温家宝总理也曾有类似困惑：“新中国成立60年来我国教育事业有了很大发展，取得了巨大成绩，这些成绩是不可磨灭的。但是，为什么社会上还有那么多人对教育有许多担心和意见？”[②] 这种现象无疑是值得关注和深思的。

就消极影响而言，这种人人对教育都“有话要说”的局面，使教育不得不面对前所未有的“不能承受之重”，同时也背负上了令人担忧的“难以承受之轻”：在如潮的质疑和批评声中，教育的积极作用渐趋模糊以致无足轻重起来，甚至有一种声音认为多年的教育改革与发展和医疗卫生领域一样，基本上是失败的。[③] 于是，教育陷入一种尴尬境地：一方面是社会对教育的要求和期望值如此之高，另一方面则是对教育的评价和认同度如此之低。一“高”一“低”之间的严重失衡已将教育置于无奈境地：公众的期望值愈高，愈容易导致因放大缺点而对教育的不尽如人意之处缺乏客观认识，教育因此会获得负面社会评价，表现为人们对教育普遍产生不满情绪；对教育愈不满，愈容易影响到对教育的认同和支持；没有必要的认同、支持和投入，教育就会更加举步维艰，难以达到社会的预期……这种恶性循环会使社会和教育之间陷入紧张、冲突甚至对立的关系状态，对教育的健康发展非常不利，最终必然会对社会发展造成巨大危害。

---

① 参见改革开放30年中国教育改革与发展课题组．教育大国的崛起：1978—2008［M］．北京：教育科学出版社，2008.

② 温家宝．教育大计，教师为本［N］．中国教育报，2009－10－12.

③ 中共中央党校的吴忠民教授就曾直言不讳地指出：“中国教育改革失败之处比成功之处要多不少……中国教育改革存在五大误区：义务教育严重滑坡，职业教育严重滑坡，教育产业化错误口号的提出与实施，大学乱合并，211、985投入过度。”（吴忠民．改革：开弓没有回头箭——答问录［G］//社会学家茶座．第13辑：42）

如何认识、应对当前教育所面临的信任和形象危机？笔者认为，这种危机是教育和社会关系现实状态的集中体现，剖析这种危机的产生根源就必须还原到教育和社会的关系这个原初问题上。也就是说，只有从教育和社会的关系上寻找问题之所在，才能“刨”出教育批评运动之“根”，进而“对症下药”地作出积极回应。当然，教育危机所触及的虽然是教育和社会的关系问题，但不能止步于此，还要进一步看到教育危机问题实乃教育功能形成与释放的问题。议论也罢，批评也罢，其实质不正是对教育的功能和作用的折射吗？人们不难感受到当下教育活动所依存的社会环境和时代背景较之过去已发生显著甚至“断裂性”变化，由此导致教育和社会的“关系”伴随时代变迁和社会发展呈现出崭新的特征。教育批评运动作为教育和社会互动状态的“晴雨表”，其出现本身就表明教育和社会的关系在当前存在着不容忽视的问题，也表明教育的功能和社会定位问题需要重新进入学术视野予以审视。①

既然教育和社会的关系出现了“问题”，而这个问题的根子又可理解为教育功能问题，那么，作为研究者我们不能不追问：究竟应该如何在低评价和高期望的巨大反差之中，对教育的功能予以新的诠释？究竟如何矫正或优化其功能的发挥，才能提高社会对教育的满意度？为何一向宣称以“教育和社会的关系”为研究对象的我国教育社会学学科却对教育和社会关系的现实如此麻木和无语？……

上述系列问题表明，我国教育社会学研究对“教育和社会的关系”这个基本理论与现实问题的认识是滞后于时代变迁与教育发展的。作为一名理论研究者，笔者认为，帮助教育走出信任和形象危机，需要首先去深入反思、检讨我们的教育观、社会观，以及对教育和社会的“关系”的既有认识；需要我们既立足于实践对教育与社会的互动过程予以分析，又着眼于理论对有关教育和社会关系的理论解释的恰切性重新予以审视。

基于以上理由，本书从关注教育的现实处境入手，在考察社会变迁和教

① 对于教育批评现象盛行所昭示的教育和社会关系的变化及其特征，谢维和教授在给拙著《论教育批评》所撰写的序言中敏锐地指出，它涉及教育合理性的重建这样一个基本问题。根据笔者的理解，所谓“教育合理性的重建”，正是伴随社会的发展如何给教育重新定位的问题，它触及现有教育理论如何与时俱进地对变化了的教育和社会关系作出新的解释的问题。

育发展中对教育功能的变迁及其特征，以及所体现的教育和社会的关系状态重新予以描述和解释。当然，需要指出的是，本书对教育功能的探讨并非泛泛而论，而是从教育社会学的理论资源库中撷取“教育成层”这一重要元素作为研究主题和理论工具，通过提出教育建构概念并对教育建构机制作初步探讨，来丰富和完善教育成层理论，最终达到拓展教育功能研究之目的。在当前这个普遍视包括教育功能研究在内的原理性问题为“畏途”的学术环境中，我们希望重返教育功能的探索能够对包括教育批评在内的诸多教育问题和社会现象有所透视，并力求对“教育和社会的关系”这个基本问题的理解有所突破。这或许正是我们对教育批评运动的一种参与或回应吧。

二、教育功能研究述评

自 1978 年教育学恢复独立学科地位以来，诸多基本的教育理论问题先后引起教育界乃至社会各界的高度关注和热烈讨论，形成了一个又一个讨论热潮，教育功能问题便是其一。[①] 根据有关研究者作的不完全统计，仅 1978—1995 年的 17 年间，国内各种刊物上发表的有关教育功能的论文就多达 825 篇计 600 余万字，有近 900 位研究者参与其中并贡献了智慧。[②] 今天看来，始于 20 世纪 70 年代末的教育功能大讨论既留下了不少值得肯定的成果，也存在一些遗憾，下面便对此予以回顾。

（一）研究阶段划分

对教育功能的认识过程是逐步深入的，具有鲜明的阶段性特征。1978 年以来的教育功能研究大致经历了四个阶段：

1. 从阶级斗争工具职能到生产斗争工具职能阶段（1978—1983）。该阶段的主要特征为：对教育功能的认识开始由政治领域拓展到经济领域。“建国以来，由于受苏联教育理论界的影响，在教育理论研究与实践中，始终把

① 此外，还有诸如教育本质问题、教育规律问题、教育价值问题、人的全面发展问题、教育与生产劳动相结合问题，等等。应该说，在那个思想活跃的年代，此伏彼起的讨论热潮对教育学的学科重建和教育理论的发展发挥了相当重要的作用。

② 瞿葆奎．教育基本理论之研究（1978—1995）［M］．福州：福建教育出版社，1998：275.

教育的性质和职能看得过于狭窄。这种职能观在‘文革’中进而成为教育是阶级斗争的工具、无产阶级专政的工具”①，20 世纪 70 年代开始的教育功能讨论首先就表现在对这种局面的冲击上。1978—1983 年，教育功能研究的“主旋律”主要为经济功能。根据有关统计，其间有 94 篇文章讨论教育与经济增长，分析教育与劳动力再生产，讨论教育与经济效益提高。②

2. 从工具功能到本体功能阶段（1984—1989）。该阶段的主要特征为：经济功能研究继续深化，伴随 20 世纪 80 年代中期的“文化热”，教育的文化功能研究也开始兴起。此间，有关教育的“本体功能论”和“工具功能论”在某些方面展开了激烈的交锋。

3. 多种功能的综合分析阶段（1990—1995）。该阶段的主要特征为：教育功能研究逐渐走向综合、深入和具体。“研究者已不再满足于分析教育具有什么样的功能上，而是进一步分析教育功能的形成、释放、阻滞等问题。”③

4. 功能研究继续推进并转而渐趋沉寂阶段（1996—　）。该阶段的主要特征为：一些研究者继续思考、探索着教育的具体功能形态，如选拔功能、社会化功能、成层功能等，将教育功能研究进一步向纵深推进。但也正是从这个阶段开始，教育功能讨论的热度开始下降，参与讨论的人气日趋稀薄以致教育功能研究逐渐进入“休眠期”。

（二）研究成果提炼

通过深入讨论和持续探索，教育功能研究迄今已取得一定的理论成果，集中表现在以下两个方面：

一是初步沉淀、形成了以有关概念与观点为元素的教育功能理论框架。功能、职能、作用；教育功能、教育职能、教育作用；教育功能与教育本质、教育价值等概念的关系；育人功能（本体功能）和社会功能（工具功能）、基本功能和派生功能、正向功能和负向功能、显性功能和隐性功能、期望功能和实效功能、自我保存功能和自我更新功能……诸多概念在这场功

① 瞿葆奎．教育基本理论之研究（1978—1995）［M］．福州：福建教育出版社，1998：278.

② 瞿葆奎．教育基本理论之研究（1978—1995）［M］．福州：福建教育出版社，1998：279.

③ 瞿葆奎．教育基本理论之研究（1978—1995）［M］．福州：福建教育出版社，1998：282.

能讨论中得以提出、辩论和澄清。这场有近千位研究人员参与的大讨论丰富了教育功能研究的话语资源，初步形成了分析教育功能的理论框架，为教育功能研究的继续推进奠定了一个基础性理论平台。

二是通过对教育的社会功能的讨论，形成了诸多关于社会功能的理论观点和相对明晰的分析框架。概括起来，对教育的社会功能的讨论所涉及的主题既包括教育的政治功能、经济功能、文化功能、社会变迁功能等，也包括对所有这些具体的社会功能类型彼此之间关系的分析，以及由这些具体功能组成的"社会功能"和"育人功能"之间关系的深入辨析①。形成了"本体论"（将人作为出发点，把教育的育人功能放在突出位置的观点）、"工具论"（将教育作为一种社会"工具"，强调把教育的社会功能放在突出位置的观点）、"统一论"（亦称结合论，认为教育的两大功能并非对立而是相互联系、统一的观点。根据"统一"的落脚点的差异又形成了"'人的培养'统一论""'社会作用'统一论""并行不悖论或自动统一论""'基础'与'主导'关系论"等几种不同观点）、"多模式、动态关系论"（认为教育的两大功能的关系形态不只是一种，而是在不同情况下具有不同的关系形态的观点。从现实角度看，教育的两大功能之间可能具有"一致型""不一致型""对立型"三种不同的关系模式）等不同的学术主张和理论观点，围绕上述诸多主题所展开的深入讨论形成了以社会功能的讨论主题和分析框架为表现形式的阶段性成果。

当然，本书研究的主题——教育成层亦位居其中。但可惜的是，人们并未就教育成层功能作深入探讨，以致直到今天，教育成层研究依然作为摆放在教育功能理论宝库角落里的"小不点"问题而被人忽视，这种局面或许正是笔者欲以这个微型问题为"杠杆"来撬动"教育和社会的关系"这个重大课题的动力之所在。

（三）主要问题与不足

综观教育功能研究过程及现状，还存在以下几点问题与不足：

---

① 详见瞿葆奎主编：《教育基本理论之研究（1978—1995）》一书第308—350页中的有关阐述。

一是研究取向多趋于抽象，实证研究相对缺乏。关于教育功能的大多数研究，无论是提出问题、分析问题，还是解决问题、得出结论，讨论者总有意无意地持超社会、超地域的研究立场，对教育功能形成、释放和阻滞的具体社会情境及时空条件的关注明显不足。而且，教育功能讨论所取得的成果多为个人想象加逻辑推演的纯理论描述，缺乏可作佐证甚或基础的必要实证分析。对现实的关注不够且带有宏大叙事之特征，使教育功能研究带有了“坐而论道”的痕迹。

二是二元论思维成了不少研究者的学术惯习。教育社会学者乃至教育学者是这场教育功能大讨论的主力军，但在讨论过程中，由于对人与社会二分的理论预设缺乏清醒意识，二元论思维成为不少研究者的惯习，他们在讨论中自觉不自觉地将社会和个体绝对割裂开来，结果对教育功能特别是对教育的社会功能的认识出现了“见社会不见人”的偏颇倾向。实际上，个体与社会是难以割裂的，即便是在教育社会学的母学科社会学当中，个体与社会也是一对永恒矛盾，围绕这对矛盾形成了所谓的主观论、客观论和综合论①等不同的理论分析取向。我们不禁要问：教育功能理论框架中的所谓育人功能和社会功能概念，以及基于这种区分而形成的育人功能论和社会功能论的科学性和必要性何在？这种区分有无令人信服的合法性？个体与社会之间的内在矛盾在教育功能讨论中究竟应该如何处理？如何在教育的社会功能研究中有效克服思维方式上对个体与社会的截然割裂？这些问题显然都是不应被忽视的。

三是教育的社会功能②讨论所依托的时空背景重传统而轻正在生成中的崭新社会形态。关于教育的社会功能的讨论通常总要预设一定的社会背景或时空条件作为话语平台。通过文献整理我们发现，20 世纪 70 年代末以来的

---

①　三种社会认识论在强调个体和社会孰先孰后上存在明显分歧：主观论强调个体在社会结构面前的能动性的地位，客观论则强调社会结构对个体的制约作用。综合论既看到社会对个体的制约，也看到个体对社会的能动作用，强调二者间的辩证关系。当代英国社会学家安东尼·吉登斯的结构化理论便是代表。

②　我们是在教育功能讨论的大背景下来谈“教育的社会功能”的，这符合教育功能讨论的客观过程。目前，教育学界在“教育是一种社会活动”这一点上日渐达成共识成为一种值得关注的事实，既如此，那么在宽泛意义上教育的功能自然也就主要是“社会的”，“个体功能”和“社会功能”的区分仅在特定且有限的意义上具有合理性。当然，从“教育的功能”和“教育的社会功能”作为两个不同概念层面上看，其差异是不可否认的。

教育功能讨论所依托的时空条件或社会背景多强调传统。具体言之，所强调的多为传统的农业社会或一般意义上的工业社会——这可能和中国社会当时所处的以农业为主、工业化尚未完全展开的发展阶段具有内在联系——对当今社会出现的崭新特征及其未来走向关注得非常不够，因此，教育功能讨论在整体上给人留下时代感和针对性不足、过于抽象且未来意识模糊的印象。

四是在对教育和社会之间关系的强调上存在偏颇。教育功能的讨论强调了教育和社会之间的强而不平衡的刚性联系，即教育对社会的适应性或社会对教育的决定性，却未能将教育放在社会发展的完整进程中揭示其在当下及未来社会中对社会良性运行的超越性乃至决定性特征，忽视了教育和社会之间的强而平衡的辩证关系。

三、教育成层研究回眸

（一）研究肇始

国内对教育成层功能的重视始于20世纪80年代中后期。① 当时，由于“片追”（“片面追求升学率”的简称）② 成为社会各界关注的焦点问题，教育界展开了端正教育思想、明确培养目标的热烈讨论，教育的筛选/选择功能此时被明确提出来。研究者们认为，相对于教育的政治功能和经济功能，教育的第三个社会职能是筛选，或者说是为社会选拔、挑选和分配人才。③

较早对选拔功能予以探讨的鲁洁教授在《论学校的选择功能》一文中指出，随着时代的发展，学校的选择功能——为社会选择、选拔人才的功能大大加强，学校已经被纳入整个社会选择体制之中，成为社会的一种重要的

---

① 有研究者认为起因有三：一是西方教育社会学中教育成层研究与理论的引介；二是对20世纪80年代中期教育实践中出现的片面追求升学率问题的理论探讨；三是我国开始确立社会主义市场经济体制后社会流动的加强及所出现的学历化社会倾向。［参见瞿葆奎．教育基本理论之研究（1978—1995）［M］．福州：福建教育出版社，1998：335—336］

② 具有讽刺意味的是，直到今天，“片追”仍是困扰我国中小学教育的一个顽症。2010年7月出台的《国家中长期教育改革和发展规划纲要（2010—2020年）》仍重提之并开出了治疗这一顽症的“药方”。

③ 施良方．新时期教育的社会职能［J］．教育研究，1986（8）．

选择机构。相对于保举性选择，学校的选择是一种竞争性选择，所依据的不再是家世、门第、身份、种姓等资格，而是个人能力、知识、经验、德行、健康等品质；学校选择以培养为基础，是培养的结果，必然更具准确性和科学性；而且，学校所选择的都是经过系统培养的智能型人才，相对于通过实际工作岗位选拔的经验型人才来说，极大地提高了人的素质。当然，要充分发挥选择功能，必须完善学校的选择机制，在目标、手段与效果上实现选择与培养的统一。①

（二）成果整理②

笔者导师谢维和教授曾在有关著作中以"教育成层与教育机会均等"为题对教育成层研究进行了系统梳理，并在此基础上阐述了关于教育成层这一主题的富有创新的观点。下面便以此为基础分专题对有关研究成果予以回顾和整理。

一是关于教育成层问题的形成。教育成层问题是在对社会分层概念的界定和影响社会分层因素的分析的背景下提出的。对于社会分层概念，谢维和教授的理解是："所谓社会分层，既可以是一种社会现象，也可以是一种分析和研究社会现象与结构的方法。根据一般社会学的规定，我们在这里把社会分层规定为，依据一定的标准，把社会成员划分为不同层次的过程。或者更详细地说，社会分层是指人们在社会分工的基础上，依据社会关系不同层面上的同一性而形成的社会层次结构。这种社会层次结构是社会分工出现以来客观存在的社会现象，并随着社会分工的发展而发展。"③ 此外，谢维和教授还从社会资源的种类和数量角度区分、比较了社会的两种结构即类别结构和层次结构。前者所反映的是对于社会资源不同种类的占有情况，后者所反映的则是在社会资源占有数量上的差异。

在对影响社会分层因素的分析中，谢维和教授首先阐述了这样一个研究

① 鲁洁．论学校的选择功能［J］．教育研究，1986（10）．

② 根据研究行文之需，国外所进行的教育成层研究被置于"教育成层的历史考察"一章中呈现，这里重点综述国内围绕教育成层主题所取得的研究成果。

③ 谢维和．教育活动的社会学分析：一种教育社会学的研究（修订版）［M］．北京：教育科学出版社，2007：472．

思路：社会分层结构→社会地位体系→与各种社会地位相适应的一整套条件→对这些条件的符合或满足→……，接着引述了美国社会学家布劳、德国社会学家马克斯·韦伯、法国社会学家布迪厄、日本学者天野郁夫等人的观点和理论[①]，随后，重点分析了作为中介因素影响人的社会地位的“身份团体”和“社会群体”，教育在社会分层中的地位从而显现，教育成层作为一个教育社会学问题浮出水面。在分析了身份在现代社会分层中的重要性之后，谢维和教授指出：“我们也可以从社会生活的现实中看到，社会中各种群体的形成和变化，越来越依据人们的生活品位和情趣，特别是人们的价值观念等主观因素，而不仅仅是根据人们的职业、居住地、血缘等传统社会中的社会分层因素……也正是由于这个变化，使得教育和社会分层之间的关系越来越密切。”[②]

二是关于教育对社会分层的影响。教育和社会分层之间的关系是双向的：一方面是社会分层对教育成层的作用与影响，另一方面是教育成层对社会分层的作用与影响，但二者的相互关系在不同时代和具体社会所受关注的程度是不同的。诚如谢维和教授所言：“由于在现代社会中，教育活动对人们社会地位的影响越来越大，因此，人们在教育活动中的地位如何将直接或间接地影响或决定他们在社会中的地位。也正是由于教育活动或教育成层具有这样的价值和作用，所以，在现代社会中，人们对社会分层和教育的关系及其重要性给予了越来越大的关注。”[③] 根据对教育社会学就教育成层所作研究的整理，该问题至少包括两个方面：第一，教育对于社会分层的作用与影响，这个方面探讨的是教育的结果如何影响人的社会地位的获得以及制约一定社会的阶级和阶层结构的形成，结构功能主义的分析和新马克思主义的文化和社会再生产理论均属于该研究范畴。第二，教育活动本身内在的分层

① 包括布劳的名义参数、等级参数和交叉参数概念及其对社会类别结构和社会层次结构分化的分析；马克斯·韦伯引入分析人的社会地位高低的经济收入、社会声望和权力三个分析参数；布迪厄的资本概念及其将资本区分为经济资本、社会资本、文化资本和符号资本；天野郁夫的社会资源包括财富、权力、威望、知识和技能四者。

② 谢维和．教育活动的社会学分析：一种教育社会学的研究（修订版）［M］．北京：教育科学出版社，2007：474.

③ 谢维和．教育活动的社会学分析：一种教育社会学的研究（修订版）［M］．北京：教育科学出版社，2007：475.

作用，亦即教育活动本身对人的分化与选择。以上两个方面实际上形成了研究教育成层过程的两个阶段。

就教育活动对社会阶级阶层结构的影响而言，教育在传统社会中对社会分层的作用有两个特点：一是教育对社会分层的影响和作用主要是通过教育活动的外部特征，包括诸如受教育者的经济条件、社会身份、家庭背景及整个教育结构的特点等来决定的；二是教育对社会分层的影响和作用也常常是通过一些比较宏观的教育因素例如教育结构的力量和因素来决定的。在现代社会，教育对社会分层的影响与作用表现得更加突出和重要，而且正规教育程度正在成为越来越重要的社会地位的象征。当然，与传统社会相比，教育对社会分层的影响在现代社会更多地具有了内在或间接的特征，表现为一是通过教育活动内部和教育过程中受教育者学业成就的分化和分层，人们获得不同的教育资格证书或文凭等，而这些证书或文凭成为人们进行社会交换的一般等价物；二是教育活动通过赋予受教育者一定的社会身份，以及在赋予各种社会身份上的差异影响社会分层。

教育在社会发展的不同阶段如传统社会和现代社会中对社会分层的影响是不同的。对此，谢维和教授明确指出："尽管在传统和现代社会中，教育对社会分层的影响和作用的方式与特点存在一定的差异，但是，我们也可以十分清楚地看到，教育或学校的入学机制（例如，在学生入学机制中存在的选择性入学和非选择性入学的不同）、教育结构和学校体制的特点、学生在教育过程和学校学习过程中学业成就的差异，以及学校在培养和形成学生不同的社会身份和文化上的不同（后两者与教育和学校的评价制度存在非常密切的关系），是教育影响社会分层的四个主要因素……随着社会和教育的发展，教育成层的机制和重心也正在发生着从教育的入学机制和结构特点向教育和学校过程本身转移的变化。"①

三是关于教育成层的主要途径。教育成层的具体途径多种多样，在强调了"教育成层是体现教育活动的社会选拔功能的一个重要方面"和"教育成层体现在学校的教育教学过程中"之后，谢维和教授介绍了按照接受学

① 谢维和．教育活动的社会学分析：一种教育社会学的研究（修订版）［M］．北京：教育科学出版社，2007：480.

校教育的年限进行分层（教育层次分层）、按照教育途径说明社会分层（带有教育类别的特征）、按照不同标签进行选拔（特征赋予）等几种观点。[①]

四是关于教育成层的社会基础。教育成层的原因也常常成为不少学者关注和研究的问题，但这个问题长期以来一直没有得到很好的解决。尽管一些学者试图从不同角度提出影响教育成层的因素，以及解释社会分层对教育成层的影响的模式，但遗憾的是，“这些观点和理论通常都存在这样两个问题：第一，由于空间的限制，这些观点和理论常常得不到比较深入的说明和缺少精确性，而常常流于一般；第二，经验材料对这些理论和观点的支持常常并不是很有力的”[②]。可见，关于社会分层如何影响和作用于教育成层，特别是随着传统社会向现代社会的转变，教育成层功能的变化及其形成机制问题仍然是一个值得深入研究的课题，这正是本书关注和探讨的主题。

四、教育功能的历史规定性

所谓教育功能的历史规定性，系指教育功能受具体的社会历史条件的影响和制约，从静态角度看，在不同社会形态下或在社会的不同历史阶段中，教育功能的形成、释放均带有该社会形态或历史阶段的“烙印”；从动态角度看，教育功能的具体形态随社会形态的演变和历史阶段的更迭而变化。认识这种历史规定性是把握教育功能发展过程和演进规律，进而对教育的社会定位、教育和社会的关系获得清晰认识的前提，也是教育成层研究得以深化的重要理论基础。

纵观人类教育发展进程，教育功能是随社会变迁而不断变化的。原始社会时期，由于生产力水平低下，阶级分化尚未出现，教育在与社会生产和生活融为一体中承担着对全体儿童进行实际生产及社会生活所需知识技能的传授，以及基本社会规范培养的功能。随着生产力水平的提高和私有制的出现，人类进入了阶级社会，学校应运而生，正规教育形式得以形成并与融于

① 谢维和．教育活动的社会学分析：一种教育社会学的研究（修订版）［M］．北京：教育科学出版社，2007：482—483.

② 谢维和．教育活动的社会学分析：一种教育社会学的研究（修订版）［M］．北京：教育科学出版社，2007：484.

生产和生活中的非正规教育比肩而立。教育形式的分化导致教育功能随之出现分化：被奴隶主、封建主等统治阶级所垄断并与社会生产和生活相分离的学校教育不再具有明显的经济功能，而主要发挥着培养统治阶级子弟、维护社会统治的政治功能和社会分层功能；广大劳动人民子女的教育依然融于生产实践和社会生活之中。进入现代社会，社会化大生产使学校教育迅猛发展，教育特别是学校教育不再仅仅是少数人的晋身之阶或获得治人之术的途径，劳动人民子女也拥有了一定的进入正规教育体系的机会，教育成为全体社会成员完成社会化或继续社会化、确立或改变社会地位、改善生命质素和生活质量的重要手段，不仅继续发挥着由来已久的政治功能，不仅进一步强化了经济功能、文化功能、社会分层功能，更出现了科技功能、人口功能、环境功能等诸多崭新的功能形态。

综观教育功能的发展与分化过程，在变迁速度急剧加快、知识化程度日益加深的现代社会，教育对社会的存在与运行发挥着政治、经济、文化、科技、人口、环境等多方面功能，从而形成了前所未有的庞大的功能体系。诸多功能集于一身集中反映了教育对社会的重要性越来越突出，换一角度看则是现代社会对教育的依赖性空前增强了，甚至可以断言，倘若离开了教育功能的发挥，现代社会的良性运行成为不可能的事情。因此，如后文所指出的，教育在现代社会的功能特别是教育成层带有了鲜明的建构色彩，这种功能的形成与释放无疑也是教育功能的历史规定性在现当代这个特定历史阶段的具体体现。对教育功能的历史规定性的上述认识，成为探讨教育成层功能并在此基础上提出教育建构功能的重要理论依托。教育功能的历史规定性特征主要通过下述几种约束体现出来：

第一，物质约束。教育的存在与发展离不开必要的物质基础，这一点作为客观社会事实于任何时代均不例外。不同的社会形态或不同的历史阶段，社会投入教育的人、财、物状况直接构成教育发展的物质基础，决定着教育发展的规模和水平，最终决定教育功能形成与释放的空间与方式。在此意义上，不同社会形态或社会不同历史阶段可能提供的物质条件对教育功能的形成与释放构成了物质约束。

第二，需求约束。从资源角度看，教育自诞生以来一直作为一种稀缺性社会资源满足着社会的多种需求。在不同社会形态和社会不同历史阶段中，教育这种稀缺资源的供给水平及丰裕程度受该社会形态或历史阶段对教育的需求水平的直接制约。例如在传统社会，教育特别是正规教育仅仅为少数人所享有，仅仅满足一小部分社会成员的需求，由此决定教育在结构、规模乃至社会功能方面只能获得有限发展；进入现代社会，来自社会的空前膨胀的教育需求为教育发展提供了前所未有的助推力，教育因此开始走向寻常百姓从而逐渐实现普及。上述历史性变化恰恰反映了教育在传统社会和现代社会中均受到社会需求的制约。

第三，社会约束。有史以来，教育这种社会活动在任何阶级社会中均带有鲜明的阶级性。① 在阶级社会中，统治阶级总会试图在教育上同样占据统治地位；人类阶级社会发展史也恰恰表明，在经济和政治上占统治地位的阶级或阶层必然控制或影响着教育的方方面面。因此，教育的发展及其功能释放总是受不同社会形态和社会不同历史阶段中的特定阶级关系和利益格局的制约，既体现出鲜明的社会约束特征，也是阶级社会中教育的政治属性或阶级属性的具体表现。

当然，认识到上述种种约束的同时也应看到，无论在任何时空条件下，教育和社会之间本然地潜藏着一定的张力和矛盾，表现在功能上则是教育作为“行动者”在和“社会”这种结构性存在发生关系之时，既要从社会获得各种资源和支持，深受社会的制约，体现出历史规定性特征，又要通过或直接方式（如提供教育服务），或间接方式（如培养人才）对社会这种结构性存在的生成、改变与重塑产生影响，体现出一定的能动性和创造性特征。而且，纵观人类教育发展史不难发现，教育对社会的作用与影响随社会条件和教育条件之变化而变化，呈现出由被动适应到主动建构的转移：由在传统社会中被动适应社会主要发挥成层功能，到在现代社会中主动作用于社会并

---

① 社会阶级对教育的一般影响涉及以下七个方面：1. 在经济上、政治上占统治地位的阶级，同时也是在教育上占据支配地位的阶级。换言之，一定时期教育的领导权、管理权，总是掌握在统治阶级手中。2. 一定阶级（即统治阶级）的基本利益和要求直接反映在一定时期的教育目的、宗旨，从而决定了该时期教育运行的基本方向和衡量教育发展的基本标准。3. 一定阶级的基本利益和要求直接影响着一定时期的教育政策、教育法规。4. 一定阶级的基本利益和要求直接影响着一定时期教育经费的投入方向。5. 一定的社会阶级结构和阶级关系直接影响着一定时期的教育机会和教育权利。6. 一定的阶级利益和要求决定了一定时期学校教育内容的选择、编制。7. 一定的阶级利益和需要影响了一定时期对学校教师的要求和选拔标准。（参见成有信等. 教育政治学［M］. 南京：江苏教育出版社，1993：94—96）

建构社会。换言之，在传统社会中，被动地适应社会是教育和社会关系的矛盾的主要方面，在现代社会中，积极作用于社会则成为矛盾的主要方面。面对这种变化，决不可忽视的是，随着社会之演变和教育之发展，教育在作用于社会的过程中越来越占据主动、强势地位，对社会发展的影响越来越表现出建构性特征。

五、基本概念解析

社会、教育、知识、知识社会，功能、成层、建构，教育功能、教育的社会功能、教育成层、教育建构等均是本书中的重要概念。其中，有些已成为教育知识体系中的“日常概念”，无须再费笔墨。在此主要对教育功能、教育成层、教育建构、知识社会等核心概念予以解析。

（一）教育功能诸概念

功能（function）是数学、生物学和社会学等不同领域中的常用概念，用以表示一个系统中不同部分之间的相互依赖性质。在具体使用过程中，功能概念具有多重含义：① 在数学中，功能概念代表函数。在 Y = f（X）的数学式中，“f”即为 function 的缩写。“它表示一个被考察的变量的值和它所依赖的另一个变量或更多变量的值是相互联系的。”[①] ② 在生物学中，功能指一个生物有机体的不同组成部分对维持该生物体所作出的贡献或发挥的作用。③ 社会学中的功能概念是由两位英国社会学家——拉德克利夫 - 布朗（A. R. Radcliffe-Brown，1881—1955）和马林诺夫斯基（Bronislaw Malinowski，1884—1942）[②] 从生物学中引入的。他们认为，社会的不同部分满足不同的社会需求，社会可以概念化为一个由具有相互关系的相关部分组成的整体。作为一个基于生物学类比而来的概念，社会学、人类学等社会

① 迈克尔·曼．国际社会学百科全书［M］．袁亚愚，等，译．成都：四川人民出版社，1989：241.

② 二人均为结构—功能主义的创始人，现代社会学大师。拉德克利夫 - 布朗曾任芝加哥大学、牛津大学教授；马林诺夫斯基还是田野民族志方法的奠基人之一，曾任伦敦经济学院、伦敦大学、耶鲁大学教授。

科学中所使用的功能概念通常指满足某种需要的社会活动过程。④ 指公共集会（如宴会、宗教仪式）：Speak at a function（公众演说）。⑤ 指不同的职业、职务和职责，如德国社会学家马克斯·韦伯（Max Weber）就曾认为，功能就是职业的专门化、具体化。在日常生活中，功能概念常与职能、作用、影响、效果、效用、后果、目的、实用等概念混用，人们一般不作严格区分。尽管如此，功能作为一个学术概念，却需对其含义作出清晰界定。在教育功能大讨论中，就曾有不少研究者不惜笔墨地对功能与职能、作用等概念作出辨析。[①]

教育功能(educational function) 作为一个热点问题曾被教育学界内外人士所讨论，但至今仍未出现公认的界定。顾明远教授主编的《教育大辞典》所给解释如下：

教育功能亦可称为"教育职能"或"教育作用"，即教育的有效作用。可分为教育对社会发展的功能，教育对人的发展的功能。这两个方面是相互联系、相互影响的，但以社会功能为主。社会功能又可以分为教育的经济功能、政治功能、文化功能等。[②]

这一定义将教育功能理解为"教育的有效作用"，并将对教育功能概念的进一步澄清转移到了"教育职能"和"教育作用"两个概念上。关于"教育职能"，《教育大辞典》给的解释为"教育职能(educational function)见教育功能"[③]，二者的英文名称完全相同；而"教育作用（educational effect)"概念被解释为："在一定的条件下教育所产生的影响和效果。可概括为两个方面：(1) 教育（主要指学校教育）对人的发展的作用。教育对各种环境因素加以控制和选择，使其按照一定的目的培养人，促进人的社会化和个性化，并在一定的环境条件下，把遗传素质为人的发展所提供的可能性转变为现实。(2) 教育对社会发展的作用。教育把可能的劳动力转化为现实的劳动力，是劳动力再生产的重要手段之一；并培养出具有社会意识的人，为维护一定的政治和经济制度服务。教育还能宣传一定的社会意识形

① 瞿葆奎．教育基本理论之研究（1978—1995）［M］．福州：福建教育出版社，1998：283．

② 顾明远．教育大辞典：第6卷［M］．上海：上海教育出版社，1992：100．

③ 顾明远．教育大辞典：第6卷［M］．上海：上海教育出版社，1992：101．

态，为一定的社会制度制造舆论，成为传播思想和影响舆论的工具。”①

上述定义显然未就教育功能、教育职能、教育作用等概念的异同作严格辨析与区分，这与现实的教育学术活动和日常生活中人们对教育功能概念“约定俗成”的理解与使用恰恰不谋而合。尽管在发生于20世纪八九十年代的教育功能大讨论中，不少研究者都曾试图对与教育功能相关的概念作出辨析，以期廓清教育功能概念的内涵与外延②，但实际情况是，这种努力往往收效甚微。直到今天，无论是在理论研究过程中还是在实际生活中，人们对教育功能概念的理解与使用依然是比较随意甚至是个人化的。形成这种局面的原因在笔者看来大致有二：一是人为割裂教育功能与其他概念（教育作用、教育职能乃至教育价值等）的“血肉联系”在客观上是比较困难的；二是就词源看，功能概念本来是从生物学中借用过来的，使用者或许认为，这一概念进入社会学、人类学乃至教育学等领域的首要意义在于丰富了这些研究领域的概念体系，没有必要人为地造成功能概念与这些学科中既有概念之间的紧张乃至对立。事实上，由于功能本身就是一个多义概念③，对教育功能概念的理解出现众说纷纭的局面也就不足为怪了。究其实质，教育功能是由教育结构所决定的教育自身所具有的一种基本属性。

教育的社会功能（social function of education）是从教育所作用的对象角度对教育功能进行区分而提出的概念，一般与教育的育人功能相对应。④ 在社会学乃至整个社会科学中，个人与社会构成一对基本矛盾，由此导致个人本位和社会本位的长期对立与论争，中外教育史上也存在着教育的社会本位和个人本位之争。对教育功能作出社会功能和育人功能的区分，无疑与社会

① 顾明远．教育大辞典：第6卷［M］．上海：上海教育出版社，1992：100.

② 参见瞿葆奎．教育基本理论之研究（1978—1995）［M］．福州：福建教育出版社，1998：285—292.

③ 参见拙著．论教育批评［M］．北京：教育科学出版社，2006：109—113.

④ 这一区分又称做本体功能与工具功能。类似的区分也值得关注：如从作用的层次角度，教育功能分为基本功能与派生功能（前者是实施人的社会化和个性化，后者是调整社会结构与体现社会进步）、谋生性功能与完善性功能等；从作用的方向和表现形式角度，可以对教育功能作正向功能与负向功能、显性功能与隐性功能的区分；从作用的性质角度，教育功能被分为期望功能与实效功能、自我保存功能与自我更新功能，等等。［参见瞿葆奎．教育基本理论之研究（1978—1995）［M］．福州：福建教育出版社，1998：292—297］今天看来，上述这些区分的恰切性与合法性仍是一个没有解决的问题。

学乃至社会科学中以及教育史上个人与社会这一区分与对立是一脉相承的。在教育功能的讨论中出现过三种分歧性观点：有论者认为教育是人类社会特有的一种现象，与社会共生共变、彼此难分，因此教育的功能就是教育的社会功能，即教育在人类社会发展中的作用。另有论者认为，教育的功能应理解为教育对人的直接作用和影响，教育的对象是人，教育也只能对人产生作用和影响。“教育的功能是开发人的智力、培养人的能力、影响人的思想和行动。至于人运用这种能力从事和可能从事什么活动，是人自身的功能及其表现，但不等同于教育本身的功能。”① 还有论者认为，讨论教育功能要兼顾个人和社会两个方面。“教育是一种培养人的社会实践活动，它与人和社会有着密切的联系，这种联系的表现之一，就在于它在受人和社会制约的同时，还可以依据自身的相对独立性，对人和社会发挥作用。因此，教育功能既不仅限于个人方面，也不仅限于社会方面，而是兼具两者的。”② 上述三种观点无疑是对个人和社会孰主孰次、孰轻孰重的不同强调所导致的结果。

笔者认为，出于研究之需对教育功能作育人功能和社会功能的权宜区分是可以接受的，但决不可将这种区分绝对化，原因在于既然个人和社会原本是难以割裂开的，那么教育的社会功能与育人功能自然也就无从割裂开来。

（二）成层及教育成层

成层（stratification，又译为分层）最初为分析地质结构时所用概念，意指地质构造的不同层面。后来这一地质学概念被引入社会研究中，从而生成社会分层（social stratification）概念。教育社会学对教育成层的研究在很大程度上出自于社会学对社会分层的研究。在社会分层研究中，人们发现教育对整个社会分层所具有的意义和作用越来越大，以至于它逐渐形成了一个相对独立的研究课题。③ 西方学者自 20 世纪五六十年代以来围绕教育成层这一课题已形成一些经典性研究成果，国内近些年来随着教育功能研究的深化，研究者们也提出了关于教育成层的分析思路和理论框架，后文对此将有

① 瞿葆奎．教育基本理论之研究（1978—1995）［M］．福州：福建教育出版社，1998：286.

② 瞿葆奎．教育基本理论之研究（1978—1995）［M］．福州：福建教育出版社，1998：287.

③ 谢维和．教育活动的社会学分析：一种教育社会学的研究（修订版）［M］．北京：教育科学出版社，2007：475.

详述，这里先对教育成层概念予以解析。

教育成层，英文形式为 educational stratification，又可译为教育分层或教育层化，系从社会学中的社会分层概念演变而来，迄今在教育成层概念的理解上已形成一定的共识。根据权威辞书《教育大辞典》的解释，教育成层是“社会成员因具有不同的教育程度，而对社会地位、社会财富、权力、文化和职业进行再分配，使原有的阶级或阶层不断得到补充、再生，使新的阶级或阶层得以形成的过程”①。该定义具有以下几个特点：

第一，它将教育成层视为一个动态的过程。在社会学中，成层概念一般既包括过程也包括该过程的结果，是一个体现动态和静态相结合的概念。②

第二，该定义是将教育作为影响社会分层的因素（“教育程度”）来理解的，恰恰体现了既有教育成层研究对教育成层功能的基本理解。但需注意的是，这个定义不仅表述模糊，而且，“教育”在这里并不是主语，若直接从教育出发对教育成层予以定义，进一步突出“教育”在概念界定中的地位和意义，或许能更集中地揭示教育成层概念的精确内涵。

第三，该定义对教育成层概念作了最基本的理解，其立足点是“教育和社会的关系”，思路取向是“从教育到社会”，所揭示的是教育对社会分层的影响，却未能将教育内部的成层过程、特点和机制等充分凸显出来。换言之，未能把握住教育成层概念的要义是指教育自身的分化及其与社会阶层的对应。

（三）建构及教育建构

建构（construction）一词自 20 世纪末始在国内流行起来，如今在众多学术领域甚至日常生活中均随处可见。尽管汉语体系中不乏建造（building）、制造（making）、构造（structuring）、构成（constitution）、型塑（shape）等近义词语，现有中文辞书中却难以找到对建构的明确释义。

建构思想可以追溯至休谟（David Hume）、贝克莱（Berkler）和康德

① 顾明远．教育大辞典：第 6 卷［M］．上海：上海教育出版社，1992：412.

② 如郑杭生教授指出：“社会学所说的社会分层指的是依据一定具有社会意义的属性，一个社会的成员被区分为高低有序的不同等级、层次的过程与现象。社会分层体现着社会不平等。”（郑杭生．社会学概论新修［M］．北京：中国人民大学出版社，1994：272）

(Immanuel Kant) 等哲学家。20 世纪 80 年代中期以来，建构思想在欧美国家逐渐渗透到哲学、社会学、历史学、心理学、教育学、文学、科学等不同领域，形成一个庞杂的理论体系，被冠以“建构主义”之名。

20 世纪 70 年代以来，随着一批杰出社会科学家如阿普尔（W. Apple）、伯恩斯坦（B. Bernstein）、扬（M. Young）、吉鲁（Giroux）、瑞威（Renway）、赖塞尔（Lather）、麦克赖恩（Maclaren）、威克斯勒（Wexler）、威蒂（Whitty）、布迪厄（P. Bourdieu）等的不断加盟，教育社会学研究中的建构取向日趋明显，时至今日，已悄然形成“建构”（make）取代“接受”（take）之势。根据鲍尔（J. Ball）的判断，这种研究取向的转折，乃是解释主义取代了自然主义的标志。①

自人类诞生以来，这个世界便不再是纯粹的“自然世界”，人的活动使这个世界成为人化乃至人造的世界。“人类社会的主要特征是创建文化制度以便完成他们未实现的本体论特性。”② 综观建构概念在不同知识领域内的运用，其思想精髓在于强调了人类不是被动、偶然地“发现”（find）这个世界，而是在某种意义上通过引入结构、投入意志，主动地“制造”（make）了这个世界。建构概念限制甚至否定了物质世界对人类认识和实践的刚性约束，极大地张扬了人的主体性、能动性和创造性。

教育建构，其英文形式应为 educational construction，是本书提出的一个概念。由于目前可借鉴用于界定教育建构概念的理论资源少之又少，笔者不得不鼓足自圆其说的学术勇气对其予以“建构”。就生成方式看，教育建构由“教育”和“建构”两个概念联缀而成，成为一个描述、解释教育在人类社会变迁中的地位与功能及其变化特征的概念。从社会的生成过程和运行机制角度解读教育建构概念不失为一条可取的研究思路。人类社会的生成与运行离不开教育机制（这种机制变化本身表现为教育活动的历史发展过程），建构功能的发挥正是教育作为社会的一种机制的本真体现。基于此，可给教育建构概念下这样一个描述性定义：所谓教育建构，作为描述、揭示教育的地位和功能及其变化的概念，系指教育在现代社会的生成和运行过程

① 刘云杉．国外教育社会学的新进展［J］．比较教育研究，2002（12）．

② 布莱恩·S. 特纳，克里斯·瑞杰克．社会与文化——稀缺和团结的原则［M］．吴凯，译．北京：北京大学出版社，2009：40．

中扮演着日趋积极的行动者角色，甚至发挥着“制造”或“创生”现代社会的重要功能；换言之，现代社会越来越成为教育活动的产物。

（四）知识社会概念

知识社会(knowledge society）是20世纪后半期以来，人们为描述、指称人类社会未来走向而创造的概念，存在于社会学（尤其是知识社会学)、经济学、人类学、未来学、管理学、知识学等诸多领域。实际上，知识社会概念的内涵与知识劳动者（P. 德鲁克，1959)、知识产业（马克卢普，1962)、后工业社会（D. 贝尔，1973)、超工业社会（A. 托夫勒，1980)、信息社会（奈斯比特，1982)、后资本主义（P. 德鲁克，1993)、知识工人(温斯洛和布拉马，1994)、知识经济（OECD，1996)、智力经济（吴季松，1998）等概念是存在一定关联的。在某种意义上，知识社会概念的澄明过程正是建立在这些概念的提出与理解基础之上的。当前学术界对这一概念的理解已形成基本共识，所谓知识社会，作为一种社会形态或人类社会的一个特定历史阶段，是指“以知识为基础/核心的社会”。

上述表述虽简明而又直接触及知识社会的基本特征，但遗憾的是这仅仅是一个抽象有余而具体化不足的“定义”。学术界实际上并不满足于仅作如此理解，众多研究者和使用者在认同上述基本含义的基础上往往又试图从不同角度进一步揭示知识社会的丰富内涵与特征。

1. 资源角度。基于“知识”成为区分知识社会与非知识社会的分界线，认为知识社会的主要资源不再是自然资源（如经济学家眼中的土地)、劳动力或资本，而是知识；知识社会是知识型社会，不是传统意义上的资源型社会。资源论、产业论界定方式均可归入这一角度。较早提出并使用知识社会概念的美国著名经济学家、管理学家P. 德鲁克便是其中的代表。①

2. 经济角度。近些年不少学者特别是经济学界人士热衷于从经济角度

① 1969年，德鲁克在其所著《不连续的年代》(Drucker P. *The Age of Discontinuity*: *Guidelines to Our Changing Society*. New York: Harper & Row, 1969.）一书中使用了“知识社会”概念。据此，国内有学者（如厉以贤教授）认为第一个使用知识社会一词的人应是德鲁克。后经有关学者考证，知识社会概念的出现应该早于这个时间。根据加拿大学者尼科 · 斯特尔的考证，最早采用“知识社会”这一术语的人应是罗伯特 · E. 莱恩，时间为1966年。

谈知识社会或社会发展，他们津津乐道的概念通常并不是“知识社会”而是“知识经济”。在他们眼中，“以知识经济为特点的社会，就是知识社会”[①]。20世纪90年代以来，我国大陆学者对知识经济的浓厚兴趣和一度的狂热均明显地秉持了经济视角，他们甚至习惯于用“知识经济社会”来代替知识社会概念。

3. 社会角色角度。对知识社会中成员的研究可归入这一角度。在这些研究者眼中，“知识人”“知识分子”“知识劳动者”“脑力劳动者”等概念所代表的形象是知识社会里的重要角色，其社会地位与特质可以集中反映知识社会的基本特征，即知识在社会中的基础/核心作用。莱恩（Lane R E.，1996）的研究即为典型代表。[②]

4. 社会结构和发展角度。由社会结构或社会发展来阐述知识社会特征的有关研究可归入这一角度。如认为知识社会更加多元化（P. 德鲁克，1959），“社会结构和人类建构物的脆弱程度在知识社会中普遍上升”（尼科·斯特尔，1994），“知识社会可以被看做是一个讲求速度、变革、创新的社会，但知识社会也是一个高度充满着矛盾、不平衡以及社会问题的社会……是关怀人文和自然生态平衡的社会”（厉以贤，2004）等。

5. 社会管理或控制角度。还有学者从知识社会的管理或控制角度描述其特征，如在1994年出版了《知识社会》一书的尼科·斯特尔教授认为，知识社会是一个可以控制的社会，因为“一旦社会按照知识而被组织起来时，它就成了可以控制的了”。

此外，对知识社会的理解，还有“平等的角度”“风险的角度”“综合的角度”[③] 等，这里不再一一详述。

---

① 中国学者对知识经济的研究最早可溯及1984年，当时在夏威夷美国东西方中心人口研究所工作的段纪宪研究员首次提出“知识经济”概念，之后在《世界经济导报》上发表题为《产业结构、知识与中国现代化》一文，认为“信息社会所反映的社会形态，实质上是以知识经济为主体的知识社会”。“以知识为组织经济生活的主要手段的时候，社会就从传统的工业经济蜕变为知识经济，而以知识经济为特点的社会，就是知识社会。”

② 莱恩1996年发文指出，知识社会中的成员具有如下特质：① 积极探索自己对人类社会的基本信念；② 易于接受有客观标准事实的引导，有较高的教育水平，并依循科学法则进行归纳；③ 运用较多的资源进行研究，因而存有大量的知识；④ 不断地搜集、组织、解析知识，以求得更进一步的意义和应用；⑤ 运用知识阐明或修正自己的价值观和目标，并取得进一步的扩展。参见 Lane R E. *The Decline of Politics and Ideology in a Knowledge Society*. American Sociological Review，1996（31）.

③ 人们在描述知识社会的特征、揭示知识社会的内涵之时，往往综合运用上述多种角度，这一点已经成为不少知识社会研究者的惯常做法，不妨称此举为“综合的角度”。

上文将国内外学术界观察、理解知识社会的主要角度和基本观点作了系统的梳理。需要特别指出的是，对于知识社会应该明确并强调这样一些基本观点：知识社会不是既成的，而是生成的；不是一个静止的点，而是动态的变化过程；不是要到达的外在于社会行动者的所谓的阶段或状态，而是社会行动者当下正在建构的“作品”，是社会行动者正身处其中的现实。①

六、研究框架、意义与方法

（一）研究框架

本书循着“问题提出→历史考察→现实考察→理论拓展→机制分析→重新审视”的逻辑展开，形成以下内容框架：第一章为问题提出即重回教育成层研究，内容包括问题提出的背景，基础文献综述，教育功能的历史规定性，基本概念解析，研究框架、意义与方法等。第二章转入对教育成层作历史考察，包括人类社会两次大转型、社会分析的两个基本角度、教育成层的历史变迁和理论解释等内容。第三章对教育成层作现实考察即条件分析，首先分析教育赖以发挥成层功能的社会条件和教育条件，然后从知识化及知识社会、当代中国社会的转型、现代教育的扩张与发展几个方面描述教育成层条件所发生的变化。第四章为教育成层的理论拓展，先从不同角度揭示教育建构研究的理论基础，继而对建构概念及建构主义予以辨析，最后对教育建构概念的生成与含义作进一步解释，并阐明教育建构视角的比较优势。第五章着力对教育建构机制及其特征作初步探讨。作为全书的重心和难点，本章首先探讨了建构视野下教育的基本属性如主体资质、中介属性、知识属性、时代特征等，随后分别从社会实体结构、社会功能结构、社会意义结构、社会地位结构四个方面对教育建构功能形成与释放的机制及特征作描述性分析。第六章在上述各章基础上对“教育和社会的关系”这一基本范畴

① 诚如澳大利亚未来委员会所指出的：“未来并不是我们想要去的某一个地方，未来就存在于我们今天的创造之中。并不既存着通向未来之路，通向未来的路在我们今天的创新之中。这个创造性活动既改变着创造者自身，也改变着我们的目的地。”（转引自肖川．教育的智慧与真情［M］．长沙：岳麓书社，2005：282）

和问题予以重新审视。通过对现有分析模式的批判分析，以“社会的教育基础”来描述教育的现代功能定位，并将“教育的社会基础”和“社会的教育基础”结合起来对教育和社会的关系进行完整的阐释。除上述六章外，导言对本研究的基本内容和核心观点、理论创新作了概括性介绍，结语则对研究选题、研究方式及尚存问题予以说明。

（二）研究意义

教育成层首先是一个现实问题。由于进入现代社会以来教育成为一种各阶层各群体广泛参与的社会活动，这种前所未有的社会关联度使教育活动时时处处无不处于公众视野中并被切实地经历着、体验着、品评着。现实的教育批评运动，既反映了当今各群体各阶层对教育的满意度之低及期望值之高，更从深层意义上折射出随着知识社会愈益成为现实，教育对社会个体的社会地位的获得与改变，以及对社会结构的生成与变迁的影响愈益突出；既充分表明当前教育所处的生态环境是尴尬的、艰难的，更显示出现实中的教育功能的形成与释放是不能令各阶层各群体满意的。因此，循教育批评而入对教育成层予以研究，达到对教育的现实处境既知其然又知其所以然，无疑对教育的变革与发展具有一定的现实意义。

教育成层更是一个理论课题。尽管教育知识体系中已经不乏对教育的社会功能的基本解释，但随着社会的变迁和教育的发展与扩张，以及各种理论和思潮对教育认识论和方法论的冲击，教育的社会功能问题越来越成为一个需要重新审视的理论问题。本书结合时代变迁、社会转型和教育发展，从成层和建构角度对教育的社会功能进行了集中的理论思考。既对教育成层功能的变迁过程进行了历史考察，也对关于教育成层的已有解释作了较深入分析；同时结合客观现实和理论发展的现状，提出了教育建构概念并比较深入地描述了教育建构的机制及其特征，试图在教育成层的理论研究方面有所突破；在力求充分阐释教育成层功能基础上，还对教育和社会的关系这个原理性问题进行了理论反思。我们相信，本研究对深化教育成层乃至教育功能研究、重新认识教育和社会的关系无疑具有一定的理论意义。若从教育和社会的关系问题在教育社会学乃至教育学中的学科地位来看，本研究对教育成层的探讨及对教育和社会关系的重新审视无疑具有一定的学科意义，这或许也是本研究的理论意义的另一种表现形式。

（三）研究方法

研究方法是描述、分析问题并努力寻求问题解决之策的角度或方式，结合本研究的实际，我们认为对其需注意以下三点。

第一，通常是研究的问题决定研究的方法而非相反。研究方法是适应研究的问题或对象的，不能脱离具体的研究内容而人为设计研究方法，唯此才能避免“为方法而方法”的不良倾向。应该说这种不良倾向目前是普遍存在的，不少研究中存在的方法与内容“两张皮”现象便是很好的例证。

第二，研究方法的取舍应充分考虑我国学术传统与特色。长期以来，我们的哲学社会科学研究与西方分野甚大，集中体现恐怕当数对“科学性”的理解与实践：西方往往强调研究活动的科学性，甚至将社会研究过程定位于科学研究过程，并在方法上力求体现这种定位；而在我国，哲学社会科学研究迄今仍带有浓郁的思辨色彩，对“科学方法”的要求往往比较富有弹性。应该重视这种长期形成的研究方法上的客观差异，在尊重我国学术传统的基础上寻找与国外“接轨”的结合点，避免将国内长期以来形成的传统与特色一脚踢开而机械照搬国外做法的偏激失当之举。

第三，教育社会学学科的研究方法的现实也应得到充分重视。包括教育社会学研究在内的教育研究，无疑应该根据研究的特点与具体需要在研究方法的类型与层次上作出恰当的定位与取舍。教育社会学研究作为对教育活动这种社会现象的专门研究领域，无疑属于社会科学研究范畴，在遵循和体现社会科学研究的特征和要求之中已初步形成了属己的学科传统及方法论特色：就研究方法的类型而言，一般包括理论的方法、实证的方法、历史的方法和比较的方法等；就研究方法的层次而言，通常包括一般方法、教育社会学理论和知识本身、具体的研究方法等。

本研究作为一项理论探讨，主要运用了以下几种研究方法。

文献法。本研究使用的一种最基本的方法。力求在对前人或他人研究成果梳理与分析基础之上，充分整合本研究及相关研究成果，凸显本研究的“根”之所在；同时，通过对现有相关研究材料的广泛收集与认真整理，力求使书中每一重要问题的提出、分析和论证均建立在既有研究基础之上。

历史的方法。本研究使用的一种重要方法。教育和人类历史一样久远，教育的成层功能亦如此。本文对教育成层的考察常常回溯到久远的过去。书中诸多部分，如对教育功能的历史规定性的阐述，对教育成层的历史考察等均使用了历史的方法，从而使本研究对教育现实的关注具有了比较坚实的历史基础。而且，历史考察与现实分析的有机结合，能够充分展现教育的社会功能发展变化的整个过程，从而使问题的分析更透彻、更科学。

比较的方法。这也是本研究所使用的一种非常重要的方法。在教育社会学中已积累了一定的成层研究理论成果，但建构功能研究尚属空白。本书在教育建构的提出、解释和分析、论证过程中，频频使用了比较的方法。通过对教育在传统社会和现代社会特别是知识社会中所发挥的成层功能的比较，阐明了成层所需的具体条件，在此基础上通过阐述教育建构对其予以拓展。

第二章　教育成层的历史考察

职业在教育系统内已被设计好了。

——［美］兰德尔·柯林斯

(Randall Collins)

一、人类社会的两次大转型

农业文明以来，人类社会发展呈日益加速之势，转型成为社会变迁的一个重要特征。人类社会已经历了从传统到现代的转型，目前正处于从现代到后现代的转型过程之中。

（一）社会变迁的历史分期

社会变迁及其历史分期是古今中外众多哲学家、社会学家、历史学家、未来学家和教育学家们共同探讨的重要主题，迄今围绕这一主题已形成众多观点和理论，下文携要予以介绍。

1. 根据生存方式区分的社会类型

根据生存方式①来考察社会变迁进程，人类一般沿着狩猎与采集社会、畜牧社会、初民社会、农业社会、工业社会和后工业社会的发展脉络循序演进（见表2－1）。

① 生存方式在这里是一个对不同历史时期人类的生存状态或存在特征进行整体性描述与指称的概念。

表 2-1 根据生存方式区分的社会类型

社会类型	基本特征
狩猎与采集社会	最早最简单的社会。靠狩猎和采集果实生存、社会群体较小、生活区域变动不居、几乎没有专门的劳动分工、建立在血缘和亲属关系基础之上。
畜牧社会	存在于不适于耕作而适于放牧、饲养牲畜的地区。开始出现剩余财产、私有财产，以及等级、阶级、群体间的冲突与战争，社会的政治、经济、宗教、文化制度开始形成。
初民社会	在适于耕作的地区随着人们初步掌握耕作方法而出现。种植农作物上升为主要生存方式，狩猎与采集果实降为次要方式，出现了较大规模定居的社会群体，与畜牧社会一样，社会不平等与阶级分化开始出现。
农业社会	亦称“前工业社会”，随着犁的发明而发展起来。犁的发明，铁具的使用，畜力、风力、水力的应用，为较发达的农业生产和小作坊手工业生产奠定了基础。随着剩余产品的大量出现，社会阶级体系和分层体系更加巩固，官僚制度、官僚阶层有了很大发展。
工业社会	一般亦称为现代社会。自 17—18 世纪的工业革命以来产生和发展起来的。随着蒸汽机、电力等机械动力代替人力、自然力之后，大规模的工业体系开始形成，出现了人口向城市集中的城市化和有复杂的劳动分工体系的专业化，形成了现代的官僚制度，以及教育、医疗、保险、服务等现代社会机构与制度。不具人格的社会关系逐渐取代了血缘的、亲属的社会关系。
后工业社会	20 世纪 70 年代美国社会学家 D. 贝尔提出的概念。特征为：自动化、信息技术得到普及和发展，从生产产品经济转变为服务性经济；专业与技术人员居于主导地位；理论知识处在中心地位；理论知识是社会革新与制定政策的源泉；控制技术迅速发展，对技术进行鉴定以及创造了新的“智能技术”。

注：此表吸收了中国大百科全书对“社会”词条的理解与描述，参见中国大百科全书《社会学》编辑委员会．中国大百科全书·社会学［M］．北京：中国大百科全书出版社，1991：272—273.

2. 马克思对人类社会的多种划分

马克思认为，生产力和生产关系的统一构成了社会生产方式。他根据生产方式的演变对人类社会的发展进程作了深入分析。“社会关系和生产力密切相关。随着新生产力的获得，人们改变自己的生产方式，随着生产方式即谋生方式的改变，人们也就会改变自己的一切社会关系。手推磨产生的是封建主的社会，蒸汽磨产生的是工业资本家的社会。”① 马克思在《〈政治经济学批判〉序言》中提出：“大体说来，亚细亚的、古代的、封建的和现代资产阶级的生产方式可以看做是社会经济形态演进的几个时代。”② 马克思还预见了共产主义社会的出现，根据占统治地位的所有制区分出了五种基本的经济社会形态，即原始社会、奴隶社会、封建社会、资本主义社会和共产主义社会（见表2－2）。

表2－2　马克思对人类社会发展阶段的划分

社会类型	基本特征
原始社会	生产力水平低下，人人平等，没有剥削，财产共有。
奴隶社会	阶级社会，奴隶主占有生产资料和奴隶，奴隶无任何人身自由。
封建社会	封建主占有大部分土地并强制占有农民或农奴的劳动，实行封建等级制。
资本主义社会	生产资料归资本家私人占有，工人靠出卖劳动力为生，资本家榨取工人创造的全部剩余价值，国家政权是维护资产阶级利益和压迫工人阶级及其他劳动者的工具。
共产主义社会（含社会主义）	生产力水平高度发达，物质财富极大丰富，各尽所能，各取所需。社会主义为其初级阶段，实行按劳分配。

马克思还将人类社会划分为人的依赖性社会、以物的依赖性为基础的人的独立性社会和人的自由个性全面发展的社会三个历史阶段。“人的依赖关系（起初完全是自然发生的），是最初的社会形态，在这种形态下，人的生产能力只是在狭窄的范围内和孤立的地点上发生着。以物的依赖性为基础的

① 马克思，恩格斯．马克思恩格斯选集．第1卷［M］．北京：人民出版社，1995：141—142.

② 马克思，恩格斯．马克思恩格斯选集．第2卷［M］．北京：人民出版社，1972：83.

人的独立性，是第二大形态，在这种形态下，才形成普遍的社会物质交换、全面的关系、多方面的需求以及全面的能力体系。建立在个人全面发展和他们共同的社会生产能力成为他们的社会财富这一基础上的自由个性，是第三个阶段。第二个阶段为第三个阶段创造条件。”① 三个历史阶段分别与自然经济、商品经济和产品经济三种经济形式构成对应关系。而且，这三个阶段在时间序列上分别与古代社会、现代社会和未来社会相对应。② 实际上，马克思的五种社会形态论、三个社会阶段论和三种经济形式论具有内在统一性，三种划分从不同角度描述了人类社会演进的基本特征，揭示了人类历史变迁的基本规律（见表2－3）。

表2－3　马克思对人类社会不同划分的内在统一

五种社会形态论	三种经济形式论	三个社会阶段论
原始社会	自然经济	人的依赖性社会
奴隶社会		
封建社会		
资本主义社会	商品经济	以物的依赖性为基础的人的独立性社会
共产主义社会（含社会主义）	产品经济	人的自由个性全面发展的社会

3. 滕尼斯根据组织形式划分的社会类型

德国社会学家F. 滕尼斯（1855—1936）根据社会组织形式的不同，区分出礼俗社会和法理社会两种社会类型。其中，礼俗社会亦称“共同体”（社区），指传统的社会，其特征为：规模小，分工和角色分化比较少，家庭为社会核心单元，占统治地位的是个人的或具有感情色彩的初级关系，人的行为主要受习俗、传统约束，社会具有很强的同质性。法理社会亦称“交往社会”（社会），指现代工业社会，其特征为：规模大，有复杂的分工

① 马克思，恩格斯．马克思恩格斯全集：第46卷（上册）［M］．北京：人民出版社，1979：104．

② 参见成有信．现代教育论集［M］．北京：人民教育出版社，2002：“自序：我的现代教育观”．

与角色分化，经济的、政治的、职业的社会组织取代了家庭的核心地位，非个人的、不具感情色彩的次级关系居统治地位，人的行为主要受正式的规章、法律等约束，社会具有很强的异质性。

此外，社会学家、人类学家们还以文字为标志从文化角度对社会进行区分，形成“无文字社会”与“文字社会”的类型划分。

总之，从不同角度切入，采用不同标准，往往可对社会发展阶段作出不同的划分，从而形成不同的社会分析框架。上述几种典型性划分将成为本书以后各章考察社会变迁和教育发展的重要理论依托。

（二）从“传统”到“现代”

从先哲和学者们对社会发展阶段的分析中可以看出，人类社会从农业文明到工业文明的演变无疑是人类发展史上一次非常重要的转变，通常被称为从“传统”到“现代”的转型。这次转型大大地拓展了人类生存的物理空间。

从“传统”走向“现代”的过程正是所谓的“现代化”过程。“传统”与“现代”，以及“传统社会”与“现代社会”，无论是概念本身还是其所指称的社会形态，均与始于20世纪50年代的世界范围内的现代化理论研究密不可分。一般认为，现代化（modernization）概念产生于18世纪，具有两个基本含义：一是成为现代的、适合现代需要；二是大约公元1500年以来社会出现的新特点和新变化。现代化既是一个历史过程即达到先进水平的过程，又是一种最新特点，通常包含着最先进水平。在20世纪下半叶，现代化研究取得了丰硕成果，经历了包括50—60年代的经典现代化研究、70—80年代的后现代研究和80—90年代的新现代化研究的不同阶段和成果形态。[①] 在经典现代化理论看来，现代化作为一个世界性历史过程，通常指18世纪工业革命以来人类社会所经历的一场深刻变化，它以工业化为推动力，使工业主义渗透到社会的经济、政治、文化、思想等各个领域，导致从传统农业社会向现代工业社会的全球性大转变。这个过程包括从传统经济向现代经济、从传统社会向现代社会、从传统政治向现代政治、从传统文明向

① 参见中国现代化战略研究课题组，中国科学院中国现代化研究中心．中国现代化报告2003：现代化理论、进程与展望［M］．北京：北京大学出版社，2003：第一章“现代化研究五十年”．

现代文明转变的历史过程，既发生在先锋国家也存在于后进国家。

现代化过程造成了传统社会与现代社会的分野。在经典现代化理论视野中，基于对从“传统”到“现代”转变的时间因素的强调，“传统社会”和“现代社会”两个概念通常对应于农业社会和工业社会。实际上，社会学话语体系对这两个概念的理解和运用并未完全局限于经典现代化研究的上述界定。在日常学术实践中，传统社会通常指工业社会以前的包括农业社会在内的所有历史阶段，而现代社会则包括工业社会及其后的历史阶段。而且，传统社会和现代社会这种惯常区分在学术实践中已形成对社会变迁过程进行描述与分析的基本概念图式，上文所列诸多类型划分实际上也都能够纳入到这个框架之中（见表2－4）。

表2－4　惯常区分的传统社会与现代社会及对应划分

社会类型	基本特征	对应的其他划分
传统社会	狭义的传统社会仅指农业社会，广义的传统社会概念则是工业社会以前的所有社会的统称，亦可称为“古代社会”或“前现代社会”。其特征可以描述为：以利用天然工具或手工工具为生产力的标志；经济形态主要是自然经济；广泛存在超经济剥削、特权和等级观念，存在广泛的人身依附关系，是专制与人治的社会；规模小，分工和角色分化比较少；尊重经验、强调情感，人的行为主要受习俗、传统的约束，社会具有很强的同质性；比较保守、狭隘、封闭；社会发展比较缓慢……	狩猎与采集社会、畜牧社会、初民社会、农业社会； 礼俗社会； 原始社会、奴隶社会、封建社会； ……
现代社会	狭义的现代社会仅指工业社会，广义的现代社会也包括工业社会以后的历史阶段（如知识社会）。其特征可以描述为：以机器生产为生产力的标志；经济形态主要是商品经济或产品经济；以平等的社会价值观和社会关系为突出特征，承认和保护人的独立人格，是民主的社会；规模庞大、结构复杂，有复杂的人工与角色分化，等级分化明显；各种社会组织取代了家庭等初级群体的核心地位，形成了现代科层体制；崇尚科学与理性，人们的行为主要受正式的规章、法律等的约束，社会具有很强的异质性；比较开放、自由；社会变革迅速……	工业社会； 法理社会； 资本主义社会； 知识社会； 后工业社会； ……

由此可见，“传统”与“现代”、“传统社会”与“现代社会”两对概念作为从社会变迁的方向、水平乃至先进程度上对社会变迁所作的理论抽象，某种意义上具有了社会分析的类型学特质。

（三）从“现代”到“后现代”

20 世纪后半叶的人类社会变迁使研究者们惊异不已：工业经济并不是世界经济发展的顶点，发达工业国家经济发展已经从工业化转入非工业化轨道，伴随的是工业经济比重的持续下降和服务经济比重的相应上升；工业社会也不是人类社会发展的终点，发达工业国家开始从城市化转入非城市化或逆城市化轨道，城市人口向郊区和乡镇迁移，科技革命促进社会出现新的发展；工业文明更不是文明进程的终结，发达工业国家并没有止步不前，它们的发展已经并将继续超越工业文明阶段。① 这些现象恰恰为经典现代化理论所难以解释。于是，自 20 世纪 70 年代始人们纷纷就发达工业国家未来的发展展开讨论，涌现出了种种现代化研究新思潮，后现代研究便是其中尤为引人注目的一种。

最为后现代研究感兴趣的主题之一是工业化以后的社会变迁问题。20 世纪 60 年代，发达工业国家业已完成经典现代化而迈入经典现代化以后的历史阶段，学者们称之为“后现代”。其后，各种以“后”字冠名的学术思潮开始在欧美流行起来，后现代化理论（post-modernization theory）便是对包括后工业社会、后现代主义、后现代化等在内的诸多思潮的“一揽子”称谓。其中，后工业社会理论描绘了后现代化理论的经济社会图景；后现代主义②则反映了在文化领域后现代化与经典现代化的巨大差异；后现代化则在前二者基础上分析了现代化范式的变化，即从现代化向后现代化范式的转

① 中国现代化战略研究课题组，中国科学院中国现代化研究中心．中国现代化报告 2003：现代化理论、进程与展望［M］．北京：北京大学出版社，2003：7.

② 德国的尼采和海德格尔被认为是后现代主义的先驱，利奥塔尔、德勒兹、德里达、福柯、拉康和鲍德里亚等则为后现代主义的代表人物。法国著名哲学家、后现代理论家让－弗朗索瓦·利奥塔尔（Jean-Francois Lyotard，1924—　）于 1979 年出版的《后现代状态：关于知识的报告》一书引发了后现代主义热潮。这本小册子研究的是“后现代条件下的知识问题”，涉及受到 19 世纪末以来科学、文学、艺术行为原则影响的文化状态，对现代主义的正确性和真实性提出质疑，指出后现代的科技发展向人们提供了权力的增长，使知识成为商品和决策的因素与手段。该书被奉为后现代主义的经典之作。

变。尤其是 1992 年英国学者克茹克等的《后现代化：发达社会的变化》[①]和 1997 年美国学者殷格哈特的《现代化与后现代化》[②] 的问世标志着后现代化理论逐渐成型。其中，殷格哈特把 1970 年以来工业化国家发生的变化称为后现代化，把发展中国家发生的变化称为现代化。

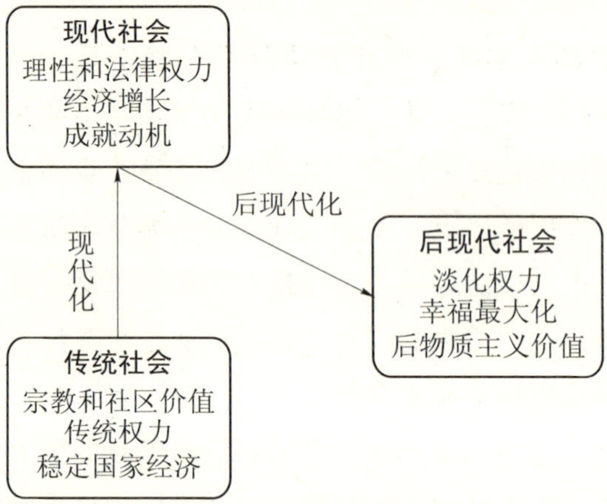

资料来源：R. Inglehart. *Modernization and Postmodernization* [M]. Princeton, New Jersey: Princeton University Press, 1997: 75.

图 2－1　从现代化到后现代化

后现代化理论将从传统社会向现代社会（农业社会向工业社会）的转变称为“现代化”，从现代社会向后现代社会（工业社会向后工业社会）的转变称为“后现代化”。两次转变均是人类社会的重大转型，意义非同寻常。如果说从“现代”到“后现代”这次转型大大拓展了人类生存的物理空间，那么从“现代”到“后现代”的转型则伴随虚拟世界的出现，大大拓展了人类生存的精神空间。这次转型涉及政治、经济、文化、家庭、宗教观念等方方面面，表现为从物质主义到后物质主义、从现代价值到后现代价值、从生存价值到幸福价值等多种转变，无疑是深刻的、广泛的。诚如米歇尔·迪尔所言：“我们生活在一个后现代时代，这个时代以我们在认知事物的方式和创造城市的方式上的‘激进断裂’为特征。那些发生在认识论方

① Crook, S. et al. *Post-Modernization: change in advanced society*. London: Sage, 1992.

② R. Inglehart. *Modernization and Postmodernization*. Princeton, New Jersey: Princeton University Press, 1997.

面和物质生活方面的决裂可以各自区别为‘后现代主义’和‘后现代性’。”[①] 如果说现代化的核心目标是经济增长，通过工业化和系统的技术应用来扩大有形产品；后现代化的核心目标则是使个人幸福最大化，追求生活质量和生活体验。在专业化、世俗化和个性化方面，后现代化成为现代化的继续。[②] 这次转型的结果是人类进入了一个新的历史时期。如果说在现代社会我们是生活在一个真实的物质世界里，那么在后现代社会我们则生活在一个由各种电子媒体所创造的“模拟世界”中。“模拟世界是一个拟像（simulacra）的世界、图像的世界。但是与通常的世界不同，拟像是一种没有原物或失去了原物的复制品。”[③] 拟像世界成为一个“超现实”的存在，在这个“超现实”的存在之中，人们不再可能将图像与真实相区别，将符号与其所指相区别，将真与假相区别。

由上可知，在使用过程中，“现代社会”实际上已成为一个与社会发展的最新状态紧密相连的概念。在经典现代化理论视野下，人们使用“传统社会”与“现代社会”两个对偶性概念是基于工业化进程这一特殊背景的，正在消失的前工业社会（特别是农业社会）通常被称为传统社会，相应地，取代农业社会的工业社会被称为现代社会。进入21世纪，随着知识化程度日趋加深，知识社会走来的步伐日益加快，工业社会正在为知识社会所取代，我们所处的时代背景和语境已非“工业化”或“现代化”概念所能准确概括。那么，在后现代理论视野下，何谓传统社会？又何谓现代社会？

根据当前社会的知识化现状，并根据区分传统社会与现代社会的上述逻辑，今天人们使用的传统社会概念实际上不应再局限于过去的含义，理应将已经或正在被知识社会取代的工业社会也合乎逻辑地纳入传统社会范畴中去。因此，本文有意拓展“传统社会”概念的内涵而将其与“知识社会”相对应。这样，现代社会便有了广义、狭义的区分：广义的现代社会应包括工业社会和知识社会，狭义的现代社会则专指工业社会以后的社会形态。本

① Michael J. Dear, *The Postmodern Urban Condation*, Oxford: Blackwell Publisher Ltd, 2000, p. 317.

② 中国现代化战略研究课题组，中国科学院中国现代化研究中心．中国现代化报告2003：现代化理论、进程与展望［M］．北京：北京大学出版社，2003：10.

③ K. Kumar, *From Post-industrial Society to Post-Modern Society: New theories of the Contemporary World*, Oxford: Blackwell Publishers Inc. 1995: 122—123.

书将狭义的现代社会概念理解为与知识社会概念是同一的。

二、社会分析的基本角度

社会分析通常可理解为从不同角度、运用不同方式方法对社会所作的研究。上文从变迁的角度对社会的历史分期作了介绍，这是考察社会的一种方式，即过程分析。认识社会还需要引入另一种方式即结构分析，在本文具体体现为结构的视角和成层的视角，对教育成层研究具有理论基础意义。

（一）结构视角

本书持辩证社会观①，认为“社会”这种结构性存在，在形式上表现为各种社会角色及其相互之间的关系状态，在内容上则表现为不同社会资源/资本的分布形态。

1. 社会的结构性假设

人类社会是一种秩序性存在，结构性是社会秩序的真实体现。何谓“结构”？根据《辞海》的定义②，结构是一个静态和动态统一的范畴。一方面，“结构既是物质系统存在的方式，又是物质系统的基本属性”，一定的结构就是“某种秩序，某种格局”，反映着事物存在的静态特征；另一方面，结构作为一种客观存在，是一个运动着的生命体，既是生命体运动的结果，也是生命体赖以继续运动的条件，反映出事物变化的动态特征。据此，“社会结构”一般有广义、狭义之分，广义的社会结构概念泛指社会的各个基本活动空间，包括政治、经济、文化和社会生活等不同领域及其之间的相互联系；狭义的社会结构概念系指由社会分化产生的各主要社会地位群体及

① 辩证社会观的具体所指请参见本章附录：“社会”的本体论解读。

② 《辞海》对“结构”的解释为：“同‘功能’相对。物质系统内各组成要素之间的相互联系、相互作用的方式。是物质系统组织化、有序化的重要标志。物质系统的结构可分为空间结构和时间结构。任何具体事物的系统结构都是空间结构和时间结构的统一。结构既是物质系统存在的方式，又是物质系统的基本属性，是系统具有整体性、层次性和功能性的基础与前提。研究物质系统的结构与功能，既可以根据已知对象的内部结构，来推测对象的功能；也可以根据已知对象的功能，来推测对象的结构，从而实现对自然界的充分利用与改造。”（辞海编辑委员会．辞海：第三卷［M］．上海：上海辞书出版社，1999：3152）

其之间的相互关系。

包括结构功能主义、微观结构主义、宏观结构主义，以及结构主义等不同理论流派在内的结构理论成为考察社会结构性的重要理论视角和分析工具。马克思、迪尔凯姆、齐美尔、米德、舒茨、列维-施特劳斯、布朗、吉登斯、乌斯特、布迪厄、布劳等社会理论家均为结构理论的形成、发展与丰富贡献了智慧。[①] 其中，尤为值得关注的是马克思关于社会结构的经典阐述。马克思在《政治经济学批判》的序言中写道："人们在自己生活的社会生产中发生一定的、必然的、不以他们的意志为转移的关系，即同他们的物质生产力的一定发展阶段相适应的生产关系。这些生产关系的总和构成社会的经济结构，即有法律的和政治的上层建筑树立其上并有一定的社会意识形态与之相适应的现实基础。物质生活的生产方式制约着整个社会生活、政治生活和精神生活的过程。"[②] 在经典马克思主义理论中，生产力和生产关系、经济基础和上层建筑两对基本要素共同构成了社会结构。

马克思还进一步指出人的社会活动是社会结构产生与演变的前提，社会结构的形成首先基于人的物质生产活动。正是在物质生产活动过程中，人与人之间的关系，以及人与自然之间的关系得以产生[③]，从而形成"社会体系各组成部分或诸要素之间比较持久、稳定的相互联系模式"[④]。

2. 社会的资源结构观

在社会学的发展史中，不仅结构主义理论，甚至大多数社会理论都前提性地坚持社会的结构性假设。问题是，社会结构的背后是什么？通常可将社会的"结构"理解为"资源的结构"，即基于个体占有的社会资源而形成的结构。社会成员在资源的类型和占有上存在的差异与分化稳定甚至固化下来以后，社会的结构性存在就集中体现为社会资源的结构性存在。这一观点可

---

① 参见乔纳森·特纳. 社会学理论的结构（下）[M]. 邱泽奇，等，译. 北京：华夏出版社，2001：第六编"结构理论"（145—222）.

② 马克思，恩格斯：马克思恩格斯选集：第2卷 [M]. 北京：人民出版社，1972：82.

③ 马克思指出："从物质生产的一定形式产生：第一，一定的社会结构。第二，人对自然的一定关系。"（马克思，恩格斯. 马克思恩格斯全集：第26卷 [M]. 北京：人民出版社，1979：296）

④ 中国大百科全书《社会学》编辑委员会. 中国大百科全书·社会学 [M]. 北京：中国大百科全书出版社，1991：308.

以表述为“社会的资源结构观”。马克思、吉登斯、布劳和布迪厄等社会学家的思想中均直接或间接地体现了这种观点。

马克思的观点。马克思的社会理论中贯穿着结构思想，同时也体现着资源的结构性存在思想。马克思认为，在人与人之间形成的各种社会关系中，由生产、交换、消费等构成的经济关系占据主要地位，以经济资源的差异为基础最终形成不同的社会阶级。马克思的社会结构观所关心的是社会不平等是怎样进行自身再生产的，其中明确体现了资源的观点。“马克思……将社会结构视为行动者当中的资源分配。这些行动者在社会际遇中动用他们各自的社会资源，并在此过程之中再生产了社会结构和随之而来的资源的分配。这样，结构就成了行动者在其际遇中所拥有的符号、物质和政治资源。”①

吉登斯的观点。当代结构主义社会学家吉登斯干脆将“社会结构”定义为“能转化成供行动者在具体情境下所用的规则和资源”。他认为，结构可以概念化为行动者在跨越“空间”和“时间”的“互动情境（context）”中利用的规则（rules）和资源（resources）。正是使用这些规则和资源，行动者维持和再生产了结构。资源是行动者用来处理事务的工具。“资源和规则相互关联……在真实的经验世界中，它们同时存在于互动的行动流之中。”② 在吉登斯所绘制的社会结构、社会系统以及关系的模态图（见图2－2）中，资源包括权威性资源和配置性资源：前者为在一个情境下控制和引导互动模式的组织能力，后者指在一个情境下控制和引导互动模式中对物质特征、人工制品以及物品的使用。

布劳的观点。美国社会学家布劳（Peter M. Blau）同样持资源结构观。布劳对社会的研究早期持交换论观点，但到了20世纪70年代末，开始放弃交换理论策略转而提倡纯粹的宏观结构分析，认为宏观结构既为人际互动提供了机会，同时也是一种外在的限制力量。他在1977年出版的《不平等与异质性》一书中提出了参数（parameter）和结构参数（structural parameter）概念，并将参数分为类别参数（nominal parameter）和等级参数（graduated

① 乔纳森·特纳．社会学理论的结构（下）［M］．邱泽奇，等，译．北京：华夏出版社，2001：147.

② 乔纳森·特纳．社会学理论的结构（下）［M］．邱泽奇，等，译．北京：华夏出版社，2001：172.

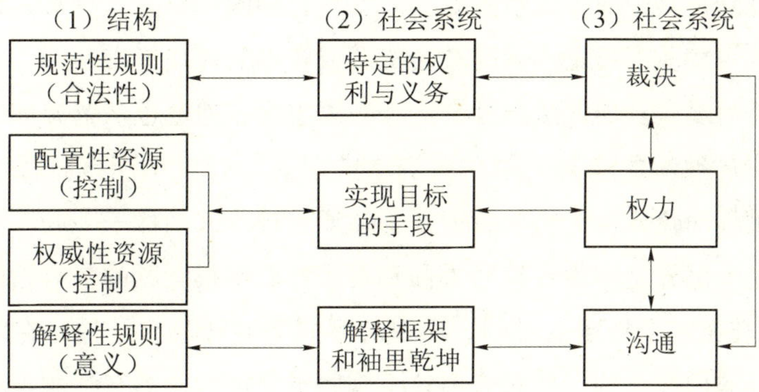

资料来源：乔纳森·特纳．社会学理论的结构（下）［M］．邱泽奇，等，译．北京：华夏出版社，2001：172页图36－1。引用时略有改动。

图2－2　社会结构、社会系统及关系的模态

parameter）。一定人口中的成员都按照这两类参数分化：类别参数通过性别、种族、宗教等所标识的是人口的“群体”分化，等级参数通过收入、教育年限、年龄、权力、财富、社会经济地位、特权等所标识的是人口的“等级”分化。社会的宏观结构可概括为一定人口的成员按照所有分化性的类别参数和等级参数构成的分布情况，其中，类别参数差异的程度决定了宏观结构的异质性程度（level of heterogeneity），而等级参数的差异决定了宏观结构的不平等程度（level of inequality），参数的数目与各种不同类别和层次中人的各自分化分别决定了社会结构的不平等与异质性程度，宏观结构据此被定义为“一定的人口按照决定不平等与异质性程度的类别参数和等级参数而形成的分布与分化程度”[①]。布劳还分析了参数的整合程度（强相关）和交叉程度（弱相关）对社会成员之间的接触、互动及流动的影响：参数的相互整合（consolidated）越高，就为一定人口中不同成员的社会互动与社会流动设置了越多的障碍。相反，参数关联较低或者根本不存在，就越有可能在人口的不同成员中增加社会关系与流动。[②] 由此可见，社会结构在布劳看来实际上是由类别参数和等级参数所区分的人的分化与分布，而他所列

① 乔纳森·特纳．社会学理论的结构（下）［M］．邱泽奇，等，译．北京：华夏出版社，2001：212.

② 乔纳森·特纳．社会学理论的结构（下）［M］．邱泽奇，等，译．北京：华夏出版社，2001：212.

举的参数特别是其中的等级参数如收入、教育年限、权力、财富、社会经济地位、特权等实质上正是不同的社会资源或资本的体现形态。

布迪厄的观点。当代法国社会学家和思想家布迪厄也从资源和结构的角度对社会作过独特的理解。他在《资本的形式》一文中明确指出，我们不能把这个世界简化成每个行动者或其集体所表现出来的样子……，但我们不要忘记，这个世界是作为在符号方面和物质方面都很活跃的、有效的资本而存在的。“在某一个特定的时刻，资本的不同类型和分布结构，在时间上体现了社会界的内在结构，即包含在这个现实世界中的一整套强制性因素。”①

需要注意的是，将社会视为一种资源/资本的结构性存在意味着不同社会资源/资本的分化、差异、分层与分等，这恰恰是社会成层研究的重要课题之一。

（二）成层视角

1. 社会成层的生成及含义

古语云：“人以群分。”社会学家在作社会结构研究时发现，不同个体、群体或集团之间的差异与不平等导致社会中也同样存在着类似于地层构造那样的高低有序的等级层次，因此他们确信，成层也是一种基本的社会现象。他们据此揭示出，社会成员的成层是社会的真实存在状态，尤其是进入阶级社会以后，不仅存在着不同的社会阶级，即便同一社会阶级内部也出现了更细的成层现象。于是，地质学中的成层概念便被借用过来而生成了社会成层概念以用于社会分析。

所谓社会成层，英文形式为 social stratification，通常又译为社会分层、社会层化，既指社会成员因各种原因而进入各社会阶层的客观过程②，也指根据诸如地位、声望、财富、权力、身份等标准将社会成员划分为不同社会层级的过程及结果，种姓制、等级制、社会阶级和社会阶层等均是社会成层的具体形态。

---

① 皮埃尔·布迪厄．资本的形式［M］//薛晓源，曹荣湘．全球化与文化资本．北京：社会科学文献出版社，2005：4.

② 王思斌．社会学教程［M］．北京：北京大学出版社，2003：174.

2. 社会成层的相关概念

为了深入理解社会成层概念，有必要对社会地位、社会分化、社会流动等与之具有内在关联的概念作些介绍和分析。

社会地位。社会成层研究将正式社会地位（如职业地位）视为宏观社会的结构要素，社会成层的实质正是社会地位的成层，因此，社会地位作为一个重要的社会学概念在社会成层理论中占有一席之地。通俗言之，社会地位就是社会关系之网中的各个纽结。任何社会中，个体之间总会存在这样那样的差别，主要表现为自然差别和社会差别两种形式。自然差别是表现为性别、年龄、肤色、容貌、血型等基于生理或遗传机制方面的差异，属于一种客观性差别；社会差别则指根据某种社会属性所划分的各类社会成员在社会境况如职业、收入、声望等方面的差异。社会差别是成员之间社会属性的差别，社会学通常将具有社会意义的社会属性称做社会地位，即社会空间中的相对位置以及围绕这一位置所形成的权利义务关系。社会地位可以分为正式的社会地位和非正式的社会地位。前者指那些长期存在并同其他相关地位发生稳定的制度化关系的位置或属性，如职业；后者则指那些偶然或临时的、与其他相关地位之间处于易变的、非制度化关系的位置或属性。①在现实的社会情境中，社会地位既是社会成员彼此识别、相互对待的重要标志，也是行动者互动影响力的主要源泉和重要基础。人们的社会表现通常是由社会地位所决定的。

社会分化。社会地位及其差别缘何而来？其根本动因在于社会分化过程。分化（differentiation）系指事物从同质性向异质性转变的过程，社会学中的社会分化（social differentiation）特指在社会结构中原来承担多种功能的某一社会地位发展成为承担单一功能的多种不同社会地位的过程②，具有功能专门化和地位多样化两个重要特征。③社会分化一方面有助于提高社会的整体功效，正所谓“社会正是通过内部结构的不断分化来适应环境，求

① 参见郑杭生．社会学概论新修［M］．北京：中国人民大学出版社，1994：273—274.

② 郑杭生．社会学概论新修［M］．北京：中国人民大学出版社，1994：275.

③ 除了从功能角度所作的理解即功能性分化外，社会分化尚有关系性分化和结构性分化两种形态。

得自身发展的"[①]，另一方面对整个社会系统的协调也提出了挑战，加大了社会整合的难度。

社会分化包括水平分化和垂直分化两种类型。前者是社会成员在经济、政治、社会地位等方面并非不平等的社会分化，属于类型分化范畴，社会成员通过这种分化而形成不同类型群体，但不具等级意义；后者属于层级分化，社会成员通过这种分化形成不同等级或层次的社会群体，因此带有等级意义和不平等色彩。社会分化还可以区分为基于自然因素的分化和基于社会因素的分化，前者如性别分化和年龄分化，后者如民族分化和职业分化。在社会成层研究中，垂直分化和基于社会因素的分化往往更受关注。

社会流动。社会流动（social mobility）是指社会成员在社会结构中从一个位置向另一个位置的移动。社会流动研究始于 19 世纪末，且与社会成层研究并行。社会流动是社会结构的自我调节机制，反映着决定个人社会地位的财富、权力和声望等因素的动态变化状况。社会流动和社会成层构成社会的两副“面孔”，相对于社会成层主要是对社会结构静态方面的关注，社会流动则专注于对社会结构的动态变化过程的考察。

根据不同标准可区分出不同的社会流动类型：① 垂直流动和水平流动。根据社会流动的方向不同划分而来。垂直流动又叫纵向流动，指在不同社会层级之间的地位变动，包括向上流动和向下流动；水平流动则是在同一社会层级内部的社会地位变化。② 群体流动和个人流动。这是按照社会流动主体的特征来划分的。前者系指较大规模的社会流动，后者反映的是个体在社会层级结构中的地位变化。③ 代际流动与一生流动。这是根据流动的参照基点划分的。前者系指子代相对于父辈而言社会层级地位的变化，后者系指个人一生中所处社会层级位置的变化。④ 结构性流动与自由流动。这是根据流动的原因划分而来。前者系指由于自然或社会环境的变化，或某项社会发明与创造所导致的大规模流动；后者属于非结构性流动，是由个人原因造成的社会地位的变化。

3. 成层作为一种视角

社会成层既是一种客观的社会现象和过程，也是一种对这种客观现象和

① 郑杭生．社会学概论新修［M］．北京：中国人民大学出版社，1994：276.

过程进行理性认识的主观见诸客观的实践活动。因此，“成层”在社会学领域里实际上是作为一个考察社会的视角而存在的。

成层作为一种视角与上述结构视角存在着内在关联。就其实质而言，成层研究正是对社会结构作更深入、更具体考察的一种独特的社会分析，以从纵向上将社会结构的存在状态及其基本特征揭示出来为目标，力求呈现社会的层次性和立体感。在此意义上，成层视角与结构视角一样，不仅是人类认识自身存在形式的水平不断提高的重要标志，更是人类深化对社会认识的一种重要的理论方法和学术途径。但另一方面，与结构视角对社会构成要素及其相互关系的分析有所不同，成层视角更重视构成结构的要素在纵向分布上的差异及由此导致的社会地位的不平等，乃至这种不平等对社会发展与运行所产生的复杂影响，这使成层视角较结构视角更具有社会学意味。

4. 社会成层理论撮要

古今中外不少学者特别是近代以来的西方社会学家为成层视角的形成贡献了智慧，形成了不同理论流派和学术传统，其中公认的有二：一是以马克思的阶级理论为渊源的理论传统，二是以韦伯的三位一体成层论为渊源的理论传统。当然，为社会成层研究作出理论贡献的还有帕雷托等学者。

马克思的阶级理论。马克思是从生产资料的占有角度来研究社会成层的。他的社会成层理论是以阶级理论面目出现的，包括阶级的含义、阶级产生的条件、阶级的内部关系和发展、私有制社会的阶级斗争、阶级的历史发展趋势等基本内容。马克思的阶级分析，尤其是对资本主义社会的阶级结构和阶级斗争的分析，具有重要的理论和现实意义，我国教育界和学术界对此并不陌生。

韦伯的三元成层标准。对西方成层研究影响较大的另一理论源头是韦伯的社会成层理论。韦伯提出了社会阶层（他称之为社会阶级）划分的三重标准即财富、权力和声望，三者分别代表着经济标准、政治标准和社会标准并对应着经济地位、权力地位和声望地位。韦伯认为，财富是指社会成员在经济市场中的生活机会，权力是处于社会关系中的行动者即使在遇到反对时也能实现自己意志的可能性，声望是指个人在所处社会环境中得到的声誉和尊敬。这三重标准既相互联系又彼此独立，都可单独作为社会成层的标准。韦伯的成层标准通常被称为“三元成层标准”，其成层理论也通常被称为三位一体的成层理论。

帕雷托的精英理论。意大利社会学家帕雷托以研究社会精英群体流动而著称于社会理论界。他所提出的用以分析社会不平等现象的精英循环理论在西方社会成层研究中占有重要的一席之地，国内甚至有学者尊称其为“开创西方社会学界成层研究的另一个先驱”。在帕雷托那里，精英特指那些具有特殊才能、在某一方面或某一活动领域中具有杰出能力的社会成员。而且，精英概念与道德或名誉无关，仅指一定活动圈子中“具有最高才能指数的人”，包括由在政府中直接或间接发挥相当作用的人组成的统治者精英和由其他人组成的非统治者精英。

帕雷托试图用精英循环概念来说明社会系统维持平衡和稳定的基本机制。他根据不同的标准进行交叉分类，绘制出以下理论图式：

	自然差别				
		精英		非精英	
社会	执政	↑	A	C	↓
差别	非执政		B	D	

资料来源：根据郑杭生主编的《社会学概论新修》一书第287页的图式整理而成。上图中，A代表执政精英，B代表非执政精英，C代表执政中的庸才，D代表芸芸众生。

图2－3　帕雷托的社会精英循环

如上图所示，帕雷托指出社会平衡的基本条件是保持循环路线的畅通，以使执政阶层中总能保持一定数量的精英。一旦流动缓慢，就会造成社会分层结构的不平衡，从而出现征服或革命等使新的精英掌权并建立起新的平衡。帕雷托的精英循环理论的独特之处在于，从社会流动角度揭示了社会成层的动态特征。

其他社会成层理论。其他一些学者也基于各自的成层研究提出了自己的成层理论。① 索罗金的多元成层论。索罗金把成层看做由社会等级造成的个人或家庭地位的垂直分化的状态，在社会的各个领域可以形成无数的层次序列，大致可以按职业、经济、政治三个方面来分类整序，而这三个方面又由不同的要素组成，这些序列在原则上都是独立的。② 伦斯基的成层理论。伦斯基从历史发展角度来分析社会成层现象，他认为采取何种形式的成层与社会的经济生产方式有关。他对狩猎和采集社会、农业社会、工业社会的成层现象进行了比较分析。①

三、教育成层的历史变迁

对教育成层的历史变迁予以考察，有助于把握教育成层的基本特征和变化规律。教育成层乃是把特定社会成员通过教育机会的赋予及具体教育过程筛选出来、加以培养并据此输送到特定社会层级结构中去的过程，具体的教育选拔和培养过程成为教育成层的重要载体。基于二者间如此密切的内在关联，下面对教育成层的历史考察便主要从教育选拔角度入手。

（一）教育成层的历史规定性

所谓教育成层的历史规定性，是指教育成层功能的形成与释放发生于具体的社会和历史背景之中，始终受特定的历史和社会条件的制约。教育成层的历史规定性是教育功能历史规定性的下位概念，本书第一章对教育功能的历史规定性的阐述同样有助于对教育成层的历史规定性的理解，这里不再赘述。

教育成层的历史规定性首先反映在社会对教育的制约上。在阶级社会中，教育发挥成层功能是统治阶级保证社会稳定和实施统治之需。根据帕雷托的观点，精英循环是社会系统维持平衡和稳定的基本机制，社会平衡的基本条件是保持精英循环路线的畅通。精英的产生和循环离不开教育成层功能的发挥，表现为：一方面，统治阶级会通过教育将自己的子弟培养成精英，从而保住已经占据的统治地位；另一方面，统治阶级也会通过教育将被统治阶级子弟中的优异者选拔出来予以培养，并补充到统治阶级中来，从而达到缓解社会冲突、保持社会平衡和稳定之目的。

教育成层的历史规定性也反映在教育自身发展状况对成层功能发挥的制约上。在人类历史的早期，很长时间内教育都是融于社会生产和日常生活之中的。作为社会成员所必须具备的语言、行为和价值观，都是在生产实践和

① 王思斌．社会学教程［M］．北京：北京大学出版社，2003：175.

社会生活中通过模仿及“做中学”形成的。后来虽然出现了学校，但在人类历史长河中，正规学校的出现至今也只有几千年的历史，而且由于学校教育的规模毕竟有限，且往往被统治阶级所把持，广大劳动者的子弟所接受的依然是非正规教育。在最近几百年时间里，受工业革命的影响，学校教育才获得大发展，开始进入普及时代。当然，即便是在最发达国家和地区，这种状况也不过只有近百年的时间。教育发展的不同历史阶段其成层功能是存在差异的，下面分阶段就此作较为深入的探讨。

（二）前学校教育时期的教育成层

教育是人类特有的现象，随生产和社会生活的需要而出现。根据有关研究，人类教育经历了漫长的前学校教育发展史。当时，社会生产力水平相对低下、人人平等、没有剥削、没有阶级分化、财产共有。青年一代的抚养教育乃是原始公社的任务。儿童为公社所公有，并为公社所公育，所有儿童享有平等的受教育权利，在这种情况下，基于儿童公有和公育的传统，所有儿童都在氏族无偏无私的教导下成长为合格的成员。

原始教育注重实际应用的知识和技能，学习这种知识和技能的方法主要通过参加实践活动，学习混杂在生产和生活过程中，在应用中锻炼实际本领，尚无专设的教育机构承载教育工作。童年时期，儿童在游戏中模仿成人的行为，等到适当年龄，他们要到现场由观察学习而逐步成为合乎规格的劳动者。长辈的说教、训诲和启发诱导，同样是原始社会中非常重要的教育方法。

原始教育没有阶级性，为人人所享受而非少数人所独享；为适应社会和生产劳动的需要而培养新人，因而始终保持学用结合而非两相脱节；融入一般社会实践之中，并未由单独的机构专职负责教育工作。

根据上述特点，成层尚未成为原始教育的一项基本功能，因为原始社会本身就是一个没有阶级或者说尚未分层的社会。原始教育的社会功能是尚未分化的，原始教育纯粹是融于生产和生活之中并直接为生产和生活服务的。尽管原始教育经历了漫长的历史时期，但在考察教育的成层功能时却几乎可以将这个漫长的阶段跳过去，其根本原因在于教育真正发挥成层功能是进入阶级社会以后的事。

（三）学校教育非普及时期的教育成层

学校是社会发展到一定历史阶段的产物。人类从石器手工工具时代进入金属手工工具时代，生产有了大幅度提高，社会开始了第一次大分化。[①] 这次大分化也是一次大飞跃，促进了生产、科学、艺术、教育和人类自身及整个社会的大发展，人类藉此脱离了原始社会而进入古代文明，即奴隶社会和封建社会。由于“居于统治地位的奴隶主阶级急需建立专门传授文化知识的机构，让他们的子弟学习已被总结和整理出来的文化知识经验”[②]，在产生了用于经验记载和交流的文字的基础上，古代学校[③]诞生了。古代学校的诞生是人类教育发展史上的一次质变，使人类经验的积累与传承有了独立的机构作保障，标志着教育在制度化道路上向前迈进了一大步。从此，学校成为人类传递知识与经验，有目的、有计划、有组织地培养人的机构。学校的出现标志着人类教育活动进入到一个自觉自为的历史时期。

学校诞生初期只能为社会中脱离生产劳动的贵族及其子弟所独享。例如，古希腊斯巴达和雅典设有体操学校、文法学校、弦琴学校等。欧洲中世纪则是教会主宰学校，设有主教学校、僧侣学校。由于古代学校是和私有财产、阶级分化、脑力劳动者、科学艺术等相伴而生的，这就决定了古代学校教育带有阶级性并与生产劳动相脱离[④]，在封建社会还带有等级性特征。古

---

① 表现为私有财产和阶级的出现、脑力劳动者从体力劳动者中的第一次分离和古代知识分子的出现、人类抽象思维的大发展和最初的科学与艺术的出现、教育从生产劳动中的第一次分离和古代学校的出现等。

② 王天一，等．外国教育史（上册）［M］．北京：北京师范大学出版社，1993：16.

③ 古代学校产生于古代东方国家奴隶制形成时期，它的产生标志着人类教育发展的一次大飞跃，具有重要的历史意义。最早的古代学校包括出现于古埃及和巴比伦的设于宫廷的宫廷学校和设于大寺庙（院）的祭司学校（又称僧侣学校），出现于古埃及、巴比伦、亚述和印度的设于一般寺庙内的神庙学校，出现于古埃及的文士学校（又称书写学校），以及出现于古印度的古儒学校。西方“学校”一词有“闲适安逸之所”之意，指唯有具备闲暇条件的休闲者方可驻足其间。它表明学校产生须具有的客观社会条件，如社会生产力有所发展，社会财富有所增加，致使部分人可能脱离生产劳动专事脑力劳动，社会上从此有了专门从事教育活动的教者和专门从事学习活动的学者。

④ 在古代社会里，学校教育与生产劳动和社会生活相脱离，弱化甚至丧失了传授生产和生活经验的职能，但具有了传递阶级斗争经验的职能。进入封建社会，学校教育具有了等级性特征；由于教会成为西欧封建社会（时间跨度为公元5世纪西罗马帝国灭亡到17世纪中叶英国资产阶级革命为止，包括中世纪和文艺复兴时期两个历史阶段，共约1200余年；中国的封建社会则延续了2000多年）的精神支柱，控制着整个社会的精神生活，所以西欧封建社会的学校教育还带有鲜明的宗教性特征。

代学校只是剥削者的学校，是培养统治人才和宗教人才的工具，成为少数人的发展工具和特权，广大劳动者子女依然和原始社会的年轻一代一样，只能在生产劳动和社会生活中接受教育。[①]

古代学校教育的阶级性、等级性及脱离生产劳动等特征决定了它仅仅是少数人的教育，这从根本上决定了“发展的缓慢性和数百年不变成为它的一个重要特点”[②]。因此，尽管人类经历了漫长的奴隶社会和封建社会，但学校教育并没有获得普及性发展。当然，古代学校教育在系统化和制度化上仍是逐渐走向完备的，这从日趋完备的学制中可以得到证明。

学校的诞生使教育活动的成层功能显著化。在整个古代社会里，学校主要是为奴隶主、封建主等统治阶级服务的机构，学校教育成为阶级排斥的重要工具。最早的学校如宫廷学校、祭司学校（又称僧侣学校）、神庙学校、文士学校（又称书写学校），以及古儒学校，主要传授书写、计算、宗教教义、道德规范、习武、辞令等内容，为统治阶级培养统治人才和宗教人才。后来，虽然学校教育制度日趋完备，但在长达数千年的传统社会之中，学校教育的规模仍然是相当有限的，其基本职能也仅限于培养数量有限的为统治阶级服务的管理人才或宗教人才。在西方，学校教育在很长时间内主要是一种私人活动或教会的活动，国家并不过多予以干预[③]，直到中世纪，在宗教权力国家中，“教育专门服务于神职、技艺和法律训练，致力于教会、城镇、行会和家庭的利益”[④] 的局面仍未改变；在中国漫长的封建社会中，学校教育化身的官学一直是封建官吏的选拔机构和养成所。

综上所述，在整个学校教育尚未普及的古代社会里，一方面，统治阶级通过学校教育将其子弟培养成统治者，从而维护其所占据的统治地位；另一方面，通过对正规教育机会的垄断，统治阶级限制了被统治阶级成员的自由流动，使其仍然居于并认同于被统治状态。当然，基于维持社会平衡与稳定之需，统治阶级也会提供有限的教育机会将贫寒子弟中的精英选拔出来，加

---

① 参见成有信．现代教育论集［M］．北京：人民教育出版社，2002：354.

② 成有信．现代教育论集［M］．北京：人民教育出版社，2002：360.

③ “在建立国家教育体制之前，教会控制着教育，提供教学设施和教学人员，政府只是部分地进行全面控制和监督。国家与教育的关系，类似于国家与私人企业的关系。”（刘精明．国家、社会阶层与教育［M］．北京：中国人民大学出版社，2005：130—131）

④ 刘精明．国家、社会阶层与教育［M］．北京：中国人民大学出版社，2005：129.

以驯化和养成，给予一定的社会地位。这恰恰体现了教育成层将一些社会成员选拔出来并经过一定教育后安置到固定的社会结构中去的本义。

（四）学校教育普及时期的教育成层

传统社会的教育不仅结构简单，而且规模甚小。直到 18 世纪前半期，西欧仅有教会办的少量初等学校、少数城市学校、少数文科中学和实科中学。在东方，漫长的中国封建社会尽管形成了比较完备的学制，但也仅能满足少数人的教育需求。

欧洲开始工业革命以后，伴随民族工商业的兴起、工业主义的发展、工业化进程对大众识字的需要，以及公民教育平等观念的出现，社会对教育提出了加快发展的迫切要求，社会生产发展的客观需要及其所能提供的物质条件促使教育的结构和规模得以迅速扩展，学校教育开始具有了大众化和普及性意义。从普及教育开始沿着两条道路渐渐形成了现代学校：先是发展现代小学和现代大学，然后小学向上延伸和大学向下延伸，实科中学和文科中学正是由下而上和由上而下延伸与发展的结果，最后达到大、中、小学贯通，构成相对完整的层级体系。与此同时，在普及初等教育基础上发展起职业学校，在中等教育基础上发展起专门学院和大学。一套相互衔接的现代学校制度[①]逐步形成，表现在结构和规模上便是由学前教育、小学、中学、大学及各种校外教育如夜校、函授教育、远程教育或老年大学等构成的一个涵盖家庭教育、学校教育和社会教育的庞大教育体系。如此结构和规模的教育显然远远超出了少数人享有的范围而能够和更多的社会成员发生关联，从而为更多人提供了进入正规教育系统的机会。

在资本主义民族—国家的形成和教育世俗化过程的推动下[②]，传统的、以民间和家庭为基础的教育遭遇了严重挑战，国家举办的公立学校大量出

---

① 黄济，王策三．现代教育论［M］．北京：人民教育出版社，1996：187.

② 工业革命以来，国家和教育之间一直处于双向建构过程中：国家成为教育财政的提供者、教育活动规则的制定者，也成为教育服务的主要受益者；国家使教育活动摆脱宗教和私人的控制而实现社会化、国家化，促使教育成为一个庞大的服务于国家机器运转的社会体系，教育成为现代国家制度的一个重要组成部分。

现，学校的重心由民间转向公立，公立学校系统由此奠定，现代国家教育制度[①]逐渐形成，教育开始成为一项由国家控制和管理的社会公共事业。此时，规模和结构的迅速扩张使教育能够面向全体公民开放，从而为更多的人提供机会。教育由过去少数人垄断的活动变成大众活动，其功能出现质变，从此变成了一架庞大的机器，所有非社会成员或准社会成员乃至正式的社会成员都要经受这一机构的作用：进行专门训练，形成特定素质结构，被安置到社会结构的不同位置中去。正是由于民族—国家教育制度的形成，现代学校变成一种刚性社会化机构，其社会控制能力也异常强大起来，按照福柯的分析，现代学校甚至变成宏大的“监狱连续统一体”的组成部分。[②]

概言之，在学校教育普及时期，教育成层具有了以下特征。

首先，随着学校教育的社会覆盖面的空前扩展，教育成层具有了不同于传统社会的显著特征。规模和结构的极度扩张及其本身越来越稳定、有序、高效、形式化并可持续运转，意味着学校成为一种强而有力的人才选拔、型塑和分配机制，已演变成现代“巨人”，从此无人能逃脱得了这位“巨人”之手的掌控。教育因此不再像在传统社会里那样仅仅作为影响社会发展的因素之一，而是对现代社会越来越具有了广泛、持续和决定性作用。这种质变表明，教育成层概念已经难以准确地描述教育对现代社会的影响和意义了。

其次，现代学校教育的成层功能是与教育排斥成为一种独立的社会排斥形式紧密相连的。社会上层阶级的地位维护需要借助社会排斥手段来完成，自古及今，人类历史上先后出现过四种典型的社会排斥形式：血缘排斥、地

① 刘精明博士从以下六个方面概括了现代国家教育制度的标志性特征：反映普遍性要求即对教育平等和教育民主的承诺；以法律的形式规定不同形式教育利益主体的权利与义务；建立起统一而有效的国家教育权力机构；国家拥有对外宣称的统一的教育主权；国家作为重要的教育利益主体有着内在的教育利益目标；形成一种制度化的教育体系等。刘精明. 国家、社会阶层与教育：教育获得的社会学研究［M］. 北京：中国人民大学出版社，2005：132—134）

② 福柯认为，自 18 世纪和 19 世纪之交以来，现代监狱制度得以真正确立并向军队、医院、学校等各个社会领域扩散，最终在全社会确立起一个宏大的“监狱连续统一体”。学校教育之所以能够扮演这一角色，显然与教育结构和规模的极度扩张密切相关。

位排斥、财产排斥和教育排斥。[①] 其中，血缘排斥和地位排斥以阶层地位的先赋性为基本特征，其排斥后果具有某种僵硬的封闭性。财产虽然最初也可能是个人成就的一种表征，但是财产本身却是具有在代与代之间可以直接继承和传递的先赋性质，同时，财产排斥还往往以财产权力的专横性构筑社会地位之间的壁垒，因而也是一种绝对排他的力量。相对于以上三种排斥形式，教育排斥这种社会成层机制在人类文明史上具有进步意义，因为教育排斥是一种渐趋开放的体系，试图以纯粹的“个人成就”或成功（achievement）来守护既得利益，因而是对以先赋性因素为主导的阶层分割的否定。而且，教育排斥在形式上具有较多个人努力的成分，显然更容易为被排斥者所接受。

教育成为一种独立的社会排斥力量是以学历或文凭资格为标志的。现代社会作为一个分工精细、专业化程度越来越高的社会，客观上要求劳动者通过学校教育来生成与社会分工和专业化相适应的素质。具有普遍意义的是，一个没有一定学习经历、未获得一定教育文凭的人在激烈的社会竞争中必然处于劣势地位；一个学生毕业离校后，会得到什么样的职业、收入和地位都与他受什么教育、取得何种学历和文凭密切相关。因此，一个人的学历层次直接影响乃至决定着他的社会地位的高低和社会流动发生的难易。由于学历和文凭成为现代社会选择、分配和考评劳动者的重要外在指标，人们对学历

---

① 根据刘精明博士的研究，典型的血缘排斥以世袭为特征，并通过武力来维持，存在于奴隶主统治时期和采邑制封建王国时期。这个时候也存在大量教育现象，但教育并不是一种独立性排斥力量，仅仅是世袭排斥的附带性后果，教育对于世袭贵族来说，仅仅是一种生活方式。地位排斥存在于封建社会，反映了社会存在的等级性特征。在东西方，无论是爵位、功名，还是神职，在封建时代都是最重要的地位标志，通过控制这些地位财富，统治阶层一方面将下层精英笼络起来，另一方面又成功地建立起地位体系，用以排斥下层民众。当然，在地位排斥统治秩序时期，古代中国与西方社会是存在一定不同的：“中国社会的地位等级系列浓烈地交混着教育排斥的制度安排，科举形式的教育排斥与封建等级制度交织在一起；而西方社会的地位排斥体系则被置于教会权力的控制之下，世俗的地位等级系列与教会的力量相联结。”（刘精明．国家、社会阶层与教育：教育获得的社会学研究［M］．北京：中国人民大学出版社，2005：105）在地位排斥阶段，教育作为一种排斥性力量强化着地位排斥的强度和固化程度。进入资本主义阶段，西方社会从地位排斥统治阶段向财产排斥阶段过渡，上层与下层的关系由封建地位的差异转化为财产等级的差异。在财产排斥阶段，教育仍然是有产者的专利，因此在地位排斥和财产排斥阶段，教育排斥只是一种附属的形式。“教育作为一种独立的阶层排斥力量出现在成熟的资本主义社会时期，它以特殊专业的形成和文凭资格为标志，这就是兰德尔·柯林斯所描述的文凭社会阶段。”（刘精明．国家、社会阶层与教育：教育获得的社会学研究［M］．北京：中国人民大学出版社，2005：109）

和文凭便越来越重视，现代社会越来越演变成如兰德尔·柯林斯所描述的文凭社会。文凭社会同时也是一个教育化社会或学习化社会，教育的意义与价值在文凭社会中得到普遍认可，教育的地位因此空前提高。

最后，教育的社会化和国家化，以及学校教育的普及意味着教育成层的机制日趋复杂。当今世界各国教育体系通常由两个界限明晰的纵向序列组成，其中一个序列为以专门学校教育形式存在的生存教育，另一序列则为尽管受到生存教育在正规教育中崛起并占有一席之地的挑战，但在正规教育体系中依然举足轻重的地位教育①，两个教育序列的分野承载着教育成层功能，折射着现代国家的整体制度安排。伴随教育选拔的参与主体的多元化和复杂化，教育成层成为一个集制度选择、技术选择和社会选择于一体的社会过程。技术选择通常体现在考试制度中。考试作为一种直接面向个体层面的、具有筛选功能的教育选择技术②，是社会、经济与权力、地位资源的一种分配手段（尽管并非总是一种直接的分配手段），具有特定的利益导向功能。社会正是通过考试这一技术手段使优胜者获得特定教育利益，同时将失败者排斥在这些特定教育利益之外。成层过程是社会利益群体关系格局形成

---

① “现代教育体系的一个基本特征是，大众的、满足生产劳动需要的生存教育由非正规的身教言传方式进入正式的学校教育序列。”（刘精明．国家、社会阶层与教育：教育获得的社会学研究［M］．北京：中国人民大学出版社，2005：81）

生存教育乃是“一个人为适应某一社会的基本生存所必须接受的教育”。（刘精明．国家、社会阶层与教育：教育获得的社会学研究［M］．北京：中国人民大学出版社，2005：12）“生存教育是作为一个人的生存手段而接受的教育，它更多的是一种有关劳动生产技术和技能的训练，以及为接受这样的训练而必须起码具备的基础教育。”（刘精明．国家、社会阶层与教育：教育获得的社会学研究［M］．北京：中国人民大学出版社，2005：80）人类教育首先是一种生存技能的训练。最初，生存教育是一种生产劳动经验的传递、生活技能的培养，仅仅存在于广泛的生产劳动和社会生活过程中。现代社会以来，生产劳动技能和生活经验已经不可能再像过去那样仅仅通过言传身教的直接互动方式在劳动或生活过程中便可迅即获得，生存教育需要而且开始以正规的学校教育形式出现。

地位教育乃是“为表现或获取与维护某种优势地位所需接受的教育”。（刘精明．国家、社会阶层与教育：教育获得的社会学研究［M］．北京：中国人民大学出版社，2005：12）它是一种出于地位尊重或地位特权的需要而进行的教育，是获得上层社会地位的直接手段之一，具有强烈的排他性特征。传统教育体系中的正规教育无疑是典型的地位教育，它被贵族、地主等统治阶层借助身份、地位或财产方面的特权而垄断，而被统治者则失去或只能享有很少的正规教育机会，广大劳动人民的教育主要通过生产劳动和社会生活本身而进行，无疑属于生存教育范畴。

② “如果说教育分流是国家作为主要的利益主体所确定的制度性选择方式的话，那么，考试竞争首先就是个体层次上的利益竞争。”（刘精明．国家、社会阶层与教育：教育获得的社会学研究［M］．北京：中国人民大学出版社，2005：118）

与改变的过程，群体之间围绕教育利益的争斗或竞争，使教育成层成为一种社会选择。在阶级社会里，不同阶层、不同群体之间的社会排斥与团结关系构成社会选择的主要内容。根据强势排斥和契约排斥的不同范型，这种以阶层和群体为单位的教育选择包括直接选择和间接选择两种形式，前者通过规定某些教育类型、教育阶段的阶层成员资格而进行，或者通过规定某些教育机会的限制条件（如学费），直接将某些群体的成员排斥在这类教育之外；后者则通过考试制度或其他普遍认可的技术选择媒介在阶层成员之间进行。

（五）终身教育时期的教育成层

20 世纪中期以来，社会的知识化步伐日益加快，一些发达工业化国家已经跨入知识社会门槛，其他国家也不甘落后，纷纷调整发展战略，利用后发优势竞相向知识社会挺进。知识的生产、保存、传播、消费开始成为社会发展的基础和主导产业，基于社会对教育提出了更高的要求，教育成为积累、更新、传递和消费知识的活动，成为个体不可或缺的人生经历并向终身化方向发展。在经历了一个非学校途径为主的漫长时期、相对较短的正规学校占主导时期，以及非正规教育与学校教育并存时期之后，人类正在迎来教育回归社会的崭新历史阶段，此即学习化社会的到来。在学习化社会或终身学习时代，教育成为关乎全体社会成员一生生存与发展的大事情，甚至成为个体日常生活的重要内容。此时，教育分化成系列活动，为各年龄群体服务，帮助他们利用不同方法学习不同内容，而且学习方法和所学内容总是处于不断变化之中，唯此才能适应快速发展的社会需要。

在终身教育时期，教育成为伴随人一生的活动，成为个人社会地位形成、改变的重要前提和动力，教育的成层功能因此更加显著，其含义和特征更加远离传统的成层概念，这恰恰是教育建构研究所应关注的崭新课题。

四、教育成层的理论认识

国内外教育成层研究者就教育对社会的结构性影响给予了持久关注，已“沉淀”出一定的理论成果。

(一) 教育成层的不同解读

自20世纪50年代始，西方几个主要的教育社会学流派几乎均涉足教育成层研究领域，彼此在相互碰撞中生发出各自的理论观点，形成不同的解释取向。其中，英才主义说、再生产说（包括文化—社会再生产说、经济再生产说）、文化市场论等值得关注。

1. 英才主义说

英才主义说以功能论为理论假设，强调教育作为一种英才培养和造就过程对社会成层具有重要功能，其以英国社会学家M. 扬和美国社会学家D. 贝尔为代表。

扬于20世纪50年代末写了一则寓言《能者治理的出现：1870—2033年》（扬，1958），其主题是有关英国社会在21世纪开始时由于成就原则战胜了世袭原则而发生的深刻变化，揭示了教育对社会精英产生所具有的重要影响。1971年，扬又出版了由他主编的《知识与控制：教育社会学新探》[①]一书，对教育知识及教育与社会分层的内在关联作了深刻阐述。在扬看来，教育实际上就是知识的选择以及人的选择。“一个社会如何选择、分类、分配、传递和评价它认为具有公共性的知识，反映了权力的分配和社会控制的原则”，“社会中知识的分类与架构所具有的结构，揭示了权力的分配和社会控制的原则”[②]，因此，与社会权力、社会控制等存在内在关联的知识分层必然会对社会分层产生重要影响[③]，教育知识的分层和分配实质上是社会

① 该书是一部专题性论文集，从知识社会学角度对课程知识的形成与功能进而对教育的成层功能作了深入阐述。其出版不仅标志着“新”教育社会学派的诞生，而且标志着教育社会学开始从关注分配和教育组织的传统领域向课程和教学问题转型。该书的一个基本观点是：“所有的知识都是社会建构的，换句话说，所有的课程都反映了某些社会群体的利益。”集中表明了以扬等为代表的“新”教育社会学的社会建构论立场。

② M. 扬. 知识与控制：教育社会学新探［M］. 谢维和，朱旭东，译. 上海：华东师范大学出版社，2002：61，62.

③ 知识的这种分层作用如何在教育中实现？扬等认为：“正规教育知识的传递能够通过三种信息系统得到实现：课程、教学和评估。课程规定可以把什么看做是有效的知识，教学规定什么可以被看做是有效的知识传递，而评价则规定什么可以被看做是这些被讲授的知识的有效实现。”（M. 扬. 知识与控制：教育社会学新探［M］. 谢维和，朱旭东，译. 上海：华东师范大学出版社，2002：61—62）三种信息系统是教育知识编码的实现形式，教育编码与权力结构及社会控制原则之间具有密切联系，这三者均反映了社会的权力分配和社会控制原则。

权力的分层和分配。社会正是通过对教育知识的管理与控制而实现着自身结构的再生产。

贝尔于1973年出版了《后工业社会的来临》一书，对教育在后工业社会中的地位与作用予以深入分析。[①] 贝尔抓住影响后工业社会结构生成的核心因素（“知识和技术已成为社会的主要资源”），借助大量实证材料不仅深入描述、分析了后工业社会中“新的阶级结构”——受过较多的教育、占有知识和技术的知识阶级或技术阶级在该社会中的形成、结构、变化、影响及地位，而且从社会结构基本构成单元角度分析了“知识阶级”中的科学家、工程师乃至受过高等教育的人员的形成和影响。另外，他还剖析了美国20世纪六七十年代用于研究与发展的经费的数量、来源、使用、增长率、预算等。贝尔的研究既印证了他对于后工业社会的一个基本假设，即理论知识是组织新技术、经济增长和社会阶层的一个中轴（所谓“中轴原理”），也使他的分析和后工业社会中知识产业、知识劳动者占据较大比重（均超过总产业和总劳动者的50%）的事实相契合，教育在新的社会结构形成和社会分层体系变化中的重要地位得以彰显。

2. 再生产说

再生产说实际上是一个复数概念，包括法国社会学家P. 布迪厄的文化—社会再生产说[②]及以美国社会学家S. 鲍尔斯和H. 吉丁斯为代表的经济再生产说。前者从文化—社会角度强调了教育的“复制”功能，后者则从经济角度阐明了教育和社会分工之间的“符应”关系。从整体上看，再生产说论证并强调了教育在社会的阶级结构和经济结构延续中的再生产功能。

（1）文化—社会再生产说。布迪厄的文化—社会再生产观点集中体现

---

① 贝尔指出，后工业社会主要是一个技术社会，奖酬较少根据继承或财产（虽然这些能掌握财富或文化优势），而较多根据教育和技能。后工业社会开始时的逻辑也是能者统治，不同的地位和不同的收入都基于技术才能和教育高下。一个能者统治的社会就是一个“证书社会”，在那样的社会里，成就的证明——通过大学学位、专业考试、许可证——成为取得高职位的一项条件，因此教育成为一种保护性的必要活动。（D. 贝尔．后工业社会的来临：对社会预测的一项探索［M］．北京：新华出版社，1997：452）

② 英国社会学家M. 扬和B. 伯恩斯坦等“新”教育社会学派人物也是持再生产论的，他们的观点可以归入文化和社会再生产论中。由于上文已从另一个角度介绍了“新”教育社会学派的基本观点，其中也涉及他们的再生产观点，所以这里仅介绍布迪厄的主要观点。

在《再生产》（1970）一书中。布迪厄明确指出："学校在再生产各阶级之间文化资本的不平等分配的同时，促进了阶级关系结构的再生产。"[①] 他通过对法国教育特别是高等教育的分析，揭示了再生产功能得以现实化的过程和机制。值得注意的是，布迪厄同时意识到再生产功能的有限性："灌输对象的社会特性则与灌输人员来自他们社会出身、所受教育、在制度中的地位及社会属性的教育和文化方面的倾向密切相关。既然社会秩序合法化功能从中得以完成的关系网十分复杂，我们看到，把他们的运行局限于教育系统的一种机制或一个领域的这种奢望无法实现。不过，在一个划分成阶级的社会里，学校和在占有文化资本及使之产生效益的能力方面各不相同的家庭一起，共同分担着再生产这一历史产品的任务。"[②] 另外，布迪厄也意识到再生产功能更适合于传统教育："在传统系统中，保存这个系统和保存它所保存的文化的倾向遇到了来自外部的社会保存的要求。在这种情况下，这个双重性（自身功能的外部功能——引者注）便得到了全面的现实化。"[③]

（2）经济再生产说。鲍尔斯和吉丁斯被认为是教育社会学冲突论学派中的"新"马克思主义的代表，二人在《美国的资本主义制度与教育》一文中通过对美国200多年教育发展史的回顾，剖析了资本主义教育与经济的复杂关系，阐述了美国每一重要历史时期的教育改革都是对资本积累过程中的经济生活结构变化的反应的观点。对于美国教育的扩展特别是学校教育发展的原动力，当时存在大众需要论和技术上的需要论两种解释，鲍尔斯和吉丁斯认为，教育制度脱胎于政治和经济的冲突，因此这两种解释都是不适当的。"我们把增长和稳定之间的这种紧张关系叫做资本积累与资本主义生产关系的再生产之间的矛盾。这个矛盾是美国过去一个半世纪的历史的基本矛盾"，"资本积累的矛盾性和资本主义秩序的再生产是教育变革的动力"。[④]

---

① P. 布尔迪约，J.-C. 帕斯隆. 再生产：一种教育系统理论的要点［M］. 邢克超，译. 北京：商务印书馆，2002：202.

② P. 布尔迪约，J.-C. 帕斯隆. 再生产：一种教育系统理论的要点［M］. 邢克超，译. 北京：商务印书馆，2002：220.

③ P. 布尔迪约，J.-C. 帕斯隆. 再生产：一种教育系统理论的要点［M］. 邢克超，译. 北京：商务印书馆，2002：213.

④ 张人杰. 国外教育社会学基本文选［M］. 上海：华东师范大学出版社，1989：345，347.

此外值得关注的是，鲍尔斯的《不平等的教育和社会分工的再生产》[①] 一文被认为是“提供了运用冲突理论模式来分析当代教育制度的一个范例”，该文着重分析了教育与社会分工再生产的关系。

鲍尔斯和吉丁斯被称为“新左派”[②] 的代表。他们认为教育系统起着社会分层和社会选拔的代理人作用，学校机构可以被形象地比做“社会编组场”。在资本主义社会中，统治阶级在教育政策上的两大目标即学校教育的两大功能是劳动力的生产及有助于把劳动力转化成利润的那些制度和社会关系的再现。教育系统通过如下方式实现上述两大目标：① 学校教育生产为胜任工作所需的技术和认知两方面的技能；② 教育系统帮助把经济不平等合法化；③ 学校养成适合于给等级制职位配备人员的个性品质，奖励并标明这些品质，如动机、纪律、工作常模内在化；④ 教育系统通过它养成的各种身份区别，加强成层的意识。[③] 教育通过“符应原则”（correspondence principle）即学校与社会经济结构和阶级结构的相“对应”而造成“社会生产关系的再现”。“学校教育借助于使年轻人与工作岗位上种种关系相似的一套关系合拍，力求使个人需要的发展与对他的要求挂起钩来。”[④] 学校中的各种社会关系如管理人员与教师的关系、师生关系、生生关系、学生与其

---

① 鲍尔斯认为：（1）在美国，学校并不是作为追求平等的一部分，而是为了满足资本主义雇主对有纪律、有技能的劳动力的需要，为了提供一种社会控制的途径以利于政治上的稳定而发展起来的；（2）随着有技能的、受过良好教育的劳动力在经济上的地位日趋重要，学校制度中的不平等现象在一代一代地再生产，原阶级结构也变得越来越重要了；（3）美国的学校制度充满了阶级不平等现象，在过去的半个世纪里，这些不平等现象并没有显示出有多少减少的迹象；（4）对学校董事会和其他教育决策机构明显的不平等控制，并没有对学校制度中不平等现象的持续和普遍的存在提出充分的解释。虽然政治权力的不平等分配有助于维护教育的不平等，但这些不平等的根源却要到政治领域之外亦即在阶级结构本身之内以及资本主义社会所特有的阶级亚文化群中去寻找。不平等的教育是植根于使之合法化并使之再生产的阶级结构之中的。教育上的种种不平等可以看做是资本主义社会整个网状组织的一部分，只要资本主义存在一天，它就有可能存在一天。（张人杰．国外教育社会学基本文选［M］．上海：华东师范大学出版社，1989：218—219）

② “新左派”是20世纪60年代中后期资本主义国家如美国群众运动中的积极知识分子。之所以称为“新左派”，是显示他们与20世纪30年代工人运动中的左派分子的区别。“新左派”作为一种社会思潮，其核心在于同为美国制度辩护并求得维护现存秩序的自由派根本对立。他们把现存的美国制度称为“公司自由主义”（corporate liberalism），把现在的美国称为“公司国家”（corporate state），坚决反对这种制度，要求改变这种秩序。他们宣称马克思的观点提供了比较系统的分析世界的工具，因此被称为“新马克思主义者”。

③ 瞿葆奎．教育学文集·教育与社会发展［M］．北京：人民教育出版社，1989：270—271.

④ 瞿葆奎．教育学文集·教育与社会发展［M］．北京：人民教育出版社，1989：271.

学习的关系等无不是对社会等级制的“摹写”。学校教育根据阶级、社会地位、性别等的区别，为不同社会集团和个人获得相应职业与社会地位提供不同的知识技能，养成不同的个性品质，形成不同的身份区别和阶层意识，从而把学生统合到相应的社会经济结构中去，实现着经济结构的再生产。

经济再生产说的特征与优势在于：第一，将分析的时间明确地“锁定”在资本主义阶段，相形之下，文化—社会再生产说对应的时间似乎含糊得多；第二，明确地以美国的学校教育为分析对象，文化—社会再生产说则主要以法国教育特别是法国的高等教育为分析对象；第三，主要剖析了教育和经济、教育和社会分工等的关系，体现的是经济的视角，文化—社会再生产说则主要是文化和社会关系的视角。尽管经济再生产说的“个性”如此鲜明，也不应忽视它与文化—社会再生产说之间的“共性”：二者不仅分享了“再生产”这一核心概念，而且，从以鲍尔斯和吉丁斯为代表的“新左派”反复强调的“美国现有教育系统既未增进社会平等，也未增进个人的充分发展，它不过是借把个人分配到不同的经济位置上合法化而再造成不平等罢了”[①] 从这一点来看，经济再生产说实际上已经远远超出单纯经济范畴而触及教育的社会和阶级层面，从而与文化—社会再生产说殊途同归了。

3. 文化市场论

美国社会学家 R. 柯林斯通常被认为是冲突论学派新韦伯主义的代表，由他所提出的解释教育与社会分层关系的理论通常被称做文化市场论。柯林斯继承并发展了德国社会学家韦伯的思想，围绕“身份团体”这一概念，将学校的主要活动视为传授特殊身份文化的活动，学校教育发展的动力在于不同身份团体间的冲突，教育的各种需求由文化市场所决定。柯林斯引证韦伯的观点说明对教育需求起作用的源泉有三：个人对实用技能的需求、集团对社会团结和高度身份的需求，以及国家对有效政治控制的关切。因而，他将教育看做身份共同体（status community）中为优势地位、经济利益和声誉而进行的多面斗争的组成部分。他试图阐明一个多维的成层模式并全面论述成层的经济、组织和文化的各个侧面的交互作用。柯林斯对英才主义说和再生产说（被柯氏分别表述为技术—功能理论和冲突理论）提出了不同的看法。

① 瞿葆奎．教育学文集·教育与社会发展［M］．北京：人民教育出版社，1989：272.

柯林斯批判性分析了技术—功能理论。他将该理论的基本观点概括为：① 在工业化社会里，由于技术的变革与进步，工作的技术要求在不断提高。表现为两个过程：一是技术要求低的工作在减少，而技术要求高的工作在增加；二是同一工作其技术要求在提高。② 正规教育或在专门技能方面，或在一般能力方面提供训练，对于从事技术要求高的工作是必须的。③ 就业所需教育条件在不断提高，与此相适应，越来越多的人在学校中接受着年限越来越长的教育。[①] 柯林斯将技术—功能理论放在一般的功能论框架内，视其为一般功能理论的特殊应用。技术—功能理论的假设被他概括为“职业结构的变化产生了各种特殊技能的需求，而教育是满足这些需求的方法之一”[②]。柯林斯认为，教育的技术—功能理论无法恰当地解释社会现实。换言之，技术—功能的需要这一现代最普遍的解释与大多数事实相矛盾，就教育和技术的关系乃至与职业成就的关系而言，“只有极少数技能需要通过教育途径才能获得”；“一般来说，专门的教育成就对于取得职业成就并不十分有效，只是某些职业除外……在诸如医学和法律这些职业中，教育只是就职所需的法律上的必要条件。因为至少在现代社会，这些职业不会录用未曾受过教育的实践者”；“经济发展的证据揭示了教育除了在大众识字这一层次之外，它对经济发展所作的贡献并不明显。……教育时常是与现实的劳动生产率无关的，有时甚至是阻碍生产率的。尤其是职业训练，似乎来自实践经验的比来自学校正规训练的还要多。而且，学校教育本身的质量和处于支配地位的学生文化的性质也意味着：学校教育作为训练工作技能的工具，这一点是无效的。”[③]

柯林斯也分析了冲突理论的不足。他将冲突理论的根据概括为：① 在现代社会中，各个身份团体的文化之间存在着以阶级和种族为背景的差异；② 身份团体常在组织内占据不同的职业地位；③ 组织内不同职业地位的成员相互争权夺利。[④] 他认为，冲突理论能否适当解释职业成层和教育之间的

① 张人杰．国外教育社会学基本文选［M］．上海：华东师范大学出版社，1989：45.

② 张人杰．国外教育社会学基本文选［M］．上海：华东师范大学出版社，1989：46.

③ 张人杰．国外教育社会学基本文选［M］．上海：华东师范大学出版社，1989：48，49，49—50.

④ 张人杰．国外教育社会学基本文选［M］．上海：华东师范大学出版社，1989：56.

关系需要作专门考察：要么集中在职业替代的机制上，要么集中在教育和职业间联系的条件上。为此，就要证明“教育乃是寻求职业的途径”，即需要证明：“雇佣者通过教育来选择已经接受了主导身份文化的人：对于那些要进入管理阶层的新成员，教育就是使他们具有精英文化；对低层次的雇员来说，通过教育使他们具有尊重主导文化的态度，并且尊敬执行这种文化的英才。”上述证明又可以转化为对以下两个问题的解答：第一，学校是否提供了培养英才文化和尊敬英才文化的训练；第二，雇佣者是否把教育作为标志文化特征的手段。柯林斯指出：① 对学校所作的历史性的和描述性的研究支持了这一概括，即学校是获得特殊身份文化的场所，其渠道既来自教师，亦来自其他学生。② 教育作为文化选择的手段可以在以下几条资料中发现——柯林斯引用了霍林斯黑德的研究成果，证明“雇佣者把教育作为选择中产阶级成员的工具”；引用了纽·黑文和夏洛特 1945～1946 年间对 240 名雇佣者的调查，证明“他们把教育看做是测验雇员（中产阶级）的愿望、性格和行为举止的工具；对于白领职业尤其强调必须经过教育筛选，因为他们的行为举止更易被局外人所观察到”；对美国国内著名公司雇佣者所作的调查发现，他们把大学学位看做雇佣一个未来管理人员的重要指标，并非因为考虑到大学毕业更能促进技能提高，而只是大学毕业标志的是“动机”和“社会经验”。

柯林斯在批判性分析技术—功能理论和冲突理论基础上阐述了他的文化市场论，核心思想包括以下几点：一是身份团体。身份团体是给予成员资格意识（consciousness of membership）的共同文化为基础的共同体，常常是社会秩序中声誉与合法性的某种宣告。[①] 社会的基本单位就是分享着共同文化（或共同亚文化）的社团。这种团体的基础是家庭和朋友，也可以扩大到宗教、教育或民族团体，这些都是身份团体的存在形式。一般而言，身份团体的所有成员会均等地参与共同文化（或共同亚文化），身份均等感既可表现在语言风格、衣着和服饰的趣味、举止及其他仪式习惯、传统的风俗、观念和价值观等方面的一致性上，也可表现在能够均等地参加体育、艺术和宣传活动上。个体在参与团体的活动时具有基本的身份认同感，其他团体成员则

① 瞿葆奎．教育学文集·教育与社会发展［M］．北京：人民教育出版社，1989：274.

不能顺利地参与其日常文化活动。各种身份团体之间根据荣辱感、趣味、教养、习俗、礼仪、修养、朋友以及种族等策略加以区分，因此排挤缺少团体内文化的个体作为一条规则被合法化了。[①] 二是争夺优势和身份文化。有史以来，社会中一直存在着对财富、权力和威望的绵延不绝的争斗。柯林斯认为，虽然个体可能相互发生争斗，但由于个体身份首先来自于某一身份团体，而且因为身份团体的凝聚力是与别人争斗的一个关键因素，这样，争斗的焦点主要就集中在团体之间而非团体内部。"争夺财富、权力和威望的斗争主要是在组织间发生的。""就身份团体而言，成员的筛选和管理在组织内部的争斗中是至为关键的。一般来说，组织英才总是从所属身份团体中选择新成员和重要助手，并且努力保证使下层雇员至少学会尊敬自己身份文化的优越性。"[②] 因此，身份文化在身份团体（如不同人种、民族、宗教的人群）之间冲突的产生和解决中起着重要的作用。三是作为身份文化的教育。"不论在课堂内还是在课堂外，学校主要的活动是教学生接受特殊的身份文化。就此而论，在传递技术知识方面，学校的失败并不重要（尽管它在这方面也可能成功）；学校主要是教会学生如何使用语言、衣着方式、美的意识、价值观和风度……学校传授更为专业或职业的知识，其本身可能就是一种特殊身份文化的内容，学校可以提供各种价值观和谈话的材料，并预先为成员将来能符合团体要求而作身份的准备活动。""由于特殊身份团体控制着教育，因此教育的作用可能就是促进组织的控制。通过对受雇所需教育条件的控制，教育既可以选择具有精英文化的英才成员，又能促使下层或中层成员对英才文化的价值观和生活方式予以尊重。"[③] 将教育用之于组织身份集团显示了教育的独特功能。身份集团教育与技术—功能理论所看重的实用教育之间的显著差别在于前者排除物质生产技能，是礼仪的、审美的、脱离实际的活动，这种教育在由贵族阶级及其他富裕而休闲阶级控制的社会中往往占据统治地位。

概而言之，柯林斯从文化角度描述了教育在现代美国社会中重要性的增长及其在社会分层和社会流动中所处的中心地位。基于实证分析，柯林斯提

① 张人杰．国外教育社会学基本文选［M］．上海：华东师范大学出版社，1989：54.
② 张人杰．国外教育社会学基本文选［M］．上海：华东师范大学出版社，1989：54，55.
③ 张人杰．国外教育社会学基本文选［M］．上海：华东师范大学出版社，1989：55.

出一个阐述教育和职业之间微妙关系的著名观点："职业在教育系统内已被设计好了。"①

上述几种理论解释尽管彼此存在分歧，但并非毫无共识。它们分享了共同的基本假设，即教育是影响社会分层的一种重要因素；均认为教育与职业、社会地位密切相关，提供了通向高社会地位、高收入、理想职业的途径，教育成就的高低乃是社会成就的重要参照甚至决定因素。而且，这几种理论解释均带有鲜明的阶级立场和批判倾向，都强调了教育对社会结构的"复制"和"再生产"功能。此外，这些理论解释提出或强调了再生产、符应、身份文化等很有学术价值的概念，呈现了诸如经济的、社会的、文化的、身份的等分析教育对社会作用的角度。最后，这些理论解释主要诞生于20世纪50—70年代期间，是针对特定时代背景提出的，相对于进入21世纪以来社会所出现的诸如变迁速度加快、分化和异质性加深、文化日益多元化、全球化浪潮汹涌澎湃、社会流动更加频繁等崭新变化，加之受提出者自身阶级立场的制约，这几种理论观点存在一定的局限性也就在所难免了，如过度强调教育对社会结构的复制与再生产功能②，却对教育对社会结构的更新与优化功能③认识不够，更没有看到教育对现代社会结构的建构功能。

---

① 张人杰．国外教育社会学基本文选［M］．上海：华东师范大学出版社，1989：44.

② 针对布迪厄等人"再生产理论"的"结构决定论"色彩，华康德分析了布迪厄的再生产理论背后的原因："在教育社会学里，大家已经习以为常地、几乎是墨守成规地把布迪厄的'结构再生产'模式和其他一些研究途径对立起来。其他那些研究途径突出了被支配者的抵抗、斗争和'创造性实践'的一面，并时不时予以倡导之辞……将布迪厄同其他一些研究途径这样对立起来，既误解了布迪厄的立场，又不能体现他和伯明翰学派之间的联系。首先，布迪厄之所以竭力强调学校教育的'保守作用'，是出于他'反戈一击'的愿望。也就是说，我们必须在60年代的理论氛围中理解他的做法，但是理论界充斥着奋斗成才、贤德治国和'意识形态的终结'这样的观念。布迪厄是有意选择了这种做法，强调了那些最不为人所注意的作用和过程……其次，学生的主动反抗很可能、而且经常确实会在客观上帮助阶级和性别等级制的再生产……说到底，反抗是不是能成功地推翻现有的支配秩序，终究是件经验的事情，而不是概念的问题。布迪厄自己也时常表示，在学生们的个体能动性的作用下，阶级的不平等结构还能保持这么大的封闭性，实在让他奇怪，甚至感到惊愕……对他来说，他所强调的这种严格的决定论是可以观察到的事实，不管他对此多么愤怒，也不得不如实道来。"（详见布迪厄，华康德．实践与反思：反思社会学导引［M］．李猛，等，译．北京：中央编译出版社，1998：注［24］，288—289）

③ 现有教育社会学研究揭示，教育对社会结构不仅具有复制功能，而且具有优化功能。优化功能"与单纯的再生产有所不同的是，前者是维护原来的社会结构，而这里则是对社会结构的调整与完善"［谢维和．教育活动的社会学分析：一种教育社会学的研究（修订版）［M］．北京：教育科学出版社，2007：527］。

（二）教育成层研究的基本假设

对任何一个问题作深入的理论探讨往往都会依赖于一个或若干基本的假设作为分析的逻辑前提，不管作为前提的假设是否被我们所意识到，实际上它（们）是客观存在着的。教育成层研究亦如此。教育成层研究的基本假设实际上表现为在“教育与社会分层的关系”问题上研究者们倾向性地共持的一些观点，目前基本分属两派：一派为“有用论”，认为“教育对社会分层的作用是存在的甚至是很大的”。这一派观点在教育分层研究中明显占据主导地位。但在教育对社会分层究竟有何作用、作用究竟多大等问题上，“有用论”通常又会以影响因素论（教育是社会分层的影响因素之一）、重要作用论（教育对社会分层具有重要作用）、基础作用论（教育对社会分层具有基础性作用）等不同面目出现。另一派为“无用论”，认为“教育对社会分层无明显作用甚至无作用”。诚如谢维和教授所言：“有些学者认为，教育对社会分层的作用和影响，并不像人们通常想象的那样重要。有些研究表明，教育只能说明一个人社会流动性方面的一个小部分。而且，即使是能人占统治地位的社会，也未必向那些已经达到高等教育水准的人提供比那些教育水准较低的人以更多的升迁机会。”① 这正如在关于教育与经济收入关系的研究中，尽管教育的经济功能得到了充分的认可，但学者中也有不同的声音，甚至很少有非常一致的看法。“有些研究发现教育是决定收入的决定性因素，而有些研究则发现，教育对于人们的经济收入几乎是无关紧要的。还有的研究表明，教育与经济收入之间的相关更多只是在30—40岁之间有一定的意义。”②

不同假设都有各自具体的语境，但对教育成层研究而言，上述假设的地位和意义需作深入比较与分析。对于“无用论”，不能完全否定其存在的理由与价值，但要看到它只是在具体而有限的条件下才是可被接受的。一方面，由于这种观点往往是建立在实证研究基础上的，实证研究的分量不能不

① 谢维和．教育活动的社会学分析：一种教育社会学的研究（修订版）［M］．北京：教育科学出版社，2007：480—481.

② 谢维和．教育活动的社会学分析：一种教育社会学的研究（修订版）［M］．北京：教育科学出版社，2007：481.

受重视；另一方面，这一派观点尽管在教育成层研究中不占据主导地位，但对占主导地位的“有用论”无疑是一种限制和“提醒”。当然，教育这种社会活动自诞生以来之所以与人类密切相伴、绵延不绝，其根本原因就在于它对人类社会是“有用的”甚至是不可或缺的，否则，教育的存在与演变就难以获得合理的解释。显然，对教育成层研究而言，“无用论”假设是消极的，自身带有从根本上抹杀这项研究的意义的危险。

至于“有用论”假设，由于表现形式不尽一致，对其亦需作具体分析。首先，教育对社会分层的影响是客观存在的，影响的性质、大小和方式在不同历史时期确实存在差异。总体来看，随着时代的变迁和社会的发展，教育对社会分层的影响呈现越来越直接、越来越明显、越来越复杂的变化趋势。在此意义上，上文述及的影响因素论、重要作用论、基础作用论等观点无疑都具有一定的合理性和可接受性。其次，对这些均具有合理性和可接受性的观点也需进一步予以比较，从而分辨出哪一种观点更适合教育成层研究。根据教育和社会分层关系的历史发展脉络及迄今学界对这种关系的探索历程，不难发现，教育成层研究带有更多地关注传统社会和传统教育的特征，换言之，教育成层研究所持的社会观和教育观往往是特定的，具有明显的社会发展阶段的针对性。在这种历史脉络和探索过程中，教育是和种族、民族、阶级背景、家庭出身等因素交织在一起对社会分层产生作用的，只是社会分层的一种影响因素而已，所起作用的大小还不足以用“重要”或“基础”来描述。从这个角度看，假设教育是社会分层影响因素之一的“影响因素论”显然更适合教育成层研究，也更符合教育和社会分层关系的客观实际。然而，一旦跨出传统的教育成层研究范围就不难发现，随着社会和教育的发展，教育对社会分层的影响用重要作用论、基础作用论等观点来解释越发显示出更大的合理性和必要性。这一点在后文阐述教育建构的前提假设时还会论及，基础作用论假设正是教育建构论所赖以建立的理论根基。最后，关注教育成层研究的基本假设，不能仅仅把目光停留在教育对社会的单向作用上，还应该把社会对教育的影响与作用纳入研究的视野，如此方能在相互作用论的思维框架内全面地把握教育成层的理论基础。根据社会和教育发展的客观事实及教育成层研究的现状，我们认为，在社会（具体说是社会分层）

对教育的影响这一向度之上，社会决定论或教育适应论的假设是可取的。

（三）教育成层机制研究总结

国内外学者较为重视对教育成层机制的探讨，迄今围绕该主题已积累了一定的理论成果，下面对这一过程及结果予以回顾。

1. 对教育成层机制的探讨所走的是一条由外而内、逐渐深入之路。在教育成层研究过程中，研究者们倾向于将其分为两个方面：一是教育对社会分层的作用与影响，二是教育活动本身的内在成层。这种区分实际上反映了教育成层研究的不断深入趋势，构成了教育成层研究过程中的两个发展阶段。若置于社会变迁全过程中来审视，这两个发展阶段与教育成层功能在传统社会和现代社会的不同表现也存在着内在关联。在传统社会中，教育对社会分层的影响主要通过教育的外部特征如受教育者的家庭背景、社会身份、经济条件及整个教育结构等比较宏观的教育因素所决定，具有直接性特征；在现代社会中，教育对社会分层的作用则更多地受教育活动本身的因素如教育知识的选择、组织与呈现，具体教学互动过程，教学评价过程等所决定，具有内在和间接特征。①

2. 提炼出了教育影响社会分层的一些因素和途径。教育成层的过程和机制是非常复杂的，教育或学校的入学机制、教育结构和学校体制的特点、学生在教育过程和学校学习过程中学业成就差异，以及学校在培养和形成学生不同社会身份文化上的不同②这四点是目前比较公认的教育成层机制的重要组成因素，构成了分析教育成层机制的基本理论框架。实际上，迄今在这些因素上的研究依然还很“粗放”，“随着社会和教育的发展，教育成层的机制和重心也正在发生着从教育的入学机制和结构特点向教育和教学过程本身转移的变化”③，对教育成层机制的探讨正在从宏观走向微观，从教育的

① 参见谢维和．教育活动的社会学分析：一种教育社会学的研究（修订版）［M］．北京：教育科学出版社，2007：475—480.

② 谢维和．教育活动的社会学分析：一种教育社会学的研究（修订版）［M］．北京：教育科学出版社，2007：480.

③ 谢维和．教育活动的社会学分析：一种教育社会学的研究（修订版）［M］．北京：教育科学出版社，2007：480.

外部走向内部，由此可见对这个重要课题的研究尚有很大空间。

3. 形成了关于教育对社会分层作用的不同解释取向。如前所述，自20世纪50年代以来，西方的教育成层研究逐渐形成了英才主义说、文化—社会再生产说、经济再生产说、文化市场论等理论观点，对教育成层机制的探讨形成了两种不同的解释取向：一是功能论的解释取向。这种取向的基本观点认为，社会中通常存在着一整套比较固定的社会地位和职业，与这些地位和职业相对应的是各种不同的条件和专门性的技术要求。只有具备这些条件或技术要求的人们才能获得这些地位和职业，教育在这方面所起作用是非常重要的。以扬和贝尔为代表的英才主义说就是从功能论立场和假设出发分析教育作为一种英才培养和造就过程对社会分层的作用与影响的，以布迪厄为代表的文化—社会再生产说①也可以归入功能论取向之中。二是冲突论的解释取向。这种取向认为教育和职业之间的联系并不是直接的，而是间接地通过某种因素如学校与阶级结构的符应原则、身份文化等决定的。以鲍尔斯和吉丁斯为代表的“新”马克思主义冲突论的经济再生产说，以及以柯林斯为代表的新韦伯主义冲突论学派的文化市场论均可归入这种解释取向之中。

附录：“社会”的本体论解读

人类对自身所赖以生存的“社会”的思考可谓源远流长。在中国，先秦时期的思想家荀子提出“人生不能无群”的思想，认为人之异于禽兽之处在于“人能群，彼不能群也”。这里，“群”即“社会”。此后，中国历代思想家都围绕“经邦济世”的理念对社会的政治、经济、文化、伦理道德乃至民俗等进行了持续、广泛而深入的辩论和阐述。在西方，自古希腊的柏拉图、亚里士多德以降的众多哲学家、思想家也都一直关注着人类共同生活的条件与机制问题。

---

① 英国社会学家M. 扬和B. 伯恩斯坦等“新”教育社会学派人物的再生产观点也可归于文化—社会再生产说中。

在中国古籍中，“社会”一词始于《旧唐书·玄宗上》（本纪第八）：“礼部奏请千秋节休假三日，及村闾社会。”此处“社会”一词乃村民集会之意，是一动词，由“社”和“会”两字演进而来。分开来考查，“社”原指祭神的地方，《白虎痛·社稷》说：“封土立社，示有土也。”古籍中“社”有时也指志同道合者集会之所，如“文社”“诗社”，或指中国古代地区单位，如“二十五家为社”，“会”为聚集之意。后来两字连用意指民众为祭神而集合在一起。在西方，英语的 society 和法语的 société 均源于拉丁语 socius 一词，意为伙伴，而伙伴观念来源于拉丁文的“面包”。[①] 日本学者在明治年间最先将英文的“society”译为“社会”。近代中国学者在翻译日本社会学著作时袭用此词，中文的“社会”一词方有现代通用的含义。

自法国哲学家、社会学家孔德（Auguste Comte，1798—1857）在 1838 年出版的《实证哲学教程》第 4 卷中正式提出“社会学”概念[②]，标志着社会学作为一门独立学科正式诞生以来，在社会学 170 余年的学科发展史中，围绕着对“社会是什么?”的本体论解答逐渐形成了几种代表性观点。

一、社会唯名论

社会唯名论（social nominalism），其源头为中世纪经院哲学的非正统派理论唯名论。唯名论的基本观点认为，只有个别的东西（特殊、殊相）才是实际存在的，而一般（概念、共相）不过是人们用来表示个别东西的名称；个别才是科学的对象，一般则是逻辑的对象。

相应地，社会唯名论认为个人是实际存在的，社会则是个人行动的产物或互动形式；对社会的认识是以对个人的认识为基础的，认识社会最终也是为了认识个人。在社会唯名论者眼中，“社会”是代表具有同样特征的人群的名称，是一个空名，而非实体，真实存在的只是个人。

在古典社会学乃至近代社会理论中，社会唯名论的主要表现形态是以英

---

① 布莱恩·S. 特纳，克里斯·瑞杰克. 社会与文化——稀缺和团结的原则［M］. 吴凯，译. 北京：北京大学出版社，2009：35.

② 实际上，“社会学”术语最早出现在孔德 1824 年的一封信中。就词源而言，社会学是由伙伴（socius）和理念（logos）两个词根构成，在文字上表明是对友谊和伙伴的科学研究。某种共识是，社会学作为一门学科应该被看做对法国大革命和工业革命带来的社会变迁的一个学术上的反应。因此，就其本来面目而言，社会学是建基于现代性和现代化的学科。

国哲学家 H. J. 洛克和古典经济学家们为代表的个人主义的功利主义，以及以德国社会学家 M. 韦伯为代表的理解/解释社会学理论。① 其另外的主要代表人物是美国社会学家 F. H. 吉丁斯（Franklin Henry Giddings，1855—1931）和法国社会学家 G. 塔尔德（Gabriel Tarde，1843—1904）。前者认为个人是实在的客体，社会则只是由“同类意识”结合起来的一群人，因此，社会不过是一种感觉和同情心，它只存在于个人的心中；后者认为社会是单个个人的聚合，个人互相模仿便产生了社会，不存在任何超越个人心理体验的实体，一切社会过程无非是个人之间的互动，模仿是最基本的社会关系，社会是由相互模仿的个人组成的群体。

一般认为，社会唯名论与社会学中的原子论、个人主义和微观理论大体上是一致的。在当代，社会唯名论以较为复杂而精致的形式表现在社会交换论、符号互动论、民俗学方法论等微观社会学理论之中。

二、社会唯实论

社会唯实论（social realism）与社会唯名论相对应，因与中世纪经院哲学的正统派理论唯实论有相通之处而得名。唯实论认为，除个别的东西外，还存在着一般的东西。唯实论有严格与温和之分：较为严格的唯实论认为，一般先于个别，个别是由一般分化而来的；较为温和的唯实论则认为，一般存在于思维之中，它是对事物共性（相似性、普遍性）的抽象。

社会唯实论是唯实论观点在社会理论中的体现，它认为社会是一个由各种制度和规范构成的有机整体，不仅是个人之集合，而且是一个客观存在的实体，社会并不存在于个人之中，它是一种不同于个人生理、心理的现象，社会外在于个人并对个人具有强制性。

社会唯实论起源于 17 世纪英国哲学家霍布斯（Thomas Hobbes，1588—

① 二者都认为个人及其行动相对于社会来说是先在的，并都从个人及其行动出发说明社会。个人主义的功利主义认为，个人是自私而理智的行动者，而社会是个人自由转让权利的结果（所谓的契约）。这种理论基于该假定侧重于分析个人为获取利益而采取的合理的行动，而对社会仅从个人方面予以说明。相对于个人主义的功利主义所强调的行动的客观方面，韦伯的理解社会学理论则强调人的行动的主观方面，认为社会学是关于人的行动的主观意义的科学。大约与韦伯同时代的尼采的意志主义理论和 S. 弗洛伊德的精神分析理论，以及后来的 T. 帕森斯早期的理论即他称之为“意志主义”的社会行动理论，均带有社会唯名论色彩。（参见中国大百科全书《社会学》编辑委员会. 中国大百科全书·社会学［M］. 北京：中国大百科全书出版社，1991：326—327）

1679）的理性主义的国家主义，经18世纪英国边沁（Jeremy Benthan，1748—1832）的激进功利主义、19世纪法国孔德的社会物理学和英国斯宾塞（Herbert Spencer，1820—1903）的社会有机理论的发展，以及德国社会学家齐美尔（Georg Simmel，1858—1918）的形式社会学，最终在法国社会学家迪尔凯姆（Emile Durkheim，1858—1917）的“社会学主义”中得到典型表述。迪氏理论直接影响到英国人类学中的功能主义和法国人类学中的结构主义，进而通过美国帕森斯（Talcott Parsons，1902—1979）的结构功能主义理论而影响到现代社会学理论，“二战”后出现的冲突理论、“新马克思主义”等宏观社会学理论也带有社会唯实论的色彩。一般认为，社会唯实论与社会学中的有机论、整体论、集体主义和宏观理论等大体上是一致的。[①]

三、辩证社会观

社会和个人是社会（学）理论中的一对基本范畴。社会唯名论和社会唯实论或强调社会，或强调个人，形成了对“社会”范畴的两种针锋相对的理解方式和学术传统。二者各执一端，均有不足：社会唯名论只重视具体的个人，轻视联结个人的社会整体，否认社会的客观实在性，是无法正确认识社会的；社会唯实论虽然肯定了社会的客观实在性，但只强调社会的独立性，忽视社会同个人的联系、社会对个人的依赖及个人在社会中的主体性作用，因而也是不全面的。实际上，“社会的本质既不是在整体、也不是在个人之中，而只能在人与人的关系、个人与整体的关系中去寻找”[②]。

马克思主义经典作家曾对社会作过深刻论述[③]，在对“社会”的理解上，马克思主义从个体之间的“关系”出发，重视个人在社会中的地位与作用，强调个人的独立性，同时也认为个人与社会是相互影响、相互作用

---

① 参见中国大百科全书《社会学》编辑委员会．中国大百科全书·社会学［M］．北京：中国大百科全书出版社，1991：327.

② 郑杭生．社会学概论新修［M］．北京：中国人民大学出版社，1994：69.

③ 例如：“生产关系的总和就构成为所谓的社会关系，构成为所谓社会，并且是构成为一个处于一定历史发展阶段上的社会，具有独特的特征的社会。”（马克思，恩格斯．马克思恩格斯选集：第1卷［M］．北京：人民出版社，1972：363）；“社会——不管其形式如何——究竟是什么呢？是人们交互作用的产物。”（马克思，恩格斯．马克思恩格斯选集：第4卷［M］．北京：人民出版社，1972：320.）

的：一方面，人是社会的主体，是社会的创造者，社会是由个人组成的，个人之间相互影响、相互作用才有社会可言；另一方面，个人又是社会的客体，是社会的产物，人之所以为人就在于其具有社会性。“人的本质并不是单个人所固有的抽象物。在其现实性上，它是一切社会关系的总和。”[①] 马克思和恩格斯等人揭示了社会的本质，形成了辩证的社会观。

马克思主义的辩证社会观的核心思想主要包括两点：其一，社会不是单个人的堆积或简单相加，而是彼此之间的关系或联系，是相互交往的产物，是全部社会关系的总和；其二，人与人之间的关系首先是在生产、交换、消费中发生的经济交往，生产关系是社会的基础，社会在本质上是生产关系的总和。只有具体的社会，没有抽象的社会。显然，辩证社会观有效地克服了社会唯名论和社会唯实论各自的局限，对社会作出了更为可被接受的理解。

① 马克思，恩格斯．马克思恩格斯选集：第1卷［M］．北京：人民出版社，1972：18.

第三章　教育成层的条件分析

控制地球达数百年之久的大烟囱文明，经过一段时间的震撼世界的权力斗争之后，终于被另一种完全不同的文明所取代。

——［美］阿尔文·托夫勒

（Alvin Toffler，1928—　）

一、教育成层的基本条件

所谓教育成层的基本条件，是指教育发挥成层功能所依托的基本条件，包括社会条件和教育条件两个基本方面。下面便就这两个方面作基于客观事实的实然描述与分析。需要指出的是，这种取向的分析带有归纳而非理论推演的特征。

（一）社会条件

所谓社会条件，即教育得以发挥成层功能的社会基础和依托，既指作为客观存在的教育成层过程所处的具体社会形态背景，也指作为一个理论问题即教育成层研究所依托的社会背景。根据前一章对教育成层所作的历史考察，并结合对既有研究成果的整理与提炼，我们认为，教育成层的社会条件具有以下几个主要特征。

一是物质资本和货币资本占主导地位的资源特征。社会发展作为一个物质运动过程离不开一定的资源条件。资源概念内涵丰富，一般可被宽泛地理解为“可备利用、提供资助或满足需要的东西，泛指创造财富、带来福利的要素或手段”①。根据占主导地位资源的不同，人类社会迄今的发展历程可被区分为劳力经济、资源经济和知识经济三个历史阶段。② 第一个阶段为劳力经济阶段，即经济发展主要取决于劳力资源占有和配置的历史时期，始于人类文明之初，终于19世纪（当然，至今世界上仍有部分地区处于劳力经济阶段），持续数千年之久。这一时期的劳动生产率主要取决于劳动者的体力——据有人估算，劳动者的体力支出与智力支出之比在9:1左右。社会成员采用原始技术，使用犁、锄、刀、斧等手工生产工具和马车、木船等交通运输工具，主要从事农业并辅之以手工业等。第二个阶段为资源经济阶段，即经济发展主要取决于自然资源的占有和配置的历史时期，始于19世纪。科技的迅猛发展使拖拉机、机床等代替了手工生产工具，汽车、火车、轮船和飞机代替了落后的交通工具，自然资源如铁矿石、煤、石油等发展机器生产的主要资源成为稀缺资源，生产效率极大提高，工业革命的威力得以充分彰显。该阶段经济发展主要取决于自然资源而不再是劳力，主要产业是工业、服务业等。第三个阶段为知识经济阶段，即经济发展主要取决于智力资源的占有和配置，知识的生产、分配、使用和消费成为最重要的因素，人类自20世纪下半叶开始向这个阶段迈进。被称为第四产业的高新技术产业在该阶段占据主导地位。根据对教育发展进程的历史考察，一般意义上的教育成层功能主要在劳力经济和资源经济阶段得以充分发挥，这两个历史阶段恰恰构成了包括前工业社会和工业社会在内的广义传统社会（见表3－1）。

表3－1　广义传统社会的基本构成与特征③

社会类型	基本特征
狩猎与采集社会	最早最简单的社会形态。靠狩猎和采集果实生存、社会群体较小、生活区域变动不居、几乎没有专门的劳动分工、建立在血缘和亲属关系基础之上。

① 李宝元．人力资本与经济发展［M］．北京：北京师范大学出版社，2000：3.

② 参见吴季松．21世纪社会的新趋势：知识经济［M］．北京：北京科学技术出版社，1998：19—21.

③ 有关内容参见中国大百科全书《社会学》编辑委员会．中国大百科全书·社会学［M］．北京：中国大百科全书出版社，1991：272—273.

续表

社会类型	基本特征
畜牧社会	存在于不适于耕作而适于放牧、饲养牲畜的地区。开始出现剩余财产、私有财产，以及等级、阶级、群体间的冲突与战争，社会的政治、经济、宗教、文化制度开始形成。
初民社会	在适合于耕作的地区随着初步掌握耕作方法而出现。种植农作物上升为主要生存方式，狩猎与采集果实降为次要方式，出现了较大规模定居的社会群体，与畜牧社会一样，社会不平等与阶级分化开始出现。
农业社会	随着犁的发明而发展起来。犁的发明，铁具的使用，畜力、风力、水力的应用，为较发达的农业生产和小作坊手工业生产奠定了基础。随着剩余产品的大量出现，社会阶级体系和分层体系更加巩固，官僚制度、官僚阶层有了很大发展。
工业社会	自17—18世纪的工业革命以来产生和发展起来的。随着蒸汽机、电力等机械动力代替人力、自然力之后，大规模的工业体系开始形成，出现了人口向城市的集中和复杂的劳动分工体系的专业化，形成了现代的官僚制度，以及教育、医疗、保险、服务等现代社会机构与制度。不具人格的社会关系逐渐取代了血缘的、亲属的社会关系。

根据前文阐述的社会资源结构观，在传统社会里决定个体的社会地位乃至社会层级结构的主要因素为物质资本和物质权力。广义传统社会的前期即前工业社会，生产力水平并不发达，主要依靠人力、畜力及简单的发明工具进行社会生产，经济形态主要是自然经济。在此阶段，个体所占有的物质财富之多寡直接影响其社会地位之高低，甚至成为个体的身份和地位的决定因素。进入广义传统社会的后期即工业社会，社会生产力因机器的发明与广泛使用得以空前提高，人类创造物质财富的能力极大增强，金融业获得空前发展，物质财富及货币资本成为个体的社会地位的决定因素。

二是缓慢而加速的社会变迁过程及相对封闭的社会结构特征。就社会变迁速度和社会结构特征看，教育成层所依托的广义传统社会的变迁速度是缓慢却逐渐加速的，社会结构具有较强刚性或相对封闭的特征。

科学技术的发展及其运用是决定社会变迁速度的关键因素。应该说，在人类所经历的绝大部分岁月里，社会变迁的速度都是极其缓慢的。只是到了工业革命时期，由于科技的迅猛发展和大机器在生产中的广泛运用，社会变迁才开始明显提速，这可以从人类所经历的多次技术革命及相应的产业革命中得到证明：第一次产业革命即农业革命延续了数千年；第二次产业革命即工业革命经历了几百年，其速度较之农业革命明显加快；第三次产业革命即尚处于进行时的信息革命至今仅短短几十年便已颇具规模。纵观各次产业革命进程可以发现这样一种趋势：人类社会变迁的步伐是加速前进的。正如一位法国经济学家于20世纪70年代初期所作的估算，现在每3年发生的变化，相当于20世纪初30年的变化，相当于牛顿以前300年的变化，相当于旧石器时期3 000年的变化。① 该估算是否准确暂且不论，单就其所描述的社会变迁越来越快这一点而言无疑是符合直觉而令人信服的。对这种不断加速的社会变迁，人们一般习惯称之为加速度发展，美国麻省理工学院的梅多等人则称之为指数发展，美国著名社会学家和未来学家A. 托夫勒用“浪潮”（wave）概念来形象地描述之。②

社会结构特别是社会层级结构作为社会成员在财富、权力和声望等稀缺资源上的分层结构，反映着不同社会群体在社会资源占有上的相互关系。根据马克思对社会形态的分析，在传统社会，社会结构通常由统治阶级与被统治阶级构成，统治阶级绝对占有物质财富（所谓的生产资料）甚至支配被统治阶级的自由，相应地，被统治阶级不仅不占有物质财富甚至不掌握自己的人身自由，因此人与人的关系具有很强的依附性。从成层角度看，统治阶级处于社会层级结构的中、上层，被统治阶级则处于下层；统治阶级与被统治阶级之间泾渭分明。在此阶段，决定社会分层与流动的关键因素往往不在于个体本人而在于家庭出身或所处利益群体，社会层级之间难以实现流动与

① 北京大学社会学系社会学理论教研室《社会学教程》编写组．社会学教程［M］．北京：北京大学出版社，1987：276.

② 阿尔文·托夫勒．力量的转移：临近21世纪时的知识、财富和暴力［M］．刘炳章，等，译．北京：新华出版社，1996：作者序言，3.

变化，社会结构类似于生物遗传一样带有再生产特征。故此，从整体上看，传统社会具有刚性或封闭性特征，而且发展变化速度相对缓慢，如此的社会结构及其变迁往往烙上了一代人“重复”一代人的复制特征。

三是社会弱依存于教育的互动关系特征。教育和人类一起诞生和演化，但在不同历史阶段，教育和社会的关系无论是在形态还是在性质上其差异均是甚为悬殊的，由此表明教育在不同历史阶段的社会功能与地位是甚为不同的。在成层功能发挥所依托的广义传统社会里，教育实际上并未对社会结构产生决定性影响，原因在于传统社会是刚性的结构并具有相对封闭特征，由统治阶级和被统治阶级构成的阶级结构格局遂难以被逾越，决定社会结构的因素不是教育这种文化活动，而是以暴力或武力为基础的政治权力及以物质财富为基础的物质权力。因此，传统教育作为一种主要作用于人之心灵的文化活动或人文活动，赋予受教育者的主要是在其内心深处形成一种精神力量。相对于在传统社会中起决定作用的政治权力和物质权力，教育所赋予的文化权力属于“软权力”范畴。而且，教育是在传统社会的阶级结构框架之内发挥成层功能的，对社会结构的作用主要表现为对人的培养、分化与选择，将受教育者按照统治阶级所限定的结构框架输送到社会结构的固定层级中去。在成层功能发挥过程中，由于社会结构框架是既定的、清晰的，因此教育只能按照社会的要求扮演社会结构再生产者角色。

根据马克思的观点，社会结构由生产力、生产关系（经济基础）和上层建筑构成，生产力决定生产关系，经济基础决定上层建筑。生产力由劳动对象、生产工具和劳动力三要素构成。就教育与传统社会的生产力的关系而言，教育对劳动对象和生产工具的作用是有限的，主要对生产力构成要素中的劳动力因素产生作用。即便如此，接受正规教育的劳动力范围和来源也是比较狭窄的。虽然到了传统社会后期即集中代表了工业社会的资本主义阶段，资本主义生产的扩展特别是工厂制度的扩展破坏了家庭抚养儿童及作为主要生产单位的作用，导致劳动力职业分布发生空前改变，并导致了对就业技能要求的不断变化。资本主义发展的内驱力需要一种训练制度与之适应，这种训练制度能促使雇员迅速适应受雇行业并以不断变化的有益指令去管理对劳动力的安排。于是，教育的价值得以彰显，教育的结构和规模得以扩展，教育的组织形式得以更新……但教育和资本主义社会生产之间的内在冲突和矛盾是明显的。“经济和教育制度都具有相当独特的再生产和发展的内驱力。经济制度内的频繁变化是资本主义的基本特征，教育制度的内驱力不多：中小学和大学、教育基金会和教育学派都想维护文化价值，都想支配教育界的名流来逐步稳定这些机构。”“旨在扩大雇佣劳动制、不断改变劳动组织及阶级结构的经济内驱力，同旨在稳定现存的阶级关系的教育制度之间的冲突，是教育变革过程中的根本因素。”① 教育依然在为既存社会结构的再生产服务，教育制度服务于新的经济条件并没有改变其在既存社会阶层框架内所发挥的成层功能。由此可见，教育对生产力的作用其实有限，这决定了教育对整个传统社会的作用主要体现在非经济功能上。② 教育主要作为社会结构再生产机制而发挥着成层功能，仅仅是社会存在与变迁的影响因素之一而已；但从社会对教育成层的影响来看，社会结构作为既定“社会事实”刚性地决定着教育通过选拔功能的发挥将符合社会要求的个体挑选出来予以驯化，输送到既定社会阶层结构中去，从而实现着传统社会的阶级和文化的再生产。在整个广义传统社会中，教育所发挥的主要是“复制”既有社会阶级结构从而维护现存社会秩序的功能。

综上所述，教育发挥成层功能所依存的传统社会总体上是一个教育弱依存型社会，即社会变迁尚未完全建基于教育发展之上，教育在传统社会的结构层面所发挥的作用远未达到决定意义的地步。③

（二）教育条件

所谓教育条件，是指教育成层及其研究得以可能的教育依托，既是作为客观事实的教育成层过程所处的教育背景，也是教育成层研究作为一个理论问题所依托的教育背景。与上述社会条件一脉相承，发挥成层功能的

---

① 张人杰．国外教育社会学基本文选［M］．上海：华东师范大学出版社，1989：337—348.

② “古典教育与现代教育的最大差别是后者是教人们如何工作的，而前者是教人们如何生活的。古典教育几乎完全不学习工作……古典教育是综合的，而现代教育是专业的。这是服侍于截然不同的目标所使然的”［郑也夫．贵族文化与大众文化（上）［M］//社会学家茶座（第13辑）．济南：山东人民出版社，2006：89—90］

③ 根据美国社会学家S. 鲍尔斯和H. 吉丁斯的判断，在有史记载的大多数社会中，学校并未在培养儿童走向成年中发挥主要作用。“19世纪前，训练青年的主要工作是由家庭来做的，有时学徒制或教会做些补充训练工作。学校被置于养育儿童之外。”（张人杰．国外教育社会学基本文选［M］．上海：华东师范大学出版社，1989：337）

教育载体乃广义传统教育即知识社会之前的教育，其主要特征可描述如下。

一是教育结构和规模的有限性特征。和人类历史一样久远的教育遵循着自身独有的发展规律。原始社会时期，人类尚处于混沌状态，生产力水平低下，没有私有财产亦没有阶级分化，脑力劳动和体力劳动未出现分离，人类对自然、社会和自身的认识水平还很低。教育担负着培养原始社会新一代的生产能力和生活本领的职能。但在漫长的原始社会里，由于没有专门的教育机构——学校、专用的教材——课本，也没有专职的教学人员——教师，尽管教育上人人平等，但毕竟是带有鲜明原始性的教育，只能通过口耳相传和行动模仿在生产劳动和社会生活中低效地进行。

从石器手工工具时代进入金属手工工具时代，生产有了大幅提高，人类社会有了表现为私有财产和阶级的出现、脑力劳动者从体力劳动者中第一次分离和古代知识分子的出现、人类抽象思维的大发展和最初的科学与艺术的出现、教育从生产劳动中第一次分离和古代学校的出现等的第一次大分化。这次大分化作为一次大飞跃促进了生产、科学、艺术、教育和人类自身的大发展，人类因此脱离原始社会而进入古代文明即奴隶社会和封建社会时期。古代学校在此阶段应运而生，既是人类教育发展史上的一次质变，也是古代文明的重要标志之一。但由于古代学校是和私有财产、阶级、脑力劳动者、科学艺术等的出现相伴而生的，这就使古代学校教育具有阶级性并与生产劳动相脱离，由此决定了作为正规教育形态的古代学校只是剥削者的学校，成为培养统治人才、宗教人才的工具和少数人的特权，广大劳动人民的子弟依然像原始社会时期的年轻一代那样，只能在生产劳动和社会生活中沐浴着生活教育的阳光。

古代社会即前工业社会延续了数千年之久，随着商品经济的发展及以机器生产为标志的新生产力的出现，人类社会出现了第二次大分化、大飞跃，从而进入现代文明时期。根据成有信先生的研究①，在现代社会②诞生的过程中出现了五个方面的大分化、大飞跃：第一是财产大分化。商品经济的普

① 参见成有信．现代教育论集［M］．北京：人民教育出版社，2002：355—356.

② 需注意的是成先生所用“现代社会”概念包括资本主义社会和社会主义社会，与本书理解现代社会的角度有所不同。

遍化和大生产的出现推动了财产的大分化，结果是财产越来越集中于少数人手中。第二是阶级大分化。随着财产的集中，无产者日益成为人口的大多数，有产者相应地越来越成为少数，因财富不均而导致阶级分化，两个阵营的界限愈加分明。第三是科学从劳动中分离出来。在小生产中，“范围有限的知识和经验同劳动本身联系在一起，并没有发展为同劳动相分离的独立力量”，“大生产则把科学作为一种独立的生产能力与劳动分离开来”（马克思语）。科学和技术的广泛应用使生产的性质发生质变：现代生产已不是有限的筋肉力和经验的应用，而是无限的自然力和科学的应用。“建立在机器工业上的生产力……整个生产过程不是靠生产者的技巧，而是科学在技术上的应用。”（马克思语）这样，现代科学和生产一方面进一步分离，另一方面则走向紧密结合。第四是脑力劳动从体力劳动中的第二次大分化。古代社会的脑力劳动者由少数统治者、生产管理者和学者组成，绝大多数生产劳动者则是体力劳动者。作为科学在生产上应用的现代大生产，要求越来越多的人从体力劳动者中分化出来而成为脑力劳动者，这便是脑力劳动者和体力劳动者的第二次分离。第五是教育从生产劳动中的第二次大分化。工业文明以来，生产成为科学的物化，劳动的智力化要求劳动者必须接受更多的教育、学习更多的文化知识；同时，由于生产力的提高和剩余产品的增多，儿童、青少年乃至成人有可能从生产劳动中抽出一定的时间进行系统的学习和提升，这便导致了教育从生产劳动中的第二次分离，这次分离使现代学校教育（主要指劳动者学校和群众性学校）得以形成。和第一次分离相比这次分离具有两个特点：其一是这次分离所产生的现代学校教育主要是培养生产工作者的，是劳动者的学校教育；其二是这次分离所产生的现代学校是和生产劳动相结合的。但应该看到，传统教育毕竟结构简单而且规模甚小，直到18世纪前半期，西欧仅有教会办的少量初等学校、少数城市学校、少数文科中学和实科中学。“19世纪前，训练青年的主要工作是由家庭来做的，有时学徒制或教会做些补充训练工作，学校被置于养育儿童之外。”[①] 教育特别是正规教育成为统治阶级的社会特权，恰恰昭示了传统教育结构和规模的有限性特征。

① 张人杰．国外教育社会学基本文选［M］．上海：华东师范大学出版社，1989：337.

二是教育价值上的功利取向或工具主义特征。在数千年的古代社会中，教育主要发挥着政治功能。工业革命以来，社会生产和生活发生了质变，客观上为教育的发展带来了前所未有的机遇。教育的结构和功能出现了分化并趋向复杂化，集中表现为沿着两条道路形成现代学校：先是发展现代小学和现代大学，然后小学向上延伸和大学向下延伸到中学——实科中学和文科中学正是由下而上和由上而下发展的结果——最后达至大、中、小学贯通。与此同时，在普及初等教育的基础上发展起职业学校，在中等教育的基础上发展起专门学院和大学。这样便逐步形成一套相互衔接的现代学校制度。[①] 这既是社会对教育的要求提高并趋向多样化的必然结果，因此构成教育发展与扩张的社会基础，也是教育结构和功能发生分化和多样化的动力所在。进入工业社会以后，教育不仅一如既往地发挥着政治功能[②]，而且产生了经济功能、文化功能、科技功能、人口功能、环境功能等诸多新的功能形态。根据结构功能主义的“功能决定于结构”的基本论断，功能的分化和多样化表征着教育结构的复杂化及其与社会联系的多元化，同时也标识着教育作用于社会的能力的不断增强。

就所培养的人才而言，在劳力经济阶段，不甚发达的教育主要为统治阶级培养所需的特殊人才，如西方中世纪的僧侣等宗教人士、中国封建社会的官吏。进入工业社会，教育开始培养大量的实用型劳动者和生产管理人员，此阶段教育的运行“以工业社会所需的人的社会形象建立和预定各种目标，经规范化的课程实施培养，使学生通过学习客观化的课程，以达到规范化的目标，甚至以量化的测量方式检验和评价学生所达到的目标水平……教育成为满足社会需要而控制人、训练人的手段。这种模式所隐含的教育观重视人和教育以外的价值，视学生为被动的行动者、接受者，就像在机床上接受加工的零件，被加工后就输送到更大的机器之中”[③]。无论是前工业社会中培

① 黄济，王策三. 现代教育论［M］. 北京：人民教育出版社，1996：187.

② 诚如葛兰西所言：“国家为维持统治需要设法赢得被统治者的积极同意，而这一过程本质上就是一个教育过程，在这个过程中最重要、最有效的工具就是学校和法院：‘学校具有正面的教育功能，法院具有镇压和反面的教育功能。’”（刘精明. 国家、社会阶层与教育［M］. 北京：中国人民大学出版社，2005：132）

③ 金生鈜. 理解与教育：走向哲学解释学的教育哲学导论［M］. 北京：教育科学出版社，1997：148.

养政治、宗教或文化人才的教育，还是工业社会中培养管理者和劳动者的教育，所看重和挖掘的均为外在于受教育者的工具价值，贯穿于传统教育活动的价值取向带有鲜明的功利性和工具主义特征。

三是教育运行模式上的非正式性及工业模式特征。工业化之前的教育多在家庭、教会或私塾中进行，带有较为明显的非正式特征。工业化过程推动教育在系统化、制度化道路上阔步向前，最终形成了适应社会化大生产之需的教育体系。但此时的教育成为工业模式的翻版，在培养目标、课程体系、运行模式等方面均带有鲜明的工业模式特征，这种教育“把学校看做是加工厂，把学生看做是被加工的物件，课程、教材、教法都是用来进行加工的工具和方式，而教师则是操作工，整个教育就是教育产品的生产过程，学校就按照社会需要把学生塑造成一件标准化的产品……教育过程的工艺流程明确、具体，像工业生产一样走向正规化和标准化”[①]。相对于以往的非正式教育形式，这种工厂化运作模式无疑空前提高了教育的效率，但这种模式显然是与特定的历史阶段相适应的，从教育所应承载的功能来看，无疑也存在着诸多不容忽视的问题。

四是教育作为社会分层影响因素之一的地位特征。相对于现代教育，传统教育由于本身不发达，对社会结构的作用是特定而有限的，只是作为社会分层的影响因素之一而存在。而且，由于传统社会带有较强的封闭性，教育在其中所发挥的成层功能主要表现为“复制”既有社会结构，成层功能形成和释放的过程实际上成为教育受制于社会结构的过程。若将工业社会也纳入现代社会范畴，那么相对于漫长的传统社会，现代社会经历了短暂的工业化阶段，随即迅速进入了知识社会阶段。不可否认，在社会发展的传统和现代阶段，教育都在发挥着体现成层的再生产功能，但在作为封闭社会的传统社会里，教育作为社会继承机制，其成层功能主要体现为再生产功能；在作为开放社会的现代社会里，教育则成为促进社会流动的机制，当然，在促进流动的同时实际上也发挥着广义再生产功能，只不过此时的成层功能较以往

① 金生鈜. 理解与教育：走向哲学解释学的教育哲学导论［M］. 北京：教育科学出版社，1997：145.

更为复杂，甚至已经超出了一般意义上的成层范畴。

加拿大学者莱纳兹（J. L. Lennards）的观点充分印证了教育的上述地位特征。莱纳兹认为，社会分层引入了身份竞争（status competition）因素以后，就出现了身份分配（allocation）问题。为了解决这一问题，各种社会均会形成控制身份获得过程的种种策略。身份分配的基本策略有两种，其根本区别在于归属标准和成就标准①的不同。根据归属标准来对人们的地位加以分配，结果会导致一种封闭的竞争体系，因为在此体系中，为新成员提供的能够竞争得到的地位座次在出生时就决定了。当成就标准被公认为身份分配的根据时，竞争体系是开放的。在这样的体系中，未来的地位成为个人努力的结果，出生时的身份只是一种暂时的身份，个人的社会地位最终由个人的奋斗所决定。

在两种不同条件下，教育的功能和地位是不同的。在封闭社会里，教育主要发挥被动的作用，其职能不在于改变学生的阶级地位，而在于通过教给学生适合于其阶级出身的技能和价值观以巩固他们的阶级地位。例如，在封建社会中，大学教育的目的是"锦上添花"。绅士们进大学是为了成为"高雅"的人。教育主要是社会阶级地位的结果而不是其决定因素，教育世世代代地为稳定社会阶级地位服务。②（见图3－1）这一点，西方社会如此，中

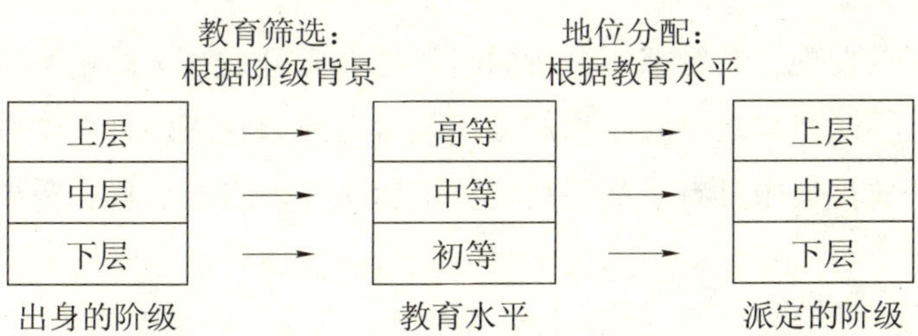

资料来源：莱纳兹．教育的各种职能［M］//瞿葆奎．教育学文集·教育与社会发展．北京：人民教育出版社，1989：92.

图3－1 封闭社会：教育是社会继承的机构

① 根据莱纳兹的解释，归属（ascriptive）标准是指诸如性别、阶级出身、种族或民族背景等这样一些不由个体控制的属性及生来就有的特点；成就（achievement）标准原则上是指通过个体的努力而能够获得的属性，诸如嫁娶、成了罪犯、中学毕业等。

② 莱纳兹．教育的各种职能［M］//瞿葆奎．教育学文集·教育与社会发展．北京：人民教育出版社，1989：91—92.

国古代社会亦如此。①

在开放社会里，与其说教育是成层制度的传递者，不如说是独立的“社会机会的分配部门”。“学校发挥竞技场那样的作用”，“作为社会测验机构而发挥其筛选职能”，“任务是要认定、分配人才和给他们颁发证书”②。当然，学校作为主要的社会筛选机构，不仅要积极投身到筛选过程中去，而且要发挥身份社会化的工具职能。③ 如此，学校便同时发挥根据才能促进社会流动和接受社会分层两种作用。“这两种过程同样地使学校成为提供机会的场所，也同样地把学校转化为一种对成层制度加以社会控制的工具。”④（见图3－2）

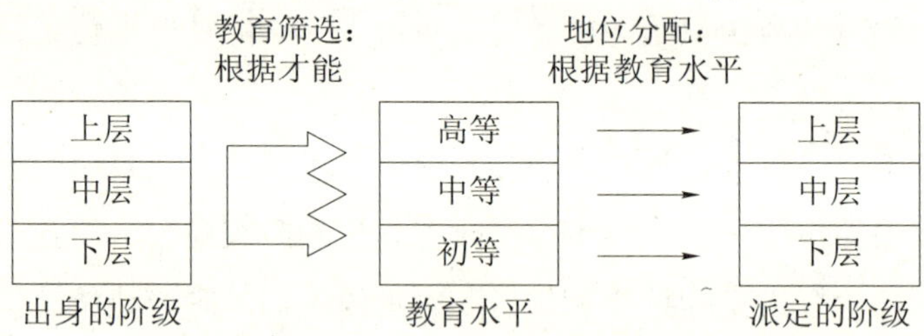

资料来源：莱纳兹．教育的各种职能［M］//瞿葆奎．教育学文集·教育与社会发展．北京：人民教育出版社，1989：93.

图3－2　开放社会：教育是社会流动性的机构

深究不难发现，莱纳兹所分析的封闭社会和开放社会的根本区别在于社会流动性之不同。与之一脉相承的是，教育之所以在封闭社会中发挥成层功能，而在开放社会中具有了新的功能特征以至于原有成层概念需要重新予以

① 旅美华人史学家黄仁宇先生在研究明史时曾指出：“我们的帝国不是一个纯粹的‘关闭着的社会’——在那样的社会里，各种职业基本上出于世代相承。然而它所给予人们选择职业的自由仍然是不多的。一个农民家庭如果企图生活稳定并且获得社会声望，唯一的道路是读书做官。然而这条道路漫漫修远，很难只由一个人或一代人的努力能达到目的。”［黄仁宇．万历十五年（增订本）［M］．北京：中华书局，2007：193］

② 莱纳兹．教育的各种职能［M］//瞿葆奎．教育学文集·教育与社会发展．北京：人民教育出版社，1989：92.

③ “教育系统的任务是双重的：公平地筛选以及促使对筛选过程结果的服从。”（莱纳兹．教育的各种职能［M］//瞿葆奎．教育学文集·教育与社会发展．北京：人民教育出版社，1989：94）

④ 莱纳兹．教育的各种职能［M］//瞿葆奎．教育学文集·教育与社会发展．北京：人民教育出版社，1989：95.

界定，也正在于教育对社会流动性的影响不同。可以认为，社会流动及其对社会结构的重要影响也是教育成层研究不可忽视的重要主题。

二、社会的知识化及知识社会

社会的转型意味着教育成层的社会条件发生转变。就其现实性看，教育成层社会条件的变化首先表现为时代或社会形态的整体性转变，即随着知识化进程的加快和知识化程度的加深，人类正进入知识社会这一崭新的历史时期。

（一）知识化进程及其影响

20世纪中叶以来，特别是“进入90年代，知识革命的光芒照耀世界，思想解放的骏马驰骋全球。越来越多的人认识到，相对于工业社会，今天面对的是一个日新月异的新世界”①。这个“新世界”便是知识社会。

1. 知识及知识化概念

所谓知识，一般指人类在漫长的生产、生活过程中逐渐形成、积累起来的关于自然、社会及人类自身的经验和认识体系。人类是以知识为基础的。离开知识，无论是个体还是社会其存在都是无法想象的，人与动物以及人类社会与动物群体的一个根本区别也正在于知识的不同。②

人类发展和知识积累是同步进行的③，人猿相揖别以来，人类自身进化及社会发展的过程正是一个不断知识化的过程。所谓知识化，是一个用来描述知识发展状况及其地位变化的概念，既指伴随社会发展而发生的知识更新

① 中国现代化战略研究课题组等．中国现代化报告2003：现代化理论、进程与展望［M］．北京：北京大学出版社，2003：16．

② “人类拥有丰富、系统、完整、符号化的知识，而动物却没有知识，最多也只是短暂的、感性的、零散的、镶嵌于行为之中的知识。”（石中英．知识转型与教育改革［M］．北京：教育科学出版社，2001：5）

③ 知识的形态与社会的形态存在着逻辑上的内在关联，知识转型与社会转型也有着内在的互动关系，原始知识型、古代知识型、现代知识型和后现代知识型分别与原始社会、古代社会、现代社会和后现代社会存在着对应关系。石中英教授的《知识转型与教育改革》一书对知识与社会发展之间的共变关系特别是知识和社会发展之间在时间纬度上表现出的一种线性共变关系作出了描述与解释。

与积累的过程，也指这个过程所带来的结果，可作广义、狭义理解。广义的知识化概念适用于人类社会各历史阶段，狭义的知识化概念则专指知识在社会生产生活中的作用、意义和地位日益突出，直至成为社会发展的重要依赖要素的过程。在经历了比较漫长的农业社会和短暂的工业社会之后，知识已经成为一种重要的社会资源，特别是“20 世纪 60 年代以来人类社会的发展已经最清楚地表明：社会的进步已经从对‘能源’‘资源’和‘资本’的依赖转移到对‘知识’的依赖，‘知识’已经或正在代替‘能源’‘资源’和‘资本’成为社会进步新的杠杆”①，人类因此步入一个依赖于知识积累和知识创新的知识社会，知识的作用和地位的变化及知识社会的来临正是对狭义知识化概念的准确注解。

2. 知识化进程

知识和信息②与人类生存状态息息相关，人类社会的知识化是一个漫长过程，具有一定的变化规律。在不同历史时期，知识的发展并非匀速的。在漫长的原始社会，原始初民依靠人力和火种从大自然中获取数量极其有限的生活资料以维持生存。进入农业文明时期，人类有了相对固定的居所并能依靠人力、畜力及简单的天然动力（风力、水力等）从事农业生产，在这个比较漫长的过程中积累了丰富的农业知识。进入工业文明以来，人类创造、积累知识的步伐明显加快，科学技术知识迅猛发展并逐渐雄踞霸主地位，在短短的几个世纪之内，以其为承载形式的知识经历了三次飞跃：16—18 世纪中叶出现了近现代科学技术的第一次飞跃，科学方面表现为牛顿力学的确立，技术方面主要表现为蒸汽机的广泛使用；19 世纪末 20 世纪初出现了科学技术的第二次飞跃，这一时期，量子理论和相对论相继出现并成为现代物理学的两大支柱，现代科学的其他重要领域如现代化学、现代天文学、现代医学、现代生物学等获得迅猛发展；第二次世界大战以来科学技术出现了第三次飞跃，至今尚未结束，尽管这一时期除分子生物学外其他自然科学领域

---

① 石中英．知识转型与教育改革［M］．北京：教育科学出版社，2001：5.

② 知识和信息是一对既有联系又有区别的概念，人们一般在等同意义上使用之，但也有人对二者作较严格的区分。如贝尔认为，信息泛指所有经济和社会交换基础的数据储存、检索和处理，知识则是通过传播媒体以有系统的方式传递给他人，提供理性判断和实验结果的一套有组织的陈述、事实或思想。（D. 贝尔．后工业社会的来临：对社会预测的一项探索［M］．北京：新华出版社，1997：1976 年版前言）显然，在贝尔眼中信息概念比知识概念具有更宽泛的外延。

的理论进展不大，但新技术的进展异常迅猛，20 世纪 50 年代以来先后出现了包括信息技术群、新材料技术群、新能源技术群、空间技术群、海洋开发技术群和生物技术群在内的六大新技术群体①，产生了超乎想象的社会影响。

由上可见，人类社会知识化速度呈日益加快之势。知识化进程的加快一方面表现为知识更新速度的加快，知识总量急剧增加以致出现所谓的“知识爆炸”②。据有关估计，人类知识总量的 50% 左右是最近 50 年创造的。另据联合国教科文组织估算，人类近 30 年来所积累的科学知识占有史以来科学知识总量的 90%，而此前几千年所积累的科学知识只占 10%。针对急剧加快的知识更新步伐，英国技术预测专家詹姆斯·马丁指出：人类的知识在 19 世纪是每 50 年翻一番，20 世纪初是每 10 年翻一番，70 年代是每 5 年翻一番，而近 10 年大约每 3 年翻一番。③ 翻开人类知识发展史，18 世纪至 20 世纪的二百年间，特别是随着 1946 年计算机的出现及信息技术的发展，知识的发展和增殖是以前所未有的几何级数增长的。这期间，理论形态的科学发现转化为技术形态的创造发明所间隔的时间越来越短，18 世纪 80 年代以来的若干科学发现及相关技术发明的时间统计与比较雄辩地说明了这一变化特征。1782 年人类发现摄影原理，1838 年把这种理论转化为技术发明，间隔 56 年；1862 年人类发现内燃机原理，1883 年汽油内燃机出现，间隔 21 年；1948 年发现半导体，1954 年造出半导体收音机，间隔 6 年；1987 年提出多媒体设想，1991 年出现第一台多媒体电脑，间隔仅仅 4 年。（见表 3－2）

---

① 参见吴忠民，刘祖云．发展社会学［M］．北京：高等教育出版社，2002：173.

② 国内一些学者认为，对于“知识爆炸”概念需持谨慎态度，理由是这一从国外引进的概念带有似是而非的特点，它把知识增长和老化的速度作极端夸大，容易产生误导效果。而且，这一概念的准确性和科学性也值得辨析：“‘知识爆炸’中所谓知识总量增长一倍的时间跨距，以及知识陈旧一半的时间跨距，其可信度并不高。”（参见张人杰．“知识爆炸”悖论［N］．光明日报，1987－05－13）我们认为，对知识化现象既要考虑到变化速度也要考虑到变化的质与量，应从多个角度进行综合把握。在描述这个时代和社会的知识化现象时，我们更倾向于以知识增进速度加快来代替“知识爆炸”的说法。当然，也应看到，“知识爆炸”概念本身比较形象，未必不可使用，关键要用得恰到好处。

③ 参见陈建华．教育知识价值取向研究［M］．哈尔滨：黑龙江人民出版社，2001：14—15.

表 3－2　若干科学发现和技术发明比较

科学发现	年份	技术发明	年份	孕育过程
摄影原理	1782	照相机	1838	56 年
电机原理	1831	发电机	1872	41 年
内燃机原理	1862	汽油内燃机	1883	21 年
电磁波通信原理	1895	第一个公众广播电台	1921	26 年
涡轮喷气机原理	1906	涡轮喷气发动机	1935	29 年
发现抗菌素	1910	制出抗菌素	1940	30 年
雷达原理	1925	制出雷达	1935	10 年
发现铀核裂变	1938	制出原子弹	1945	7 年
发现半导体	1948	制出半导体收音机	1954	6 年
提出集成电路的设计思想	1952	制出第一个单块集成电路	1959	7 年
光纤通信原理	1966	制出光纤缆	1970	4 年
提出无线移动通信设想	1974	蜂窝移动电话系统	1978	4 年
多媒体设想	1987	多媒体电脑	1991	4 年

资料来源：吴季松．21 世纪社会的新趋势：知识经济［M］．北京：北京科学技术出版社，1998：5.

另一方面，知识化进程的加快也表现在知识的质的变化上，集中体现为追求高、新、尖，崇尚抽象的符号体系越来越成为知识发展的强劲动力，知识在社会生产生活中的应用成为其发展的内在目标。伴随近代自然科学不断取得突破，人类开始利用大量非生物能源通过机器生产方式创造出惊人的财富，知识和信息在生产、流通、运输、商业等领域中的地位日益重要、应用日益广泛、效果日益显著。有数据显示，在机械化初级阶段，体力劳动和脑力劳动的比例为 9∶1，在中等程度机械化时约为 6∶4，在全部自动化时则为 1∶9。① 知识化的加快加深不仅表现在生产领域，甚至表现在日常生活世界，以及人与人之间的意见沟通与意义分享上，乃至在个体对自身作为一种社会性存在的认识与反思中，知识的运用也越来越成为离不开的因素。以至于 20 世纪末有人惊呼人类进入了“数字化生存”状态，显然，“数字化生存”无疑是社会知识化加快加深的最好注解。

3. 知识化的影响

知识化对人类的影响，无论是在社会层面还是在个体层面上都是极其深

① 参见吴忠民，刘祖云．发展社会学［M］．北京：高等教育出版社，2002：174.

刻的。在社会层面上，知识化迅速加快加深的最终结局即意味着创造出一种崭新的经济社会形态，人类生存状态因此发生质变。诚如托夫勒所描述，始于18世纪的以知识化为基础的“工业化把原来的社会砸碎，形成纵横交错的各行各业：工厂、教会、学校、监狱、医院，等等。它砸碎了教会、国家与个人之间的统治，使知识转为专业化的训练，劳动分成工种，使大家庭变成小家庭。这样，它把原来的社会和文化破坏无遗”，“工业化的繁荣昌盛，不止于经济、政治和社会制度。它还是一种生活方式和一种思想方式。”① 知识化使知识成为社会生产和生活中不可或缺的要素，甚至成为社会存在与运行的重要基础，整个社会的经济形态演化为所谓的知识经济，人类开始进入所谓的知识社会。（见表3－3、表3－4）

表3－3　人类经济史上的主导技术和产业的变化

经济时代	原始经济时代	农业经济时代	工业经济时代	知识经济时代
历史时间	人类诞生至 公元前4000年	公元前4000年 至公元1763年	公元1763年 至1970年	1970年至2100年
食物生产技术 器物生产技术 知识生产技术 材料技术 能源技术 运输技术 通讯技术 医疗技术 金融技术	叉矛弓箭采集工具 石器陶器铜器 结绳等 天然和陶瓷材料 取火（热能） 独木舟 号角 原始巫术 原始货币	种植养殖游牧 手工艺 印刷出版 天然和金属材料 生物能、机械能 牛车马车木船 人工传递邮递 传统医疗 银行纸币股票	工业化农业 工业化制造业 职业科研与发明 铜铁和复合材料 矿物能、电能 机器化运输 电讯、电视 现代医疗 中央银行、保险	知识化农业 知识化制造业 计算机、计算机网络 高性能、可循环材料 核能、氢能、生物能 智能化运输 数字化信息技术 生物工程疗法 虚拟货币风险投资
核心技术 主导产业	食物采集技术 自然食物获取	农业生产技术 农牧业	工业大生产技术 工业	知识信息生产应用 知识产业

资料来源：引自中国现代化战略研究课题组，中国科学院中国现代化研究中心．中国现代化报告2005：经济现代化研究［M］．北京：北京大学出版社，2005：59．引用时对原表中的错误已予以纠正。

① 阿尔温·托夫勒．第三次浪潮［M］．朱志焱，等，译．北京：生活·读书·新知三联书店，1983：109，149．

表 3-4 人类经济史上的亚经济形态（部门经济）

经济时代	历史时间	亚经济形态（举例）	主导产业
原始经济时代	人类诞生至 公元前4000年	狩猎经济、采集经济	狩猎、食物采集
农业经济时代	公元前4000年至 公元1763年	渔业经济、畜牧经济	渔业、畜牧业
工业经济时代	公元1763年至1970年	农业经济、服务经济	农业、服务业
知识经济时代	1970年至2100年	文化经济、环境经济	文化产业、环保产业

资料来源：中国现代化战略研究课题组，中国科学院中国现代化研究中心．中国现代化报告2005：经济现代化研究［M］．北京：北京大学出版社，2005：62．引用时对原表中的错误已予以纠正。

从现实角度观之，知识和信息成为重要社会产业已成为不争的事实——人们开始用“第四产业”来称呼知识产业（这仍带有沿用已久的传统产业排序的痕迹。实际上，若就知识产业的实际地位与影响而言，在知识社会中它应该是名副其实的“第一”产业）。作为以知识密集、智力密集为特征的产业，知识产业不仅是整个经济社会发生革命性变迁的结果，也是社会进一步加快变迁步伐的直接动因。

在个体层面上，知识化的影响同样不容忽视，其给个体带来的首要挑战是对崭新社会秩序的重新适应。在知识化的社会秩序和生活世界里，“每一个人肯定面临并且应付多种信息和知识，其中包括零乱的、矛盾的知识。在某种意义上，每个人必须对自我的生活进行反思，这是一种生活的手段”①。生活在知识社会里或处于“数字化生存”状态，意味着生存者必须不断舍弃旧有习惯而代之以适应知识社会或数字化生存的新的生存方式，其中尤为突出的是个体必须面对和解决由传统生存状态向知识化生存状态转型所带来的“自我认同”问题。② 除社会秩序适应之外，人际互动方式，个体之间、

① 安东尼·吉登斯．失控的世界［M］．周红云，译．南昌：江西人民出版社，2001：110．

② 参见李慧敏．社会转型时期的自我认同与教育：以吉登斯自我认同理论为视角［M］．北京：高等教育出版社，2005：

个体与群体之间的关系状态也因知识化而发生深刻变革[①]，这里不再具体展开。

（二）“知识社会”概念辨析

1. “知识社会”溯源

根据加拿大学者尼科·斯特尔的考证，最早使用“知识社会”这一概念的是罗伯特·E. 莱恩，其时为1966年。莱恩试图通过说明科学知识日益增长的社会意义而证实对这一概念的使用是正确的，并且用一种“初步的近似方法”将“知识社会”定义为这样一个社会：它的成员(a)研究他们关于人、自然和社会的种种信念的基础；(b)（或许是无意识地）由真实真理（veridical truth）的客观标准所引导，并且在较高层次的教育中他们的研究遵循证明和推理的科学规则；(c)将相当多的资源投入到研究中，因此具有了大量的知识；(d)坚持不懈地努力收集、组织和解释他们的知识，以便为了手边的目的从中吸取进一步的意义；(e)既运用这种知识来倡导他们的价值和目标，也运用这种知识来阐述或许还有修正他们的价值和目标。正如“民主的”社会在政府和个人之间的关系方面有某种基础，“富足的社会”在经济方面有某种基础一样，知识社会植根于认识和探究的逻辑当中。[②]

三年之后的1969年，美国著名经济学家、管理学家P. 德鲁克在《不连续的年代》[③]一书中也使用了“知识社会”概念。[④]德鲁克将知识置于“社会的中心，以及经济和社会行为基础”的地位，他关于知识社会的主要论点包括：第一，什么是知识社会？知识社会包括：新技术和新产业的发展、从国家经济到世界经济的变化、新的组织社会或多元社会的出现、知识经济的出现。第二，在知识社会，知识是中心的生产要素。第三，在知识社会，

---

① 参见安东尼·吉登斯．亲密关系的变革：现代社会中的性、爱和爱欲［M］．陈永国，等，译．北京：社会科学文献出版社，2001.

② 尼科·斯特尔．知识社会［M］．殷晓蓉，译．上海：上海译文出版社，1998：7—8.

③ 又译为《断裂的年代》。Drucker P. *The Age of Discontinuity*：*Guidelines to Our Changing Society*. New York：Harper & Row，1969.

④ 国内学者厉以贤教授曾据此认为第一个使用知识社会一词的人应为P. 德鲁克。

知识成为衡量经济的潜在力量和经济实力基础的重要标准。[①]

接下来应该关注的是美国社会学家、未来学家 D. 贝尔。贝尔的名字是和“后工业社会”连在一起的。1959 年夏，在奥地利的一次学术讨论会上，贝尔首次使用“后工业社会”一词，以之提出对西方社会未来的设想。随后在 1962 年和 1967 年，他分别撰写了《后工业社会：推测 1985 年及以后的美国》和《关于后工业社会的札记》。1973 年贝尔正式出版了至今仍被奉为社会学和未来学经典之作的《后工业社会的来临》一书，对“后工业社会”思想作了全面的理论阐述和有力的实例佐证，该书副题为“对社会预测的一项探索”。1976 年，贝尔又出版了《资本主义文化矛盾》一书，从文化角度继续探讨“后工业社会”这一主题，此书被认为是《后工业社会的来临》的姊妹篇。经过上述的持续探索，后工业社会理论得到了完整的阐述，在社会学和未来学领域声名远播。

社会研究领域一般将贝尔和“后工业社会”相提并论，却忽视了他对“知识社会”概念的态度及对两个概念的内在联系的理解。实际上，贝尔与“知识社会”概念的关系是充满波折的，他本人对“知识社会”概念的态度也带有摇摆性。他在《后工业社会来临》的第三章最后一节讨论后工业社会中“新的阶级结构”时就直接冠名为“知识社会的结构”，而且还多次使用“知识社会”概念，当然有时他也会交替使用这两个概念。贝尔认为，如果资本与劳动是工业社会的主要结构特征，那么信息和知识则是后工业社会的主要结构特征。起初他将未来社会称为“后工业社会”，反对标定为“服务业社会”“信息社会”或“知识社会”等，到 1979 年却承认“信息社会”比“后工业社会”更为确切。对于贝尔在“知识社会”上的摇摆态度，尼科·斯特尔甚至根据贝尔曾声称“显而易见，后工业社会就是一个知识社会（贝尔，1973a：37）”[②]，为贝尔未用“知识社会”代替“后工业社会”而深表惋惜：“他本可以用‘知识社会’代替‘后工业社会’的，因为这两个词以及其他的词——例如‘智力社会’（贝尔，1964：49），至少对于描述贝尔打算在他关于现代社会的结构和文化的研究中考察的社会之

① 转引自厉以贤．学习社会的理念与建设［M］．成都：四川教育出版社，2004：20—21.

② 尼科·斯特尔．知识社会［M］．殷晓蓉，译．上海：上海译文出版社，1998：9.

正在形成的结构的某些突出方面而言，也许是很合适的。”[①]

此外，还应关注的另一位重要人物是上文提到的加拿大学者尼科·斯特尔，他先后出版了《知识社会》（*Knowledge Societies*，1994）、《现代社会的脆弱性：信息时代的知识和风险》（*The Fragility of Modern Societies: Knowledge and Risk in the Information Age*，2000）、《知识和经济：现代经济的社会基础》（*Knowledge and Economic: The Social Foundations of the modern Economy*，2001）、《知识的管理》（*The Governance of Knowledge*，2002）等以知识研究为主题的著作，对知识、知识社会及与之相关的众多问题作了深入探讨。就成果的数量、深度及系统性而言，斯特尔无疑堪称知识社会研究的集大成者。

通过考证不难发现，“知识社会”的提出、理解与运用和一些相关概念存在密切联系，除后工业社会（贝尔，1973）之外，尚有知识劳动者（P. 德鲁克，1959）、知识产业（马克卢普，1962）[②]、超工业社会（A. 托夫勒，1980）[③]、信息社会（奈斯比特，1982）[④]、后资本主义（P. 德鲁克，1993）[⑤]、

---

① 尼科·斯特尔．知识社会［M］．殷晓蓉，译．上海：上海译文出版社，1998：9.

② 马克卢普1962年提出了“知识产业”这一重要概念。他认为，知识产业包括：（1）教育；（2）研究与开发；（3）传播产业；（4）信息设备；（5）信息服务。

③ A. 托夫勒在他1980年出版的未来学“三部曲”之一的《第三次浪潮》中提出了“超工业社会”概念。

④ 1982年，奈斯比特出版了《大趋势》一书，书中以大量资料为基础，剖析了美国社会的十大动向，指出美国正处于新旧交替的变化之中，正在从“工业社会”向“信息社会”过渡。信息社会的主要特点：（1）信息社会里起决定作用的不是资本而是信息和知识；（2）价值的增长不再是通过劳动，而是通过知识；（3）人们关心的不是过去和现在，而是未来；（4）信息社会是诉讼密集的社会。

⑤ P. 德鲁克1993年出版的《后资本主义社会》一书，阐述了他对未来社会的看法。他认为，西方历史表明，每隔几百年社会就会发生急剧变化，自“二战”以来，我们现在又一次处于这样的时期，这个处于变化与转型中的新社会就是现已存在的“后资本主义社会”。这个社会的“主要资源将是知识”，基本经济资源不再是资本、自然资源或劳动力，它现在是并且将来也是知识。后资本主义社会所面临的“经济挑战将是知识工作和知识工作者的生产力”，“社会挑战则将是该社会中的第二阶级的尊严：服务工作者”，因为他们缺乏成为知识工作者的必要教育程度，因而可能成为社会的反抗者。由于知识是后资本主义社会的最主要资源，不仅创造了新的社会动力，创造了新的经济发展，而且创造了新的政治模式与动力，因此它根本改变了整个社会结构，必然引起整个管理范式的根本性革命即“知识正被应用于知识”，“提供知识以找出应用现有知识创造效益的最佳方法，事实上就是我们所说的管理”。

知识工人（温斯洛和布拉马，1994）①、知识经济（OECD，1996）②、智力经济（吴季松，1998）③ ……

透过上述梳理不难看出，“知识社会”概念的提出、诠释与传播已达半个世纪之久。这期间，“先是政治家的敏感，后是学者的探索，再是记者的宣传，后是科学家的研究，直至国家领导人和国际组织的正式采用”④，“知识社会”概念已逐渐被世人广泛接受了。

2. “知识社会”的比较优势

“一个社会对正在发生的事情找不到语言来表达，是可悲的。”⑤ 自20世纪六七十年代以来，面对20世纪后半期社会变迁出现的崭新局面，学者们纷纷提出新的名词和术语试图予以命名。⑥

表3-5　指称未来社会的形形色色概念

新　概　念	提　出　者	新　概　念	提　出　者
后工业社会	丹尼尔·贝尔	后大规模消费社会	赫尔曼·卡恩与安东尼·威纳
后资本主义社会	彼得·德鲁克	后匮乏社会	《社会政策》杂志
后资产阶级社会	乔治·利希特海姆	后福利社会	吉迪恩·绍伯格

① 1990年联合国研究机构使用了“知识经济”的说法，明确了这种新经济的性质。1994年，温斯洛和布拉马出版了《未来工作：在知识经济中把知识投入生产》一书，提出了“知识工人”概念并对“知识经济”概念的内涵与外延作了较为完整的论述。

② 1996年，经合组织（OECD）报告中较为详细地阐述了知识经济的概念，并对知识经济的内涵进行了界定：知识经济是建立在知识和信息的生产、分配及使用之上的经济。OECD提出的知识经济的英文名称是Knowledge-based Economy，意即“基于知识的经济”。后来，美国前总统克林顿直接使用Knowledge Economy一词。如今，Knowledge Economy一词已基本得到世人公认。

③ 1998年吴季松教授出版了《21世纪社会的新趋势：知识经济》一书。他基于自己“20多年来以访问学者、项目专家、使团参赞和国际官员的身份在50个国家和地区、3个国际组织、8年多的国外生活实践和专题考察研究”的独特经历，“从理论到实践……给读者描绘出一幅有声有色的‘知识经济’图景”。书中“知识经济”和“智力经济”在同等意义上被使用。适逢当时党和国家领导人也开始重视知识经济，在不同的文件和讲话中频频出现这一词语（如“知识经济，初露端倪”），已经营造出一种浓郁的知识经济氛围，此书一出，立即在社会上产生轰动效应，不仅个人竞相购买，甚至不少单位进行团购达到人手一册。

④ 吴季松．21世纪社会的新趋势：知识经济［M］．北京：北京科学技术出版社，1998：3.

⑤ 于一．社会学家中的一个异数［M］//社会学家茶座（第3辑）．济南：山东人民出版社，2004：128.

⑥ 参见丹尼尔·贝尔．后工业社会的来临：对社会预测的一项探索［M］．高铦，等，译．北京：新华出版社，1997：“译者的话”，3.

续表

新概念	提出者	新概念	提出者
后文明社会	肯尼恩·博尔丁	后自由派时代	杰弗里·维克斯
后现代社会	阿米泰·艾特齐奥尼	新工业国	约翰·肯尼恩·加尔布雷斯
后集体主义社会	萨姆·比尔	技术电子社会	兹比格纽·布热津斯基
后意识形态社会	刘易斯·福伊尔	规划社会	阿兰·图雷纳
后传统社会	爱森斯塔特	多面社会	克拉克·克尔
后市场社会	汤姆·伯恩斯	技术社会	雅克·埃吕尔
后组织社会	汤姆·伯恩斯	超工业社会	阿尔文·托夫勒
后经济学社会	赫尔曼·卡恩	……	……

除上表所列之外，尚有人们熟知的“信息社会”“风险社会”“消费社会”“知识社会”等概念。在众多概念当中，影响最大、知名度最高者恐怕非“后工业社会”莫属。后工业社会思想自形成以来产生了广泛而深远的影响，甚至成为20世纪70年代西方社会学和未来学领域的热点问题之一，不少西方学者因此纷纷效仿贝尔选择“后……”这种前缀构造新名词。有些虽然形式上未使用“后……”式前缀表述，却仍带有受后工业社会思想影响的痕迹。时至今日，仍有一些学者基于不同的学术需要从不同角度继续使用着后工业社会概念，借鉴后工业社会思想批判性地研究着当代社会的发展特征与趋势。[①] 尽管有如此高的认可度和如此广泛的影响，我们却认为后工业社会概念并非无可挑剔，与包括后工业社会在内的上述诸多概念相比较，“知识社会”概念无疑具有独特优势。

理由之一：“后工业社会”及其他诸多冠以“后”字的概念和术语，均带有临时性称谓的痕迹。“后……”（post- ）这一表述格式具有极大普适

① 参见 B. Ji. 伊诺泽姆采夫．后工业社会与可持续发展问题研究：俄罗斯学者看世界［M］．安启念，等，译．北京：中国人民大学出版社，2004.

性和极强造词功能，几乎可与任何一个指称事物的名词组合而构造出新的词语。仅就作为一种构词方式而言，“后……”这种概念表达方式本无可厚非，但值得注意的是，由于“后……”这种概念表述方式的一个突出特点是重在强调某一具体事项之后的形式、阶段或特征等与该事项的差异或不同，通过这种构词方式所生成的任何新词语实际上都无法摆脱对“后”之后的具体事项的刚性依赖，这无疑成为这种构词方式本身的内在缺陷。实际上，连贝尔本人也不得不承认：“后这个词在这里都可使用，并非因为它是新社会形态的定义，而是因为它象征着一种过渡。新社会的未来面目如何，尚待观察。”“人们一直提出这样的问题：我为什么把这种推测性的概念称之为‘后工业’社会，而不是叫做知识社会、信息社会或专业社会，因为所有这些似乎都与我所描绘的那些正在出现的明显情况有所吻合……因为，我认为西方社会的文化已经实现了独立自主。这种新的社会形式究竟会像个什么样子，现在还不完全清楚……所以，‘后’这个缀语，是要说明生活于间隙时期的感觉。”①

正如贝尔所言，由于人们觉察出事物发展出现了新的特征，继续使用原有名称似乎显得勉强，但一时又难以找到更合适的、可被普遍认可的新称谓，此情此景之下，用“后……”“姑且称之”便不失为一种便捷之举，可此举恰恰暴露了“后……”这种称谓的临时性或权宜性特征。据此我们有理由认为，当一个更具实质内涵的崭新称呼已提出并逐渐被接受时，这类临时性的称谓理应自然隐退。

理由之二：就贝尔本人看，他也并未固执地认可“后……”这种概念表述方式，甚至并未“专一地”坚持使用他所创造的“后工业社会”概念。贝尔在提出、研究“后工业社会”时并未排斥而是曾经使用过“智力社会”“信息社会”“知识社会”这些相关概念，在《后工业社会的来临》一书中他就曾明确地表述了“后工业社会”与“知识社会”之间的内在关联：“显然，后工业社会是双重意义上的一个知识社会：第一，革新的源泉越来越多地来自研究与发展（更直接地说，由于理论知识居于中心地

① 丹尼尔·贝尔．后工业社会的来临：对社会预测的一项探索［M］．高铦，等，译．北京：新华出版社，1997：124，41—42．着重号为引者所加。

位，在科学和技术之间存在了一种新型关系）；第二，社会的力量——按大部分国民生产总值和大部分就业情况来衡量——越来越多地在于知识领域。"① 由此不难看出"知识社会"相对于后工业社会概念所具有的优势和可接受性。

理由之三：对知识社会作过系统研究的尼科·斯特尔对贝尔的后工业社会理论给予了充分肯定②，但他同时亦明确指出："'后工业社会'的范畴不是十分恰当，并且在某种程度上，是一个使人产生误解的范畴，因为'工业'或制造业并没有消失……工业的确是被改变了，但是以为它将基本消失的想法则是错误的。进而言之，没有'工业'，人们就不能真正地生活下去，就像人们不能仅仅通过闲暇而存在一样。"③ 既然"工业"乃至制造业在后工业社会中"并没有消失"，那么用"后工业社会"这个概念就无法避免逻辑上的混乱与矛盾。因此，斯特尔认为"后工业社会"概念是"含糊不清的"④，甚至为贝尔未用"知识社会"代替"后工业社会"而深感惋惜。斯特尔还指出，西方学者认为后工业社会研究所存在的一个明显缺陷就是"理论性"不够。⑤

理由之四：使用"知识社会"概念的显著优势在于准确突显了当前时代和社会变迁的基本特征，即知识化、信息化不断加快和深化的社会事实。知识社会概念把社会的原理本身是什么揭示出来了，是对于知识本身的主要属性的聚焦，而非"后工业社会"概念那样只说明跟在什么（"工业社会"）之后。知识社会是人类正在创造的生存状态，是一种生成的而非先验的社会形态，自20世纪中叶始在全球范围内展开，直到今天该生成过程仍在不同地区、不同社会中继续着。诚如斯特尔所言："知识社会并没有变成某种单向度的社会结构。各种知识社会通过保持不变，甚或通过变得不一样

---

① 丹尼尔·贝尔．后工业社会的来临：对社会预测的一项探索［M］．高铦，等，译．北京：新华出版社，1997：234.

② "贝尔的后工业社会理论既是当代社会有争议的理论设计之一，是当代社会（至少在那个重要意义上）成功的力量之一，也是当代社会最为经久不衰的理论之一。"（尼科·斯特尔．知识社会［M］．殷晓蓉，译．上海：上海译文出版社，1998：64）

③ 尼科·斯特尔．知识社会［M］．殷晓蓉，译．上海：上海译文出版社，1998：18.

④ 尼科·斯特尔．知识社会［M］．殷晓蓉，译．上海：上海译文出版社，1998：27.

⑤ B. Ji. 伊诺泽姆采夫．后工业社会与可持续发展问题研究：俄罗斯学者看世界［M］．安启念，等，译．北京：中国人民大学出版社，2004：译者前言，2.

而成为彼此相似的社会。”① 由于现代社会的不同形态彼此之间存在着地域性“区隔”，因此知识社会既是各种社会不约而同的发展方向，也是不同社会知识化进程的必然结果。当代西方一些已进入知识社会行列的发达国家如加拿大、美国、德国、英国、法国和意大利等为知识社会研究提供了典型案例，也为知识社会理论的形成奠定了现实基础。斯特尔的知识社会研究从另一角度为我们提供了一个比较成熟的成果案例。无论是从社会变迁的现实角度还是从既有研究成果的积累角度，都不难发现知识社会概念具有明显的优势。国内学界持相同观点的也大有人在，其中有学者从社会变迁的全过程着眼，认为“用‘知识社会’来命名这种新社会更为合适，后工业社会和信息社会等是知识社会的早期阶段”②。

理由之五：有目共睹的是，20 世纪 90 年代中后期以来，“知识经济时代”概念在国内逐渐流行，这是否意味着“知识经济时代”概念较“知识社会”更具可接受优势呢？我们并不这样认为。所谓知识经济时代，乃是以工业社会知识化的一定成熟程度为基础，以知识、信息的生产、交换和消费为中心取代以物的生产、交换和消费为中心的时代。换言之，是知识产业占主导地位的时代。就基本含义而言，“知识经济时代”与“知识社会”确实都揭示了社会变迁的基本规律，但有两点不能忽视：一是在任何一个社会里，经济因素固然占据非常重要的地位，但经济因素决非孤立的存在，而是与政治、文化、科技、教育等因素紧密交织在一起的，单纯以标识社会的经济特征的“知识经济”概念来指称整个社会难免存在以偏概全之嫌。二是“时代”概念与其说是一个规范的社会学概念，不如说更是一个日常词汇。严谨的社会学者或未来学者在寻找描述未来社会的新词汇时，一般不会倾向于选择“时代”这个日常语汇作为核心构成元素，而会倾向于“社会”一词，这一点从上文列举的二十多个术语中不难得到证实。基于此，不难看出“知识社会”比“知识经济时代”不仅更简洁、更全面、更准确，而且更从整体上把握住了未来社会的总体特征。实际上，有些国家（如德国）就很少提知识经济（时代）概念，他们更愿意从自己传统的、特有的理性思维

① 尼科·斯特尔. 知识社会［M］. 殷晓蓉，译. 上海：上海译文出版社，1998：10.

② 中国现代化报告课题组. 中国现代化报告 2001［M］. 北京：北京大学出版社，2001：10.

模式研究着“知识社会”。[①]

基于上述几种理由，我们认为在描述和指称工业社会之后的人类发展状态和社会阶段之时，“知识社会”概念较迄今我们所能接触到的众多类似概念具有明显的比较优势，本书倾向于将这一概念与前文所理解的狭义现代社会概念互用。

（三）知识社会的生成分析

1. 知识社会的始点

论及知识社会的生成，首先遇到的是知识社会的生成标志问题。国际上目前已有一条共识性标准，即知识产业在 GDP（国内生产总值）中所占比重或从事信息工作的劳动者即知识劳动者在社会就业结构中所占比重达到一定数值（通常为 50%），就意味着工业经济已转向知识经济，整个社会也就由工业社会进入了知识社会。据此标准，美、英、德等西方发达国家早在 20 世纪六七十年代即已进入知识社会，相对而言其他不少不发达国家则要晚很多年。进入 21 世纪以来，世界各国纷纷顺应知识化的时代浪潮，重视和加快投资、发展知识产业，竞相向知识社会挺进。目前学术界在人类何时开始进入知识社会问题上形成了一个基本共识，即一般认为知识社会是在 20 世纪开始出现的，但在进入知识社会的具体年代上分歧甚巨，形成以下几种不同观点。

——20 年代论。持这种观点的代表人物是布洛克和赫希霍恩。他们认为，20 世纪 20 年代社会已经发生了质的变化。此时，至少在美国，劳动、时间和资本的输入是不变的，或者已经开始减少，产出则开始上升。用经济术语来说，知识已经成为（附加）价值的重要来源。[②]

——40 年代论。持这种观点的代表人物是贝尔。贝尔曾指出后工业社会的“象征性”开端可以溯及“二战”结束时的那个时期：“人们完全可以

① 厉以贤．终身教育、终身学习是社会进步和教育发展的共同要求［J］．教育研究，1999（7）．

② 尼科·斯特尔．知识社会［M］．殷晓蓉，译．上海：上海译文出版社，1998：12．

说，1945 年到 1950 年是后工业社会象征性的‘出生年代’。”① 这种“出生年代”的标志体现在科学领域、政治经济学领域乃至道德特征等方面。

——50 年代论。持这种观点的代表人物是拉多范·里克塔及其同事，他们认为，现代社会通过科学技术革命所产生的深刻变革的开端是从 20 世纪 50 年代开始的。②

——70 年代论。另有学者在对后工业社会进行研究时提出，知识社会是一个始于 20 世纪 50 年代末并持续至今的过程，真正的形成应该是在 20 世纪 70 年代。俄罗斯学者 B. Ji. 伊诺泽姆采夫就持这种观点。③

2. 知识社会的生成过程

20 世纪是全球经济乃至整个人类社会发生重大转型的世纪。综合相关研究，20 世纪 60 年代一般被认为是转折时期。60 年代以前，世界经济发展的基本模式是：农业经济比重持续下降，工业经济比重不断上升，服务经济比重持续上升。60 年代以后世界经济发展出现重大转折：农业经济比重继续下降，工业经济比重持续下降，服务经济比重继续上升，经济非物质化快速发展。

工业经济的衰落是世界性的，最初出现在英、美等高收入国家④，20 世纪 80 年代开始扩展到中等收入国家并对世界经济结构产生了重大影响。工业经济的衰落主要表现为工业产值占国民经济的比例持续下降。有数据显示，1965—1995 年间，世界工业总产值占世界生产总值的比例下降了 17. 5%⑤，其中高收入国家平均下降了 24%，中等收入国家工业产值所占比重的下降是从 80 年代开始的，低收入国家工业产值所占比重在持续上

---

① 丹尼尔·贝尔. 后工业社会的来临：对社会预测的一项探索［M］. 高铦，等，译. 北京：新华出版社，1997：378.

② 尼科·斯特尔. 知识社会［M］. 殷晓蓉，译. 上海：上海译文出版社，1998：12.

③ B. Ji. 伊诺泽姆采夫. 后工业社会与可持续发展问题研究：俄罗斯学者看世界［M］. 安启念，等，译. 北京：中国人民大学出版社，2004：86.

④ 世界银行在《1997 年世界发展报告》中规定了不同收入国家的标准，其中低收入国家：1995 年人均 GNP 低于 765 美元；中等收入国家：766 ~ 9385 美元；高收入国家：高于 9386 美元。世界银行的分类标准每年有所调整。（中国现代化报告课题组. 中国现代化报告 2001［M］. 北京：北京大学出版社，2001：2 注①）

⑤ 当然，下降的不仅仅是工业总产值，有关数据表明 1965—1995 年间世界农业产值（增加值）占世界生产总值的比例下降了 50%，1995 年世界农业增加值仅占世界经济总量的 5%。

升（见表 3 - 6）；同时，工业劳动力占全部劳动力的比例持续下降（见表 3 - 7、表 3 - 8）。

表 3 - 6　1960—1995 年世界经济结构的变化　　（单位:%）

年　份	低收入国家		中等收入国家		高收入国家		全世界	
	农业	工业	农业	工业	农业	工业	农业	工业
1960	48	24	24	30	6	40	—	—
1965	44	28	19	34	5	42	10	40
1970	38	29	—	—	4	39	8	38
1973	38	32	15	35	4	37	8	37
1980	33	37	12	39	3	37	7	37
1985	33	33	12	37	3	34	6	35
1990	31	36	12	37	—	—	—	—
1995	25	38	11	35	2	32	5	33

资料来源：世界银行. 1983，1991，1997. 世界发展报告；1973 年前高收入国家指工业化国家。转引自中国现代化报告课题. 中国现代化报告 2001 [M]. 北京：北京大学出版社，2001：3.

表 3 - 7　1960—1997 年世界劳动力就业结构　　（单位:%）

年　份	低收入国家		中等收入国家		高收入国家		全世界	
	农业	工业	农业	工业	农业	工业	农业	工业
1960	77	9	59	17	17	38	—	—
1965	77	9	57	16	14	39	—	—
1977	73	11	46	22	7	38	—	—
1980	73	13	38	28	9	35	53	20
1990	69	15	32	27	5	31	49	20
1997	—	—	—	—	4	28	—	—

资料来源：世界银行. 1979，1985，1997. 世界发展报告. World Bank. 2000. World development indicators；1977 年前高收入国家指工业化国家。转引自中国现代化报告课题组. 中国现代化报告 2001 [M]. 北京：北京大学出版社，2001：4.

表3－8 经济合作与发展组织成员国平均民用劳动力就业结构

（单位:%）

数据 年份 产业	1960	1965	1970	1975	1980	1985	1989
农业	22	17	14	12	10	9	8
工业	35	37	37	35	34	31	30
服务业	43	46	49	54	57	60	63

资料来源：尼科·斯特尔．知识社会［M］．上海：上海译文出版社，1998：113—114。转引自中国现代化报告课题组．中国现代化报告2001［M］．北京：北京大学出版社，2001：4.

伴随工业经济的衰落和知识经济的崛起[①]，知识社会向人类走来。问题在于，哪些国家或社会首先成为知识社会？一般认为美国首当其冲，其他一些发达工业化国家如加拿大、德国、英国、法国、意大利等OECD国家则紧随其后。[②] 下面重点以美国为例说明知识社会的全球进展情况。

20世纪五六十年代，美国实现了创纪录的经济增长，这种增长是在经济结构快速调整背景下发生的。（见表3－9、表3－10）有关数据显示，1955年，在美国加工工业和建筑业就业的人数占到劳动力总数的34.7%并创造了34.5%的国民生产总值，到1970年这个份额降至27.3%，不少研究者开始谈论建立在服务基础上的社会的诞生。1956年，美国的服务业人员和白领首次超过蓝领工人，这一具有里程碑意义的变化不仅标志着美国产业结构的重大转变，也标志着美国社会形态的根本转型。（参见表3－11、表3－12）

---

① 《中国现代化报告2001》指出：知识经济崛起主要有三个明显特征：一是知识产业比重上升，二是知识劳动者比重上升，三是知识对经济增长贡献率上升。

② 《中国现代化报告2005》认为，1946—1970年经济现代化的“先锋国家”是美国和苏联，“跟进国家”为欧洲国家、加拿大、澳大利亚、新西兰、日本等；1971—2020年经济现代化的“先锋国家”是美国、加拿大，“跟进国家”为欧洲国家、澳大利亚、新西兰、日本、新加坡等。（参见中国现代化战略研究课题组，中国科学院中国现代化研究中心．中国现代化报告2005［M］．北京：北京大学出版社，2005：77）

表 3-9　1960—1995 年美国经济结构的变化　（单位:%）

年份 产业	1960	1965	1970	1975	1980	1985	1989	1995
农业	4	3	3	3	3	2	2	2
工业	38	38	35	33	34	31	29	26
服务业	58	59	62	64	64	67	69	72

资料来源：世界银行 . 1991，1997. 世界发展报告；World Bank. 1983. World Table. 转引自中国现代化报告课题组. 中国现代化报告 2001 ［M］. 北京：北京大学出版社，2001：3.

表 3-10　1820—1995 年美国劳动力就业结构的变化　（单位:%）

年份 就业领域	1820	1870	1913	1950	1960	1965	1970	1975	1980	1985	1990	1995
农业	70	50	28	13	7	5	4	3	3	3	3	3
工业	15	24	30	34	36	36	34	33	31	28	28	24
服务业	15	26	43	54	57	59	62	63	65	69	69	73

资料来源：世界银行 . 1997. 1997 年世界发展报告；麦迪森 . 1996. 世界经济二百年回顾. 北京：改革出版社；World Bank. 1983. World Table；International Labor Office. 1990，1999. Yearbook of Labor statistics. 转引自中国现代化报告课题组 . 中国现代化报告 2001 ［M］. 北京：北京大学出版社，2001：5.

说明：表中个别年份三产就业数据之和大于或小于 100%，可能由四舍五入造成，引用时未予改动。

表 3-11　1940—1980 年美国知识劳动者的比例　（单位:%）

年　份 比　例	1940	1950	1958	1960	1970	1980
知识劳动者占总劳动力的比例	23.6	27.3	31.3	31.4	37.1	45.1
知识劳动者收入占国民收入的比例	18.5	18.5	26.8	25.7	31.6	35.6

资料来源：中国现代化报告课题组 . 中国现代化报告 2001 ［M］. 北京：北京大学出版社，2001：9.

表 3－12　1958—1996 年知识经济占国民经济的比例　（单位:%）

比例＼年份		1958	1963	1967	1972	1977	1980	1996
美国知识产业占 GNP 的比例	教育	11.8	13.3	14.7	14.8	13.7	12.5	—
	研究与发展	2.2	2.6	2.6	2.2	2.1	2.2	
	通讯媒介	7.7	7.5	7.7	7.9	8.1	8.0	
	信息机构	2.0	2.4	2.6	2.3	2.7	3.2	
	信息服务	4.9	5.2	5.7	6.7	7.6	8.4	
	合计	28.6	31.0	33.3	33.9	34.2	34.3	
OECD 主要成员国“以知识为基础的经济”占国民经济的比例								>50

资料来源：中国现代化报告课题组．中国现代化报告 2001［M］．北京：北京大学出版社，2001：8.

科技进步成为西方社会谋求建立一种“世界经济新秩序”的基础。20 世纪 70 年代是美国和西欧进行最根本的结构改革时期。仍以美国为例，从 1970 年到 1983 年，美国交通业在 GNP 中的份额下降了 21%，农业下降了 19%，建筑业几乎下降了 2/3，而服务业的份额几乎增加了 5%，贸易增加了 7.4%，电信增加了 60% 以上。1975 年到 1990 年的 15 年间，美国工业领域就业人数在全部劳动力中所占比重由 25% 下降至 18%，从 1982 年到 1992 年，美国公司的物质资产在价值平衡表中的比例从 62% 降到 38%，信息产品和智力资本份额则从 7% 增加到 61%。[①] 资料显示，美国作为新型经济增长国家的典范，其工业在 20 世纪 90 年代初期创造的 75% 左右的附加值是在信息技术的辅助下获得的。在 1991 年美国用于获得信息和信息技术的花费为 1120 亿美元，超过了用于固定资产的开支（1070 亿美元），两者的差距平均每年增加 50 亿美元。1999 年，美国 GNP 的几乎 43% 是在卫生、科研、教育、电讯、非物质的科学产品及软件生产等领域完成的。1990—2000 年美国在计算机生产和数据加工、卫生、教育部门就业的人口占国家总就业人口的比重由 16% 增加到 18%，绝对数从 1880 万人增加到 2460 万人，增

① B. Ji. 伊诺泽姆采夫．后工业社会与可持续发展问题研究：俄罗斯学者看世界［M］．安启念，等，译．北京：中国人民大学出版社，2004：87，90.

加了31%。随着非物质资产意义的提升，美国公司以前所未有的速度资本化：道琼斯指数在20世纪的最后6年里提高了3倍多，股票市值的增加仅在1998—1999年之间就使美国公民的财富增长了10万亿美元。①

如今，美国在世界经济领域中的领先地位仍是毫无争议的。综观最近几十年美国的发展进程，其经济增长已经逐渐摆脱了原料和资源因素的制约，而需求的增长首先是对知识财富需求的增加而非对传统的大规模工业产品的需求的增长，它的大部分人口开始在高科技产品生产和服务中展现自己的能力。正所谓“经济增长令人信服地获得新的特点：个人能力的发展成为积累的最有效形式，而对人，对他的知识和能力的投资，是最有收益的投资”②。

不仅美国经济发展清晰地显示了知识化及知识社会的生成过程，其他OECD国家如加拿大、德国、英国、日本、法国、意大利的发展也呈现出类似的过程与特征。根据中国现代化战略研究课题组和中国科学院中国现代化研究中心的研究，截至2002年，在参加评估的131个国家中，约有23个国家进入第二次现代化③发展轨道，约占国家样本数的18%。其中，瑞典、美国、瑞士、丹麦、荷兰、澳大利亚、加拿大、英国、法国、比利时和新加坡等11个国家进入第二次现代化的发展期，日本、芬兰、德国、奥地利、挪威、韩国、新西兰、爱尔兰、西班牙、意大利、斯洛伐克和匈牙利等12个国家进入第二次现代化的起步期。④ 由此可知，截至2002年全球已有一批国家进入了知识社会行列。

当然，在知识化进程中，世界各国的进程和所处位置是不同的。尽管一部分国家现已进入知识社会，但全球尚未进入或尚未完全进入知识社会的国家仍占大多数（见表3－13）。这既表明迄今人类迎来的知识社会是不完整

① B. Ji. 伊诺泽姆采夫．后工业社会与可持续发展问题研究：俄罗斯学者看世界［M］．安启念，等，译．北京：中国人民大学出版社，2004：90—91.

② B. Ji. 伊诺泽姆采夫．后工业社会与可持续发展问题研究：俄罗斯学者看世界［M］．安启念，等，译．北京：中国人民大学出版社，2004：91.

③ “第二次现代化是以知识化、绿色化和全球化为典型特征的新现代化”，所对应的社会形态恰恰与知识社会相吻合。

④ 中国现代化战略研究课题组，中国科学院中国现代化研究中心．中国现代化报告2005：经济现代化研究［M］．北京：北京大学出版社，2005：248.

的，也显示了在知识化进程中世界各国之间的发展是不均衡的。

表 3－13　2002 年世界各国知识化状况（处于不同阶段的国家个数）

发展阶段		国家个数
第二次现代化	过渡期	
	成熟期	
	发展期	11
	起步期	12
第一次现代化	过渡期	2
	成熟期	33
	发展期	33
	起步期	22
传统农业社会		11
国家样本数（个）		124

资料来源：中国现代化战略研究课题组，中国科学院中国现代化研究中心．中国现代化报告 2005［M］．北京：北京大学出版社，2005：247．引用时对原数据中的错误作了更正。

（四）知识社会的特征分析

研究知识社会必须对潜在的认识“误区”保持清醒意识。为此，首先应明了知识社会的生成特性。作为一种社会形态，知识社会不是既成的，而是由人类的创造活动逐渐生成的，需要以一定时间跨度为前提，因此须防止陷入知识社会既成论误区，避免对其生成过程持一蹴而就的错误观念。其次，要明确知识社会与人类实践和当下社会现实的关系，避免割裂二者之间的内在联系。当前，不乏这样一些说法：知识社会“正向我们走来”、知识经济“初露端倪”……浸润在这种话语氛围中，应有意识地避免产生知识社会概念仅关乎“未来”的错觉。知识社会绝不仅仅意味着未来，更是当下的现实；不是等着“进入”的外在于行动者的社会状态，而是社会行为主体正在实实在在地创造的对象。正因为如此，研究知识社会绝不仅仅是在憧憬未来，其本身就是在研究当下社会。最后，要正确看待知识社会的判断标准与具体的社会形态或历史阶段的关系，防止机械联系。我们无法拿一个标准去断言某一社会形态或历史阶段是纯而又纯的知识社会而他者不是，原因在于人类社会的发展进程带有混合性特征，任何一个特定历史阶段均由上一阶段而来同时又孕育着下一阶段，知识社会的生成自然也不例外。

以上是需要明确的知识社会研究应秉持的方法论，下面整理已有研究成果并结合笔者的思考，对知识社会的主要特征予以描述和分析。

1. 知识的地位特征

（1）知识概念辨析

知识概念已成为一个跨学科、跨领域的问题。哲学领域对知识概念的理解向来分歧很大，不同的哲学流派和认识论如经验主义、理性主义、实用主义、要素主义、永恒主义……从某一侧面出发往往就会形成不同的知识概念，其中一种常见的定义认为知识是“经过辩护的真实的信念”。这种理解是耐人寻味的，实际上意味着三条标准[①]：一是拥有一个信念；二是它是真的；三是拥有充足的证据，它的获得有充分的理由。这一定义一般被称为古典知识定义，古希腊时代的柏拉图在《泰阿泰德篇》中已探讨了这种概念理解方式，他认为知识是与感觉、意见有区别的一种判断，知识是确实的判断，是一种“伴之以论究的判断”。

社会学及未来学对知识概念的理解往往更多地顺应日常生活实践并试图在与“信息”等概念的比较中形成易被接受的界定（详见表 3－14）。托夫勒通过与数据、信息[②]概念的比较对知识作了描述性理解：“知识这个字眼将具有更广泛的词义。它将包括信息、数据、形象和意象，以及态度、价值标准和社会的其他符号化产物，不管这些产物是‘真的’还是‘近似的’，或者甚至是‘假的’。”[③] 贝尔亦在与信息概念的比较中阐释知识概念的内涵，

① Robin Borrow and Geoffrey Milbum, *A Critical Dictionary of Educational Concepts*, Wheatsheaf Book, Ltd, 1986, pp. 100－101.

② “‘数据’是指几乎没有关联的‘事实’，‘信息’是指归类和列入分类表或其他形式的数据。‘知识’是指被进一步加工成更带概括性的表述的信息。然而为了避免令人厌烦的重复，所有三个字眼有时候可以交替使用。”（阿尔文·托夫勒．力量的转移：临近 21 世纪时的知识、财富和暴力［M］．刘炳章，等，译．北京：新华出版社，1996：20）

③ 阿尔文·托夫勒．力量的转移：临近 21 世纪时的知识、财富和暴力［M］．刘炳章，等，译．北京：新华出版社，1996：21.

表 3－14 对信息及其与知识关系的不同解释

资料出处	信息定义	信息与知识
布卢门撒尔（Blumenthal，1969）	在联络接触时数据的记录、归类、组织、联系或解释，以便传达意义	信息是知识与被观察现象间的联系纽带
贝　尔（Bell，1979）	出于工具性目的而重新编排数据的一种模式或设计	信息是知识与被观察现象之间联系的纽带。着重于对现象（数据资料）的解释
伯　奇（Burch，1974）	以一种旨在提高接受者知识水平的方式，对数据进行模型化（modelling）、格式化、组织或转变的结果	信息供应和支持知识
迪　森（Deeson，1991）	信息促进人类知识	信息供应知识
阿　罗（Arrow，1984）	信息减少不确定性	在现实世界的各项成果中，知识明显地与不确定性有关；信息是这种可能状态下的一种变化，这说明信息是一种"有用的知识"
斯托尼尔（Stonier，1990）	信息是一种复杂函数	知识是"存在于人们头脑中的有组织的知识"
牛津大词典	知识交流，涉及某些特定事实科目或事件	信息是知识的一种表现
法拉丹（Farradane，1976）	知识的呈现或思想的呈现	信息是知识的一种表现

资料来源：Mary Feeney and Maureen Grieves, *The Value and Impact of Information* Bowker-Saur Limited, British, 1994, p11. 转引自陈建华．教育知识价值取向研究［M］．哈尔滨：黑龙江人民出版社，2001：16—17. 引用时略有改动。

认为信息泛指所有经济和社会交换基础的数据储存、检索和处理，而“知识是对事实或思想的一套有系统的阐述提出合理的判断或者经验性的结果，它通过某种交流手段，以某种系统的方式传播给其他人”；“我提出一个有限的知识定义：知识是一种客观上已认识的事物，一种精神财富，冠以一个或一组名字，由版权或其他一些社会承认的形式（如出版）所认可”[①]。显然，贝尔眼中的信息概念比知识概念的外延更加宽泛。

在一些心理学家看来，知识是存在于人的大脑皮层中有组织地呈现的东西，知识问题本质上是一个心理问题。其中，内成论者认为知识是内在的心智操作的结果，外在论者认为知识是外在刺激输入的结果。人工智能科学家重视“编码”，相信知识就是某种论域的某些方面的符号表达，“所谓知识，实质上就是某些论域的某些方面的一种‘模型’”，“未被智能加工过的信息不能称其为知识”[②]。此外，还有学者强调，对知识的定义必须与“数据”“信息”和“理解”诸概念联系起来，按照数据→信息→知识→理解的四个层次进行。[③]

以上简要考察了哲学、社会学、未来学、心理学和智能科学等不同学科对知识概念的认识，尽管彼此之间的差异和分歧是客观存在的，但总体上看，理解趋向宽泛、界定趋向描述已成为一个鲜明特征。综合多种理解可以发现，对知识概念可作广义、狭义两种理解。广义上，知识是人类认识和实践的一切成果或结晶，包括经验知识和理论知识，1989 年版《辞海》[④] 和 1992 年版《教育大辞典》[⑤] 这两部颇具影响力的工具书对知识概念均作了如此界定。狭义理解认为并非人类的一切认识都可称为知识，应该通过某种条件对知识的范围加以限定，1985 年版《中国大百科全书》对知识的定义

---

① D. 贝尔．后工业社会的来临：对社会预测的一项探索［M］．高铦，等，译．北京：新华出版社，1997：191，193.

② 章士嵘．认知科学导论［M］．北京：人民出版社，1992：92—94.

③ 四个不同层次概念的含义分别为：（1）数据：从广义范围看，是一种记录下来的东西。（2）信息：数据经过整理，变成信息。因而，信息是一种已经组织过的客观的东西，信息是外在的、客观的。（3）知识：信息被赋予意义以后就变成了知识。（4）理解：运用自己的价值观念分析、了解知识，产生了自己的看法。（陈建华．教育知识价值取向研究［M］．哈尔滨：黑龙江人民出版社，2001：6）

④ 辞海编辑委员会．辞海［M］．上海：上海辞书出版社，1989：1952.

⑤ 顾明远．教育大辞典：第 6 卷［M］．上海：上海教育出版社，1992：130.

可谓这种理解的代表："人们在日常生活、社会活动和科学研究中所获得的对事物的了解，其中可靠的成分就是知识。"[1] 值得注意的是，在狭义理解中人们又习惯于将知识概念等同于科学技术知识概念。

（2）知识化改变了力量格局

人类所经历的从农业社会到工业社会、再到知识社会的两次大转型涵盖了劳力经济、资源经济和智力经济三个历史阶段。在由劳力经济和资源经济阶段构成的广义传统社会里，决定社会地位的主要是土地、人口、劳动，以及对有形资产特别是矿产等自然资源乃至对金钱等资本的占有，基于对物质资源的占有和支配的物质力量与政治权力塑造着社会的分层结构。在本书意义上的现代社会亦即知识社会或智力经济阶段，"知识成为发展的动力"[2]，于是，经济发展取决于对智力资源的占有与配置，知识的生产、分配、使用和消费成为社会运转的中轴，内在于个体的知识成为社会结构和分层的重要决定因素。知识化使知识成为核心社会资源、经济发展的动力和社会进步的轴心，既动摇了社会运行的物质基础，也深刻地改变了力量关系格局，使以知识为代表的无形资产成为社会生产的决定要素。[3] 在此有必要重温贝尔的那句经典话语："如果工业社会以机器技术为基础，那么后工业社会则是由知识技术形成的。如果资本与劳动是工业社会的主要结构特征，那么信息和知识则是后工业社会的主要结构特征。"[4]

其实，知识的价值很早就被众多先哲所认知和强调。古希腊哲学家苏格拉底（Socrates，前469—前399）高度重视道德，对当时流行的四德即智慧、正义、勇敢和节制作了充分讨论并提出"美德即知识"的命题。他认为知识是诸德的共性和本质，诸德统一于知识这个本质属性之中。[5] 工业革

① 本书编委会．中国大百科全书·哲学卷［M］．北京：中国大百科全书出版社，1985：1169.

② 中国现代化报告课题组．中国现代化报告2001［M］．北京：北京大学出版社，2001：10.

③ 传统工业经济依赖于资本、能源、设备等有形资产的数量和质量，最初是一种物质经济，后来演变成货币经济，知识经济则依赖于知识和智力资源等无形资产的积累、投入和利用，以数字化、网络化、智能化等手段进行生产。进入智力经济阶段，整个社会开始建立在"非货币的符号经济"之上。

④ 中国现代化报告课题组．中国现代化报告2003：现代化理论、进程与展望［M］．北京：北京大学出版社，2003：8.

⑤ 参见戴本博．外国教育史（上册）［M］．北京：人民教育出版社，1989：101.

命以来，培根的那句名言“知识就是力量”波及全球。当代未来学家托夫勒认为力量[①]的三种基本形式即暴力、财富和知识顺次为低级、中级和高级的力量，其中知识最为重要。由于暴力和财富在惊人程度上依靠知识，伴随社会知识化加深，正在出现空前深刻的力量转移，从而使力量性质发生深层次变化。“力量转移时代已经破晓。把世界维系在一起的整个力量结构现在正在分崩离析。一种大不相同的力量结构正在形成。这正是人类社会的每个层次正在发生的事情。”“在我们向超符号化经济过渡的过程中，力量的性质本身——武力、财富和知识各自占有的分量——正在发生变化。”[②]

力量发生转移的原因何在？根据托夫勒的观点，知识发生变化是引起力量转移的重要原因。“知识本身不仅已经成为质量最高的力量的源泉，而且成为武力和财富的最重要因素。换句话说，知识已经从金钱力量和肌肉力量的附属物发展成为这些力量的精髓。事实上知识是终端的放大器。”“知识已成为企业的终极资源，因为它是最终的替代物。……在任何经济中，生产和利润无可避免地依靠三个主要力量来源，即暴力、财富和知识。暴力逐步地转变成了法律。接着，资本和金钱现在也都正在转变成知识。工作也同时发生变化，变得越来越多地依靠操纵符号。随着资本、金钱和工作全都向一个方向前进，经济的整个基础便起了革命性的变化。它成为一种超符号化的经济，按着与大烟囱时代流行的根本不同的规律运转。知识因为减少对原料、劳动力、时间、场地和资本的需要，成了先进经济的最重要资源。随着这种情况的发生，知识的价值便扶摇直上。”[③] 托夫勒还引用加州金融家罗伯特·温加腾在描述收购其他公司的过程时所说的话证明上述论断：“现在能不能做成一项交易常常主要取决于知识，而不是取决于你放在桌子上的钱。在某一个层次，得到钱比得到有关的技术知识容易。知识是真正的力量杠杆。”“电子海盗”“夺取的权力取决于尖端数据、信息和技术知识，而不

---

① “力量”（power）在托夫勒的《力量转移》（Powershift）一书中的基本含义为“利用暴力、财富和（或）知识，使别人按照在我们看来能够满足我们的需要和愿望行事的能力”，近似于社会学中的“权力”概念。

② 阿尔文·托夫勒．力量的转移：临近21世纪时的知识、财富和暴力［M］．刘炳章，等，译．北京：新华出版社，1996：4，34．

③ 阿尔文·托夫勒．力量的转移：临近21世纪时的知识、财富和暴力［M］．刘炳章，等，译．北京：新华出版社，1996：19—20，102．

是仅仅取决于很多资本。”①

托夫勒的描述与分析建基于20世纪中期以来人类社会特别是西方社会知识化加深、知识的社会影响力急剧放大的客观现实之上，是富有说服力的。需要指出的是，考察知识作用的变化离不开对工业化过程的关注。归根结底，工业化进程能够得以顺利推进，离不开知识化进程相伴；反之，知识的影响迅速飙升并改变了力量关系格局也得力于工业化进程的实现。工业化和知识化之间就是如此互为因果。托夫勒曾指出，使金钱成为力量的主要工具的是工业主义。在工业革命之前，金钱无法成为社会控制的主要工具，因为绝大多数人不是金钱体系的一部分，“随着金钱在产业革命开始后的三个世纪中成为劳动力的主要推动力量和社会控制的主要工具，金钱的形式和作用改变了”，“在工业革命中，社会中的上层分子已经从主要依靠暴力产生的低质量的力量转为主要依靠金钱产生的中等质量的力量。”② 把金钱推上力量霸主地位的是工业化，工业经济也因此成为货币经济。然而，随着工业化的继续推进，金钱的地位受到了知识化的严峻挑战。“在整个工业时代或‘第一次浪潮’文明时期，货币是由某种具有内在价值的物质实体构成的……纸币几乎完全以信任为基础，而纸币支配了工业社会——第二次浪潮的文明。”“这种货币是象征性的，但仍然是有形的”，“第三次浪潮的货币越来越由电子脉冲构成。它是瞬息即逝的……即时传递的……是信息——知识的基础，它闪亮着飕地一下便划过地球。……今天最终进展到‘超象征性的’形式。”③ 工业化把知识植入金钱的心脏，使金钱充分“信息/知识化”，二者之间的界限越来越模糊。“在一个货币已经‘信息化’而信息已经‘货币化’的世界上，顾客每次购买东西都付了两遍钱：第一遍是用货币支付，第二遍是提供具有货币价值的信息。”④ 正是工业化进程颠覆了金

① 阿尔文·托夫勒．力量的转移：临近21世纪时的知识、财富和暴力［M］．刘炳章，等，译．北京：新华出版社，1996：32.

② 阿尔文·托夫勒．力量的转移：临近21世纪时的知识、财富和暴力［M］．刘炳章，等，译．北京：新华出版社，1996：48.

③ 阿尔文·托夫勒．力量的转移：临近21世纪时的知识、财富和暴力［M］．刘炳章，等，译．北京：新华出版社，1996：70—71，76，77.

④ 阿尔文·托夫勒．力量的转移：临近21世纪时的知识、财富和暴力［M］．刘炳章，等，译．北京：新华出版社，1996：115.

钱的地位，使知识开始在工业社会之后的历史阶段——知识社会占据霸主地位。

知识化导致的社会力量关系改变不仅从理论上已得到阐述，亦可从众多实证研究中得到证明。有关数据显示，20 世纪 60 年代以来，由于发达国家继续增加对科技和教育的投入，知识与技术进步对经济增长的贡献继续增加并已超过劳动和资本对经济增长贡献的总和，达到 80% 左右。（见图 3－3）

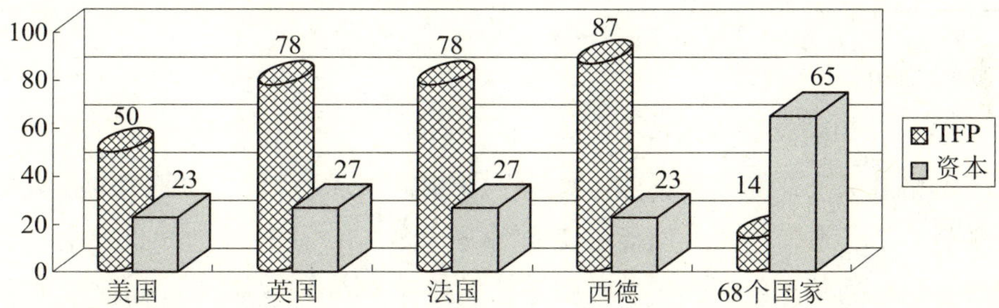

资料来源：中国现代化报告课题组．中国现代化报告 2001 [M]．北京：北京大学出版社，2001：10

图 3－3 1960—1987 年发达国家和 68 个发展中国家知识和资本对经济增长的贡献

知识对经济增长的贡献不仅表现在国民经济结构中知识产业比重的增加和知识劳动者比例的上升方面，还表现在农业、工业和传统服务业的知识含量和劳动生产力的提高上。经济学家通过分析经济增长的贡献因子发现，20 世纪 60—80 年代发达国家经济增长的 50% —87% 来自全要素生产率（TFP）的贡献，17% —27% 来自资本的贡献；发展中国家的经济增长，65% 来自资本的贡献，只有 14% 来自全要素生产率的贡献（见表 3－15）。这些数据充分表明了不同发展水平国家在知识化进程中的不平衡性及知识在经济社会发展中的决定性作用。

表 3－15 72 个国家经济增长的原因分析 （单位:%）

国家	时期	经济增长	劳动贡献	资本贡献	TFP 贡献
美国	1950—1962	3.7	30	20	50
	1960—1985	3.0	27	23	50
英国	1950—1962	2.4	25	21	53
	1960—1985	2.4	－5	27	78

续表

国　家	时　期	经济增长	劳动贡献	资本贡献	TFP 贡献
法国	1950—1962	4.7	10	17	74
	1960—1985	3.9	-5	27	78
西德	1950—1962	6.3	22	22	56
	1960—1985	3.1	-10	23	87
68 个发展中国家	1960—1987	4.2	23	65	14

资料来源：中国现代化报告课题组．中国现代化报告 2001［M］．北京：北京大学出版社，2001：10.

（3）知识的基础性地位

严格意义上，知识存在于人类社会的每一个历史阶段，决不为知识社会所独有。“回溯起来，人们能够把各种各样的古代社会称为知识社会。例如，古以色列就是由宗教的、类似于法律的摩西知识（Tora-knowledge）所建立起来的一个社会。古埃及则是这样一个社会，在那里，宗教的、天文的和农业的知识充当了权力的组织原则和基础”①。而且，知识在任何社会中的重要性都是不言而喻的，因为任何“社会的再生产不仅仅是物质的再生产，对于人来说，它始终是文化的再生产，也就是知识的再生产”②。一个被泛化的知识社会观念客观上是可能的，根据这种观念，对于任何一个社会，不存在是不是知识社会的问题，只存在是何种知识社会的问题。

尽管如此，知识社会之所以成其为知识社会，实际上与知识地位的变化息息相关。知识在知识社会中究竟占据何种地位？大量研究试图从不同角度对此作出解答，“重要”“决定”“依托”“基础”“条件”“主导”“核心”“中轴”诸如此类强调知识的重要性的词语纷纷涌现。其中，贝尔提出“在后工业社会里，中轴体制是理论知识的中心地位”③；德鲁克将知识置于

① 尼科·斯特尔．知识社会［M］．殷晓蓉，译．上海：上海译文出版社，1998：13.

② 尼科·斯特尔．知识社会［M］．殷晓蓉，译．上海：上海译文出版社，1998：13.

③ 贝尔从以下五个方面描述后工业社会的基本特征（《后工业社会的来临》，第 14 页）：

——经济方面：从产品生产经济转变为服务性经济；

——职业分布：专业与技术人员阶级处于主导地位；

——中轴原理：理论知识处于中心地位，它是社会革新与制定政策的源泉；

——未来方向：控制技术发展，对技术进行鉴定；

——制定决策：创造新的“智能技术”。

“社会的中心，以及经济和社会行为的基础”[①] 地位；斯特尔认为“知识成为生产过程中的主导方面，是生产过程扩张的基本条件，也是发达世界的经济增长方面的限制发生某种变化的基本条件”[②]，只不过他所侧重强调的是科学知识。

在关于知识地位的众多表述中，笔者更青睐于“基础性”这一提法。尽管“基础性”仍然是一条社会学假设，甚至存在和这些年来备受质疑与责难的所谓基础主义难以划清认识论上的界限之嫌，但笔者认为该概念所描述的知识的地位比较接近经济社会发展的客观实际。经济活动是一切社会存在与发展的基础。知识社会概念的提出正是首先立足于社会经济活动所出现的转变：无论是贝尔的“从产品生产经济转变为服务性经济”，还是托夫勒在20世纪90年代预言信息在21世纪将成为一切原料当中最基本的原料，抑或斯特尔的从“物质经济”到“货币经济”再到“符号经济”，乃至经济合作与发展组织（OECD）1996年发表的《知识经济》（Knowledge-based Economy）宣告以知识为基础的发展时代的来临，以及世界银行1998年公布《知识促进发展》年度报告，标志着以知识为基础的发展战略在全球形成……所有这些无不从经济入手分析知识在经济活动乃至整个社会中的地位。

如今，知识不仅在宏观层面上已渗透至社会生产生活的各个环节每个角落，成为这个复杂社会[③]的运行基础，而且在微观层面上已渗透到每一个体的生存之中，拥有、运用、更新知识成为适应现代生活的必要条件。[④] 当然也应看到，当代社会被描述成知识社会“是以科学知识向其一切生活领域

---

① 转引自尼科·斯特尔．知识社会［M］．殷晓蓉，译．上海：上海译文出版社，1998：8.

② 尼科·斯特尔．知识社会［M］．殷晓蓉，译．上海：上海译文出版社，1998：15.

③ “随着我们逐渐把工业时代抛在身后，我们的社会正在变得愈来愈多样化。传统的大烟囱经济是为一个群体化的社会服务的，超符号化的经济则是为一个非群体化的社会服务的。从生活方式和产品到技术和新闻媒介，一切都变得愈来愈多种多样了。这种新的多样性带来了更大的复杂性。”（阿尔文·托夫勒．力量的转移：临近21世纪时的知识、财富和暴力［M］．刘炳章，等，译．北京：新华出版社，1996：192）社会的复杂性带给现代人的巨大挑战并不是复杂性本身，而是复杂性及生活变换加快给人们带来的作为行为基础的知识和信息迅速更新的挑战。

④ “今天，公众的生计愈来愈取决于符号的操作，因此，他们对于符号会不会影响他们的权力，也愈来愈敏感。公众正在做的一件事就是要求愈来愈广泛的‘知情权’——尤其是在同他们的福利直接有关的事项上。”（阿尔文·托夫勒．力量的转移：临近21世纪时的知识、财富和暴力［M］．刘炳章，等，译．北京：新华出版社，1996：352）

的渗透为基础的"①。

尤需注意的是，在以知识为基础的经济中，国内政治问题已不再是财富的分配或再分配，而是知识和产生财富的传播手段的分配或再分配。伴随全球化过程，知识对社会的基础性意义甚至业已超出单一民族国家范围而影响至国家之间的交往。托夫勒曾指出，"知识对经济、军事和政治力量的作用变得越来越重要，技术间谍活动在以前的盟国中间引起越来越大的摩擦。"②各国之间的政治互动越来越离不开知识和信息因素，有些甚至就是知识行为，国际社会因此出现了所谓的"信息政治"。国家对武力、财富和信息的控制权一向是国家权力的基石。超符号化的创造财富的新体系把长长一系列信息问题提到政治日程上来了。"不管在什么地方，只要出现了超符号化经济，信息问题就有了更大的政治意义。"③ 20 世纪 80 年代末，如何保护"知识产权"问题在各国中间引起了政治摩擦。④ 当今国际社会中各国之间在知识方面的差距日益扩大，由此导致解决国家之间发展的差距和不平衡问题"必须填补信息和电子'鸿沟'。这道鸿沟不在南与北之间，而是横亘在快的和慢的中间"⑤。

2. 产业结构特征

一般认为，社会生产活动包括物质生产（满足物质生活需要）、知识供给（满足精神与知识需要）和服务供给（为生活与工作提供便利及服务）三大类。知识社会是以知识产业为基础产业的社会，知识产业包括知识生产业、知识传播业和知识服务业，有其独特的生产模式和特征。（见表 3－16）知识社会的产业结构由物质产业、知识产业和普通服务业组成。（见表 3－17、表 3－18）

---

① 尼科·斯特尔. 知识社会［M］. 殷晓蓉，译. 上海：上海译文出版社，1998：13.

② 阿尔文·托夫勒. 力量的转移：临近 21 世纪时的知识、财富和暴力［M］. 刘炳章，等，译. 北京：新华出版社，1996：339.

③ 阿尔文·托夫勒. 力量的转移：临近 21 世纪时的知识、财富和暴力［M］. 刘炳章，等，译. 北京：新华出版社，1996：355.

④ "'知识产权'一词本身就引起很大争议。它指的是科学、技术、艺术、文化、设计和一般的知识利用等方面的创造活动所形成的无形资产的所有权。随着超符号化经济的扩大，这些无形资产具有了更大的经济价值，因而也具有了更大的政治意义。"（阿尔文·托夫勒. 力量的转移：临近 21 世纪时的知识、财富和暴力［M］. 刘炳章，等，译. 北京：新华出版社，1996：360）

⑤ 阿尔文·托夫勒. 力量的转移：临近 21 世纪时的知识、财富和暴力［M］. 刘炳章，等，译. 北京：新华出版社，1996：446.

表3-16　知识经济的生产模式

项　目	农业经济	工业经济	知识经济
一般特点	粮食生产超过食物采集	工业生产超过粮食生产	知识生产超过粮食生产
核心生产要素	土地、人口	资本、有形资产、劳动	知识、无形资产、知识劳动者
生产方式	手工生产。一家一户式小生产，地主庄园式的生产。以植物为燃料，以人力、畜力和自然力为动力	机械化、电气化、自动化、标准化大生产。以石化能源为主要能源，以机械力和电力为主要动力	网络化、智能化、特色化、分散性、及时性，依赖于知识和信息的生产、扩散和应用，大规模和小批量结合
生产技术	自然耕作、种植技术、养殖技术、犁、灌溉技术、手工工艺	专业化、自动化、标准化、大规模生产技术等，节时节能，污染环境	知识密集、数字化、智能化、可视化、敏捷制造、网络制造、微加工、纳米技术、环境友好、人机友好
生产组织	家庭为基本单元，一村一户，奴隶制，封建制，土地租赁	企业是基本单元，资本家和工人是雇佣关系，企业具有等级结构，结构刚性，资本所有者与管理者是分离的	企业是基本单元，合作网络，伙伴关系，并行结构，灵活性，对话式工作方式，学习型
生产管理	自然管理，土地所有者是管理者，生产者自我管理。灌溉农业需要政府管理	科学管理，效率管理，成本管理，质量管理，机械的、刚性的管理	全面质量管理、柔性管理、知识管理、创新管理、文化管理、战略管理、人性化、信息化

资料来源：中国现代化战略研究课题组．中国现代化报告2002［M］．北京：北京大学出版社，2002：10.

表 3－17　贝尔对不同社会形态下主导产业的分类与比较

	前工业社会	工业社会	后工业社会
地区	亚洲 非洲 拉丁美洲	西欧 苏联 日本	美国
经济部门	第一产业 采掘业： 农业 矿业 渔业 木材业	第二产业 商品生产： 制造业 加工业	第三产业 交通运输 公共事业 第四产业 商业 金融业 保险业 地产业 第五产业 卫生保健 教育 研究 政府 娱乐
职业高低	农民 矿工 渔民 非技术人员	半技术工人 工程师	专业人员与技术人员 科学家
技术	原料	能源	信息
意图	同自然界的竞争	同经过加工的 自然界的竞争	人与人之间的竞争
方法论	常识 经验	经验主义 实验	抽象理论：模式，模拟， 决策论，系统分析
时间角度	面向过去 特定反应	特定适应 计划	面向未来 预测
中轴原理	传统主义： 土地/资源 的局限性	经济增长： 国家或私人对投资 决策的控制	理论知识的集中 与具体化

资料来源：D. 贝尔．后工业社会的来临：对社会预测的一项探索［M］. 高铦，等，译. 北京：新华出版社，1997：130. 原表头为“表 1－1　社会变化的总图式”。需要指出的是，由于未能具体说明各种产业类型的实际内涵及其在整个产业体系中所占的比重，贝尔对后工业社会即知识社会的产业结构的描述显然仍是粗线条的。

表 3－18　知识社会的产业结构

知识经济三大产业	产业群	产业举例	三大产业
物质产业	农业	种植、畜牧、狩猎、渔业、林业	农业
	工业	采矿、建筑、普通制造业[a]、公共事业[b]	工业
知识产业	知识生产业	研究与发展[c]、高技术产业[d]	服务业
	知识传播业	教育培训业、信息技术产业[e]、文化产业[f]	
	知识服务业	专业服务[g]、医疗服务、政府民用服务	
服务产业	交通运输	交通、运输	
	商业、金融、房地产	仓储、批发零售、金融业[h]、保险业、房地产业	
	社会和个人服务	国防服务、团体服务、社会服务、个人服务等	
	其他活动	其他	

a：普通制造业指制造业中的中技术产业、低技术产业，不包括印刷出版。

b：公共事业包括煤气、电力和供水，它也可归入服务产业。

c：研究与发展（R&D）指全部 R&D 活动，包括公共科研机构、大学和企业的。

d：高技术产业指知识密集型制造业，不包括信息技术产业，它原属于制造业。

e：信息技术产业包括计算机产业（硬件、软件和服务）、通信产业、信息服务业。

f：文化产业指印刷出版、音乐、电视、电影、新闻等。

g：专业服务指会计、律师、广告、设计、咨询、风险投资等。

h：不包括风险投资，风险投资是知识密集型服务，归入专业服务中。

资料来源：中国现代化战略研究课题组．中国现代化报告 2002［M］．北京：北京大学出版社，2002：11．引用时略作修改。

在知识社会，精神生活需要超过物质生活需要，知识和服务供给超过物质生产。1999 年，OECD 在分析其成员国知识产业发展现状时认为，尽管所有产业在某种程度上都是以知识为基础的，但知识产业一般指较多依赖于知识、技术和人力资本相对密集的产业，由知识密集的制造业和知识密集的服务业组成，具体包括高技术产业，中高技术产业，通信服务业，金融、保险和其他商业服务，社区、社会和个人服务（含教育和卫生服务）等。从 20 世纪 80 年代中期到 1994 年，其成员国知识产业占国民经济的平均比重从 45% 上升到近 51%，在 1995 年前后约有 8 个成员国知识产业占国民经济的

比重超过了50%。(见表3－19)

表3－19 OECD成员国知识产业增加值占全部产业增加值的比重超过50% (单位:%)

法国(1996)	荷兰(1996)	瑞典(1994)	加拿大(1996)	英国(1995)	日本(1996)	美国(1996)	德国(1996)	OECD(1994)
50.0	50.2	50.7	51.0	51.5	53.0	55.3	58.6	50.9

资料来源：中国现代化战略研究课题组．中国现代化报告2002［M］．北京：北京大学出版社，2002：12.

当今在以发达国家所代表的知识社会中，知识产业超过物质产业和传统服务业成为国民经济主导产业已是基本事实，这充分印证了上文所言知识社会里人的精神生活需要超过物质生活需要、知识和服务供给超过物质生产的基本判断。在已进入知识社会的国家，三大产业占国民经济的比重排序依次为服务业、工业和农业。[①] 如果根据OECD关于知识产业的定义进行调整，则调整后各种产业占国民经济的比重排序依次为：知识产业排第一，普通服务业排第二，农业和工业排第三。15年前的美国就是其中的典型代表。(见表3－20)

表3－20 1996年美国知识产业成为第一大产业 (单位:%)

调整前的产业结构		调整后的产业结构	
农业	1.7	农业和工业	18.1
工业	25.5	知识	55.3
服务业	72.8	普通服务	26.7

资料来源：OECD. 1999. Science，Technology and Industry 1999. Paris；OECD. 2000. OECD Historical Statistics 1970—1999. 转引自中国现代化战略研究课题组．中国现代化报告2002［M］．北京：北京大学出版社，2002：12.

3. 分层结构特征

社会分层结构是不同社会成员所拥有的财富、权力和声望等的综合反

① 中国现代化战略研究课题组．中国现代化报告2002［M］．北京：北京大学出版社，2002：13.

映，也是成员间基于社会分化而来的社会地位差异的反映。社会分层研究中长期存在着功能论和冲突论之争[①]，焦点集中在造成分层的社会地位获得机制问题上。考察社会地位的获得机制能够把握住一个社会的分层结构及其特征，对知识社会层级结构的探讨也应抓住这个切入点。知识社会中，知识成为社会地位获得机制中的重要决定因素，这首先表现为知识成为积累财富的有效手段，知识和财富之间产生了紧密的内在关联。研究表明，个人收入之多少在早期主要取决于所受教育的多少，后来则取决于所受教育的质量，出现了由所受教育向拥有知识的转移，这一变化更清晰地凸显了知识和财富之间的密切关系。在美国这样典型的知识社会里，由于“最高薪的工作人员是信息和服务部门的从业者”，国民财富的大部分集中于社会上层。“自从掌握知识成为培养人在现代社会从事某种有效率的活动的基础之后，出现了显著的新社会上层的自我封闭的趋势”[②]，结果，拥有财富的多少开始与超越财富的程度成正比，教育及知识的社会分配开始与财富的社会分配呈现某种内在一致性。有数据显示，与 20 世纪初期美国公司 2/3 上层领导出身于富裕家庭相似，在 1991 年，重点大学一半左右的大学生是收入超过 10 万美元的家长的孩子。[③] 当教育和知识、财富之间出现如此紧密的内在联系，“社会上层今天像昔日的企业家一样封闭起来”也就成为不难理解的事了。

表 3－21　1968 年美国知识阶级主体部分的构成

（规模：约 30 万人）

学科	比例（%）			学科	比例（%）		
自然科学	53	化学	32	社会科学	17	心理学	8
		物理学	11			经济学	4
		地球和海洋学	8			政治学	2
		大气和空间	2			社会学	2
						语言学	1

① 王思斌．社会学教程［M］．北京：北京大学出版社，2003：178—180.

② B. Ji. 伊诺泽姆采夫．后工业社会与可持续发展问题研究：俄罗斯学者看世界［M］．安启念，等，译．北京：中国人民大学出版社，2004：93—94.

③ B. Ji. 伊诺泽姆采夫．后工业社会与可持续发展问题研究：俄罗斯学者看世界［M］．安启念，等，译．北京：中国人民大学出版社，2004：94.

续表

学科	比例（%）			学科	比例（%）		
生命科学	20	生物学 农业	16 4	数学和计算机	11	数学 计算机 统计学	8 2 1

资料来源：D. 贝尔．后工业社会的来临：对社会预测的一项探索［M］．北京：新华出版社，1997：252—253. 说明：表头为引者所加，对表格的呈现形式略作变动；各部分之和略大于100%，可能原数据有误差。

表3－22　1960—1990年美国阶级阶层结构的变化　　（单位:%）

阶级分层＼年份	1960	1970	1980	1990
非所有者：				
经理	7.50	7.57	7.95	8.25
监工	13.66	14.86	15.23	14.82
专业经理	3.87	4.41	5.06	5.99
专业人员	3.53	4.53	5.49	6.90
技术人员	13.46	14.08	12.92	12.77
半技术非技术工人	44.59	45.13	44.05	41.15
所有者：				
小资产阶级	5.54	4.09	4.53	5.19
雇主	7.86	5.33	4.77	4.71

资料来源：E. O. Wright，Class Counts：Comparative Studies in Class Analysis，Cambridge University Press，1997，p. 99.

表3－23　20世纪80年代英国、美国、瑞典的从业者在阶级矩阵中的分布　　（单位:%）

生产资料中的资产							
所有者		非所有者（工薪劳动者）					
1. 资本家阶级		4. 专业经理		7. 半专业经理		10. 非专业经理	
美国	1.8	美国	3.9	美国	6.2	美国	2.3
瑞典	0.7	瑞典	4.4	瑞典	4.0	瑞典	2.5
英国	2.0	英国	5.6	英国	7.9	英国	3.2

续表

生产资料中的资产			
所　有　者	非所有者（工薪劳动者）		
2. 小雇主	5. 专业监工	8. 半专业监工	11. 非专业监工
美国　6.0 瑞典　4.8 英国　4.5	美国　3.7 瑞典　3.8 英国　2.2	美国　6.8 瑞典　3.2 英国　3.8	美国　6.9 瑞典　3.1 英国　3.4
3. 小资产阶级	6. 专业非经理	9. 半专业工人	12. 无产阶级
美国　6.9 瑞典　5.4 英国　6.0	美国　3.4 瑞典　6.8 英国　4.1	美国　12.2 瑞典　17.8 英国　14.4	美国　39.9 瑞典　43.5 英国　42.9
技术/专业性资产			

注释：美国 N = 1487，瑞典 N = 1179，英国 N = 1315。"专业"这个词，在阶级 4—6 作者用的是 expert，在阶级 7—11 用的是 credentialled，但都是为了表示对技术、学历和专业资产的占有程度，为了便于理解，在中文中统一以产业程度来表示。另外，本表描述从业人员的阶级分布，因此不包括失业者、家庭主妇和领取养老金的人员。

资料来源：李培林，李强，孙立平等．中国社会分层［M］．北京：社会科学文献出版社，2004：474.

虽然贝尔并没有给出一个包括各阶级在内的完整的知识社会层级结构图，但他抓住了一些与知识社会结构密切相关的问题，提出了对认识知识社会的结构特征富有启发意义的独到见解。（见表 3 – 24）

表 3 – 24　后工业社会的结构与问题

中轴原理	理论知识的集中与具体化
首要机构	大学 学术研究所 研究公司
经济基础	以科学为基础的工业
首要资源	人力资本
政治问题	科学政策 教育政策

续表

结构问题	私人与公共部门的平衡
社会等级	基础——技术 途径——教育
理论问题	“新阶级”的内聚力
社会反应	对官僚主义化的抵制 对抗文化

资料来源：D. 贝尔．后工业社会的来临：对社会预测的一项探索［M］．北京：新华出版社，1997：131.

斯特尔在《知识社会》一书中也论及了知识社会的结构特征。他以贝尔对美国社会结构的经验分析为基础，讨论了以专家、顾问和指导者等知识工作者①或“以知识为职业基础”的阶层在知识社会中的诸多问题，突破了贝尔仅将讨论对象集中在科学家和工程师等高级人才上面的局限。（参见表3－25）

表3－25　1900—1980年美国参与知识生产行为的劳动力的百分比

年　份	知识工作者	非知识工作者
1900	10.7	89.3
1910	14.6	85.4
1920	18.3	81.7
1930	21.6	78.4
1940	23.4	76.6
1950	28.3	71.7
1960	33.3	66.7
1970	39.7	60.3
1980	41.2	58.8

资料来源：尼科·斯特尔．知识社会［M］．殷晓蓉，译．上海：上海译文出版社，1998：267.

① 意指生产和传播知识的工作者，他们/她们既可承担知识的“创造”工作，也可承担知识的传送、转变、加工、解释或分析工作。

工业社会的阶级划分主要围绕物质财富的分配和占有而进行，进入知识社会，局面发生了根本性转变，表现为知识成为阶级的重要区分因素。诚如研究后工业社会与可持续发展问题的俄国学者伊诺泽姆采夫所言："后工业体系的形成使以前的将社会划分为资产阶级和无产阶级的原则已经落后于时代。"① 由于知识地位的飙升及其导致的知识经济自主性的增强，上层阶级与底层社会集团因知识鸿沟而出现了前所未有的隔绝。社会下层阶级并不具有资本、货币乃至知识的优势，劳动事实上成为他们唯一可以支配的"资产"，但知识社会的劳动开始让位于知识，即知识含量低的劳动本身出现贬值甚至失去了价值，结果使得底层阶级获得的社会财富不断减少。

无论是贝尔、斯特尔还是伊诺泽姆采夫，这些专门研究知识社会的学者无一例外地对知识因素及知识工作者在知识社会中的影响和地位均表现出浓厚学术兴趣，可惜他们均未能绘制出一张完整的知识社会分层图。那么，知识社会的层级结构究竟是何状态？一般认为由统治阶级、中产阶级和底层阶级三个集团构成：统治阶级，又被解释为技治阶级；中产阶级，由有专业技术水平的工作人员和底层经理组成；底层阶级，包括不能"纳入"高科技过程的体力劳动者，过时职业的代表及某些处于正在发生的改造之外的其他人员。② 与前知识社会相比，知识社会存在"向严格极化的阶级结构演化"趋向，其结构因此具有更加不易改变的刚性特征，根本原因在于组成知识社会精英的人具有不由外部因素所决定的品质，他们的地位沉浮的可能性不同于工业时代的大企业家——可能破产或退回到小业主阶级——他们"回流"的可能性几乎被排除了，决定他们内在品质的知识一经获得便可不断被完善，却不能被消除。

4. 社会控制特征

（1）社会控制概念的理解

社会控制（social control）是社会学将控制论引入社会分析而生成的概

① B. Ji. 伊诺泽姆采夫．后工业社会与可持续发展问题研究：俄罗斯学者看世界［M］．安启念，等，译．北京：中国人民大学出版社，2004：99.

② B. Ji. 伊诺泽姆采夫．后工业社会与可持续发展问题研究：俄罗斯学者看世界［M］．安启念，等，译．北京：中国人民大学出版社，2004：101—102.

念，其核心成分控制（control）概念具有支配、调节、抑制和管理等含义，通常指人类对客观事物的运动过程和结果进行调节、引导与管理的过程，体现着人之能动性和创造性。社会控制系指社会组织利用一定的社会规范和手段对社会成员的社会行为实施约束的过程，广义社会控制是指对一切社会行为的控制，狭义社会控制特指对偏离行为或越轨行为的控制。[①] 社会控制具有集中性、超个人性、普遍性、强制性、多重性等特征，对社会运行具有重要意义，其基本功能是保证正常社会秩序的存在。

按照不同标准可将社会控制分为不同类型，如：制度化控制与非制度化控制（又称为正式控制与非正式控制）；积极控制与消极控制；硬控制与软控制；外在控制与内在控制；宏观控制与微观控制等。[②] 社会控制的手段多种多样，罗斯将其分为伦理的控制手段和政治的控制手段，前者包括舆论、社会暗示、宗教、个人理想、艺术乃至社会评价，后者则包括法律、信仰、礼仪、教育和幻想等。国内社会学者曾提出三分法，即组织控制手段、制度控制手段和文化控制手段。[③] 综观各种分类，社会控制不外乎两种：一种是物质力量，一种是文化（精神）力量。由此形成两种基本的社会控制形式：一种是强制，依赖于暴力或军队、警察、监狱等物质力量来实现，属于通常所说的硬控制；另一种是文化控制，通过意识形态的灌输、认识与道德的引导、知识的传授等较为温和的“文化”的形式达到目的，属于通常所说的软控制。前一种具有明显的外在性，后一种往往在被控制者不知不觉的认同

① 作为一个社会学概念，“社会控制”一词最早见于美国社会学家罗斯（E. A. Ross）1901 年出版的《社会控制》一书。根据罗斯的理解，社会控制是一个对人的动物本性的控制，是一种有意识、有目的的社会统治。罗斯认为，在人的天性中原本存在一种“自然秩序”（包括同情心、互助性和正义感），它使人类处于一种自然秩序的状态，此时，人人互相同情、互相帮助、互相约束，自觉调节个人的行为，避免出现因人与人的争夺、战争而引起的社会混乱。但是，出现于 19 世纪末 20 世纪初的城市化和大规模移民，使美国社会初级群体和社区迅速瓦解，人们不得不生活在一个完全陌生的“匿名化”环境中，人性中的“自然秩序”难以继续有效地对人的行为起约束作用，于是，犯罪、越轨等社会问题大量出现，危及社会的秩序。罗斯认为必须用社会控制这种新的机制来维持社会秩序，即社会对个人和集团的行为进行约束。他还指出，舆论、法律、信仰、社会暗示、宗教、个人理想、礼仪、艺术乃至社会评价等都是社会控制的手段，是达到社会和谐与稳定的必要措施。

② 郑杭生．社会学概论新修［M］．北京：中国人民大学出版社，1994：439—440.

③ 详见郑杭生．社会学概论新修［M］．北京：中国人民大学出版社，1994：442—446.

或相信之中产生效果，因此往往有被控制者的主动“配合”或“共谋”。意大利学者安东尼奥·葛兰西（Antonio Gramsci，1891—1937）将后一种控制视为“文化霸权”的体现，它只关心是否被公众认同，被控制者（或被统治者）通过对维护现行规范和制度的价值、信仰、仪式及政治过程的不知不觉的内化和默认，从而使权力得以发挥，控制得以实现，文化霸权得以真正形成。当然，文化霸权的形成往往是长期宣传、教化的结果。

（2）知识社会的社会控制

实际上这里所要回答的是“知识社会的社会秩序如何得以建构与维持”这一问题，深入探讨这一问题有助于进一步认识知识社会的基本特征，从而更好地把握知识社会的运行规律。

第一，社会控制背后的理论基础。在广义传统社会（前知识社会）的运行中，理性成为重要的理论基础。理性在知识社会中是否依然占据基础地位？贝尔认为，知识社会依然受理性力量支配，但他同时指出“理性的定义在今天成了问题”[①]，理性的实际体现与后果应得到反思，科技治国论者的主张值得商榷。理性被科技治国的思想和实践所扭曲，产生了出人意料的社会效应。“按照科技治国的方式，目的只是追求效率和产量，目的已经成为手段，它们自身就是目的。”“理性作为一种手段，作为有效分配资源的一套技术，已经被人们曲解得超出其创始人所认识的范围；理性作为一种目的，又遇到了来自利益政治和感情政治方面的争吵。面对这双重失败，理性的信奉者——尤其是那些计划者和设计者——现在都处于困难境地，不得不重新考虑它的前提和认识它的局限性”[②]。因此贝尔明确指出：“无论技术社会进程如何，重大的社会转折点都表现为政治的形式，最终掌握权力的不是科技治国论者，而是政治家。”[③] 由此可见，作为理论基础的理性在知识社会中具有独特存在规律，值得深入探讨。

---

① D. 贝尔．后工业社会的来临：对社会预测的一项探索［M］．高铦，等，译．北京：新华出版社，1997：373.

② D. 贝尔．后工业社会的来临：对社会预测的一项探索［M］．高铦，等，译．北京：新华出版社，1997：400.

③ D. 贝尔．后工业社会的来临：对社会预测的一项探索［M］．高铦，等，译．北京：新华出版社，1997：394.

第二，社会控制问题实际上是权力问题。[①] 知识社会中实际并存着三种权力："以历史的财产形式为基础的财富和权力，它以继承作为取得财产的主要途径；以专门技术为基础的权力和地位，它以教育作为取得技术的必要途径；最后是以政治职位为基础的权力，它以组织机器作为取得权力的途径。""这三种体系是同时存在的，相互重叠的，又相互渗透的。"[②]（见表3－26）

表3－26　美国社会中三种权力与社会地位变动的方式

	方式一	方式二	方式三
权力的基础	财产	政治地位	技术
取得权力的方式	继承 企业家才能	机构成员 吸收	教育
社会单位	集体	集团 党派	个人

资料来源：根据贝尔书中的表格整理而成。见D. 贝尔. 后工业社会的来临：对社会预测的一项探索［M］. 高铦，等，译. 北京：新华出版社，1997：394.

知识社会的权力和控制的显著特征不仅在于新的权力基础从财产标准或政治标准转移到知识，正所谓"知识而不是各种更加传统的强制性权力成为可能的社会行为的占统治地位的和偏爱的限制与控制的手段"[③]，更在于知识本身性质的变化和地位的分化，"对社会具有决定意义的是：理论知识处于新的中心地位"[④]。相对而言，尽管专门技术日益成为一种胜任职务与地位的主要条件，但在知识社会中科技治国论者是否会成为统治阶级却需要质疑，这一点上文已有阐述。

① 福柯区分出在历史上和现实中存在的两种权力，可分别称为宏观的统治权力和微观的规训权力。前者发端于欧洲的中世纪，以王权为中心，以法律为手段和表征，由上而下运作；后者则肇始于17、18世纪，是存在于统治权之外的监禁的权力，这种权力与知识、技术等密切相连，随着社会的发展，规训权力在社会中已经毛细化并渐居支配性地位。福柯重点研究的是规训权力。

② D. 贝尔. 后工业社会的来临：对社会预测的一项探索［M］. 高铦，等，译. 北京：新华出版社，1997：394，395.

③ 尼科·斯特尔. 知识社会［M］. 殷晓蓉，译. 上海：上海译文出版社，1998：250.

④ D. 贝尔. 后工业社会的来临：对社会预测的一项探索［M］. 高铦，等，译. 北京：新华出版社，1997：375.

权力基础和格局的变化导致社会控制模式相应地出现了由物质力量向物质力量和非物质力量并重的转变，影响、权威和权力越来越以知识为中介，出现了“从强制转向操纵”[①] 的特征。换言之，知识社会的控制模式相对于非知识社会出现了由借助于非知识因素（如暴力）的控制向借助于知识（特别是专业知识）的控制的转移，只不过这种借助于知识的控制是由各种专家而非全部知识分子完成的。[②] 关于专业知识在现代社会控制和监督中的地位和影响，吉登斯作了开创性探索，他将专家系统（expert system）作为一种脱域（disembeding）机制与象征标志（symbolic tokens）并列而对其作了深入阐述。[③]

第三，知识和权力的关系向来密切。在不同社会形态或历史阶段中，知识所具有的权力特征往往差异悬殊。在知识社会里，知识和权力的关系具体以什么形式表现出来？换言之，在知识社会中，知识的权力特征又如何显现？

综观不少社会学者和未来学研究者就这一主题所作的富有成效的探索，不难发现这样一条基本共识：进入知识社会知识/信息作为权力的基础广泛地存在于各领域。托夫勒从“信息政治”角度指出：“在一个又一个的事例中，我们发现，信息——什么人掌握信息，信息是如何获得的，信息是如何得出的——是国内政治冲突和国际政治冲突的核心问题。信息政治之所以变得更加重要，其根本原因在于各种形式的权力都一天比一天更加依赖于信息。”“比武器和财富更重要的是知识。前两者在越来越大的程度上要依靠知识。”[④] 斯特尔在《知识社会》一书中也论及知识和权力的关系。“我想以某种初步的方式将知识限定为一种社会行为的能力。”[⑤] 在斯特尔看来，知识概念作为社会行为的一种能力，具有能够使人们不仅重视知识对社会单

---

① 尼科·斯特尔．知识社会［M］．殷晓蓉，译．上海：上海译文出版社，1998：251.

② “简单地说，知识分子是工业社会的产物，而专家则是知识社会的劳动力最为迅速增长的部分。知识分子强调一般知识，专家使知识变得专门起来。”（尼科·斯特尔．知识社会［M］．殷晓蓉，译．上海：上海译文出版社，1998：263）

③ 详见安东尼·吉登斯．现代性的后果［M］．田禾，译．上海：译林出版社，2000：18—26.

④ 阿尔文·托夫勒．力量的转移：临近21世纪时的知识、财富和暴力［M］．刘炳章，等，译．北京：新华出版社，1996：359，460.

⑤ 尼科·斯特尔．知识社会［M］．殷晓蓉，译．上海：上海译文出版社，1998：143.

方面的结果，而且重视它的多方面的结果的优势，“将知识作为一种行为能力的定义有力地表明，知识的物质实现和完成是依赖于特定的社会和理智条件的背景的，或者是被嵌入这样的背景之内的”①。知识这种行为能力“作为权力关系的一个要素，不仅像许多传统的权力概念往往所包含的那样，产生强制性的、扭曲性的和约束性的结果，而且也具有生产性和能够付诸行动的特征”②。当然，知识既是权力的重要基础，“作为行为能力的知识能够使得人们让某种东西运转起来”③，又不是权力的唯一基础，“除了知识之外，其他因素也构成行为能力并构成权力的某种基础”④。

科学技术是知识的一种类型，在知识社会中获得了不可动摇的霸主地位。自19世纪开始，科学技术成为社会生产力，不仅加快了人类进入工业社会的进程，而且大大提高了人类改造和征服自然的能力。“借助于科学而达到的对自然的物质占用更为特殊地意味着：通过增加一个新的结构——也就是社会结构——的途径，自然作为一个整体被逐渐地改变成一个人类的产品。这个社会结构本质上是一个客观化的知识。”“由于对自然的占用是由科学推动的，所以科学知识在社会中获得了一种突出的地位。作为生产性的知识成了占有统治地位的知识类型。”⑤ 进入20世纪，科技知识的地位和影响未降反升，甚至成为“直接”生产力，即科技可以和生产直接相关联而不必由活的劳动即体力劳动来调节了。“传统意义上的劳动这个词将成为一种残留范畴并将主要以知识为基础。科学直接生产社会。生产中产生和运用的大部分知识不再体现在机器中。”⑥ 当然，“知识基础所包括的内容远远不止科学、技术或教育等常规项目。它还包含：一个国家的战略概念，它在国外的智能能力，它的语言，它对其他文化的一般知识，它的文化和意识形态对世界的影响，它的电信系统的多样化及通过这些系统流通的新思想、信息和影像。所有这些不是馈给便是耗损一个国家的实力，从而决定在任何特定

① 尼科·斯特尔．知识社会［M］．殷晓蓉，译．上海：上海译文出版社，1998：145.
② 尼科·斯特尔．知识社会［M］．殷晓蓉，译．上海：上海译文出版社，1998：145—146.
③ 尼科·斯特尔．知识社会［M］．殷晓蓉，译．上海：上海译文出版社，1998：147.
④ 尼科·斯特尔．知识社会［M］．殷晓蓉，译．上海：上海译文出版社，1998：147—148.
⑤ 尼科·斯特尔．知识社会［M］．殷晓蓉，译．上海：上海译文出版社，1998：152.
⑥ 尼科·斯特尔．知识社会［M］．殷晓蓉，译．上海：上海译文出版社，1998：152.

的冲突或者危机中它所能部署的力量的质量优劣”①。

在知识社会里，科学技术这种特殊的知识形态通过对人工自然的作用而直接建构社会，由于“社会生活的领域变得服从于计划和控制”②，科学成为计划和控制的凭借力量，科学技术决定着社会的发展和样子，社会开始围绕着科学知识的生产而被组织起来。③ 不过，知识的权力效应不同于政治权力，“它主要是认知的或理论的，有时也可以作为例如技术技能引入某种情境的结果而是物质的，但是它可能主要影响个体的自我概念。它不具备某种明显的强制性影响，至少在大部分情况下是这样的，所以，人们可以预料，这种形式的权力不被认为是压制性的，因此它与更加传统的那些种类的（政治）权力截然不同。专业知识至少为其客户提供了一种对于世界的不同理解和把握，并且最终既改变世界又改变个体”④。就影响而言，“科学和技术不仅是一种解放的力量——就像它在整个历史中一直具有的那些盛行不衰的浪漫形象中的一模一样，而且是社会性的限制力量”⑤。这些论断准确地揭示了知识的权力特征。

三、当代中国的深刻转型

具体到当代中国社会变迁，教育成层的社会条件的变化则集中表现在社会发展的深刻转型之中。

（一）“社会转型”的理解

直到 20 世纪 90 年代初期，人们对“社会转型”“转型社会”等概念还不甚了解⑥，笔者曾查阅 1991 年版中国大百科全书《社会学》卷，结果未能检索到“社会转型”这一术语。

---

① 阿尔文·托夫勒．力量的转移：临近 21 世纪时的知识、财富和暴力［M］．刘炳章，等，译．北京：新华出版社，1996：455—456.

② 尼科·斯特尔．知识社会［M］．殷晓蓉，译．上海：上海译文出版社，1998：153.

③ 当然，社会科学的地位和影响远不如自然科学，社会科学家似乎亦如此。

④ 尼科·斯特尔．知识社会［M］．殷晓蓉，译．上海：上海译文出版社，1998：250—251.

⑤ 尼科·斯特尔．知识社会［M］．殷晓蓉，译．上海：上海译文出版社，1998：159.

⑥ 郑杭生，等．转型中的中国社会和中国社会的转型［M］．北京：首都师范大学出版社，1996：前言第 2 页.

转型的英语为 transition 或 transformation，原是生物学概念，特指一物种变为另一物种，含生物进化论之意。西方社会学借此概念来描述社会结构所具有的进化（或演化）意义和性变，通常指传统的原型社会的规范结构向“发展逻辑”更高层次的演化。随着使用范围逐渐拓宽以用来描述、解释事物发展、变化的过程与状态，转型概念后来有了转变、变化、过渡、变迁等含义。当然，其基本含义是指事物由一种形态向另一种形态转换。

社会转型（social transition 或 social transformation）概念一般被认为来自西方发展社会学理论和现代化理论，虽然出现时间不长且至今尚未形成公认定义，其历史底蕴却十分丰富，社会哲学、社会学、经济学、历史学等不同学科的学者均从不同角度对其进行过探讨。下面便综合章辉美[①]等学者的不同理解，整理出如下一些代表性观点：

——社会转型与社会变化相联系但不能等同。只有那些密集的、大范围的、根本性的、影响了几乎所有人日常生活的社会变化才被称为社会转型。社会转型与现代化、发展、变迁等概念一样，一经出现，首先被用来描述西方从农业社会向现代工业社会变迁的过程。[②]

——社会转型是标示特定社会变迁的社会学术语，一般指社会整体从传统型向现代型转变的过程，抑或是社会现代化过程。[③]

——年鉴学派第二代史学大师布罗代尔赋予社会转型为一个长时段的概念：社会转型是一个长时段，在这样一个长时段的过程中，它由一系列的社会转折的不断蓄积而产生的，是在一个社会母体内经历长期与不断的变迁（量变）所导致的社会结构性的转变（质变），这种结构性转变包括经济、政治、文化等诸多领域。概言之，社会转型是一个包容人类社会各个方面发生结构性转变的长期的发展过程。[④]

——社会转型是一种由传统的社会发展模式向现代的社会发展模式转变的过程。主要体现在三方面：经济领域由非市场经济模式向市场经济模式的转型；政治领域由专制集权政治制度向现代民主政治制度的转型；文化领域

① 章辉美．社会转型与社会问题［M］．长沙：湖南大学出版社，2004：2—4.

② 黄军甫．俄罗斯社会转型问题学术研讨会综述［J］．当代世界与社会主义，2001（4）.

③ 唐忠新．社区建设：中国城市社会转型的必然选择［J］．北京社会科学，2000（1）.

④ 张广智．西欧社会近代转型问题断想［J］．浙江学刊，2001（5）.

由过去封闭、单一、僵化的传统文化向当今开放、多元的批判性现代文化的转型。①

——社会转型，从其字面意义上说，是指人类社会由一种存在类型向另一种存在类型的转变，它意味着社会系统内结构性的变迁，意味着人们的生产方式、生活方式、心理结构、价值观念等方面深刻的革命性变革。在当代，对于包括中国在内的所有发展中国家来说，社会转型系指在特定的国际环境中由某种非市场经济社会向市场经济社会的转变。②

——社会转型表征人类社会全面发展和进步，体现社会结构及社会形态的变迁，是人类社会由低级向高级的前进上升运动，既包括社会制度的更替即彻底转型、质变，也包括同一社会形态中社会制度内部的转型、量变。③

——陆学艺、李培林教授认为，中国社会已进入一个新的转型期。转型的主体是社会结构，转型的标志：从自给半自给的产品经济社会向有计划的商品经济社会转型；从农业社会向工业社会转型；从乡村社会向城镇社会转型；从封闭半封闭社会向开放社会转型。④

——郑杭生教授认为，社会转型是一个有特定含义的社会学术语，意指社会从传统型向现代型的转变，或者说由传统型社会向现代型社会转变的过程。具体言之，就是从农业的、乡村的、封闭的半封闭的传统社会，向工业的、城镇的、开放的现代型社会的转型。当我们说"社会转型"时着重强调的是社会结构的转型。在此意义上，"社会转型"和"社会现代化"是重合的，几乎是同义的。⑤ 而对于"社会现代化"，德国著名社会学家沃尔夫冈·查普夫也作出带有"社会转型"意味的理解："现代化是从简单的贫困的农业社会向复杂的、分化的和富裕的工业社会的发展。"⑥

——亦有学者从哲学角度来理解社会转型，认为社会转型是代表着历史发展趋势的实践主体，自觉推进历史转折的历史创造性活动。当社会生产力

① 李钢．论社会转型的本质与意义［J］．求实，2001（1）．

② 陈晏清．当代中国社会转型论［M］．太原：山西教育出版社，1998：18．

③ 扬森．中国社会转型的特殊性分析［J］．甘肃社会科学，2003（1）．

④ 参见陆学艺，李培林．中国社会发展报告［M］．沈阳：辽宁人民出版社，1991．

⑤ 郑杭生，等．转型中的中国社会和中国社会的转型［M］．北京：首都师范大学出版社，1996．

⑥ 沃尔夫冈·查普夫．现代化与社会转型［M］．北京：社会科学文献出版社，2000：151．

提出指向发展的要求时，历史的实践主体，按照确认的“发展逻辑”，对原型社会的结构、体制进行全面、系统的自觉转变，以求实现社会演化的创新。①

综观上述种种理解，不难发现社会转型概念的如下精髓：

第一，社会转型首先标示着一种变化、转变或变迁过程。由此观之，社会转型概念应是社会变化或社会变迁的一个下位概念。

第二，社会转型一般意味着一种革命性变化，彻底性、异质性、断裂性等往往成为其基本特征。在上述诸多理解中存在一种共识性观点，即认为社会转型通常指由传统社会向现代社会的转变，而这两种社会形态之间存在着天壤之别。按照西里尔·布莱克的说法，由传统性向现代性的转变，只能与人类起源的变化和从原始社会向文明社会的变化相比拟。②

第三，社会转型是一种结构性转变，通常带有整体性或系统性特征。传统向现代的转变涉及经济、政治、文化、教育、日常生活等方方面面，乃是人类生产方式和生活方式的整体变革。中国社会目前正走向纵深的转型同样是一种结构性变化：“不仅是社会分层结构的变化，而且还表现为人口的城市结构、文化的深层结构以至于意识形态等社会全面的结构性变化。”③

第四，社会转型也是一种阶段性变化。“社会转型的‘转’，是一种状态、一个历史阶段、一种趋势。”④ 有关转型的研究通常是在分析、比较中将事物发展、变化的阶段予以区分，从而构成不同的“类型”或“形态”。无论是传统—现代社会之说，还是后工业社会理论，乃至现代性—后现代性研究，所力求实现的目标无不是对具体社会阶段的理解、区分、描述和界定。值得注意的是，将社会转型纳入现代化过程是当今社会学者热衷秉持的研究取向，也成为社会转型研究的惯常解释语境，而现代化是与社会发展的阶段相联系的。

第五，社会转型是和现代工业社会紧密相连的。综观中外学者所进行的

① 张雄．历史转折论［M］．上海：上海社会科学出版社，1994：199.

② 西里尔·E．布莱克．比较现代化［M］．上海：上海译文出版社，1996：45.

③ 宫志刚．社会转型与秩序重建［M］．北京：中国人民公安大学出版社，2004：7.

④ 章辉美．社会转型与社会问题［M］．长沙：湖南大学出版社，2004：5.

包括从传统与现代的区分到非工业社会向工业社会的转变，从工业社会到后工业社会的来临，从现代性到后现代在内的众多转型研究，所选择和依托的时代背景大多为工业社会，社会转型的研究重心是当代社会，特别是当代西方社会。西方社会学家甚至以西方社会转型的历史经验为蓝本，将社会转型的具体内容概括为“六化”：经济转型即工业化、社会转型（狭义）即城市化、政治转型即民主化、文化转型即世俗化、组织转型即科层化和观念转型即理性化。①

综上所述，社会转型涉及整个社会的政治、经济、文化、交往、价值观等一切方面，是一个实践主体参与下的社会变迁过程，具有或从传统到现代，或从封闭到开放，或从落后到发达，或从贫穷到富裕，或从一种产业向另一种产业，或从专制到民主……不同层面变化的内涵与特征，作为一个重要理论视角，社会转型概念能够帮助我们有效洞察当代中国所发生的深刻变化。

（二）当代中国的转型特征

中华民族曾在所经历的 4 000 年农业时代创造了举世瞩目的辉煌文明，但近两百年来，却在走向衰落中经历了难以磨灭的痛苦和耻辱。1949 年新中国成立以来，经过 60 余年的艰难探索和曲折发展，中国已发生天翻地覆的变化，开始以一个崭新的现代化国家形象屹立于世界民族之林。以发展社会学眼光审视近现代特别是新中国成立和改革开放以来中国社会的变迁历程，“转型”无疑是最具代表性的发展特征②，因此对中国社会变迁作转型分析无疑是“执”住了透视当代中国社会发展变迁规律的“牛耳”，具有重要的理论与现实意义。

尽管自 1840 年鸦片战争以来，中国一直处于转型过程中，但相对于发生在 1840—1949 年的早期社会转型，1949 年特别是 1978 年以来的转型无疑属于“当代的转型”，至今这一过程仍在继续之中，具有如下基本特征。

---

① 转引自章辉美．社会转型与社会问题［M］．长沙：湖南大学出版社，2004：8—9.

② 近十几年来，以“转型”或“社会转型”为主题的研究日趋活跃，相关论文或专著纷纷问世，转型研究成为学术热点。可以认为正是中国社会所发生的现实转型过程激发了转型研究热。因此，甚至有学者（如清华大学的孙立平教授）主张社会学研究应该“迈向转型社会学”。

1. 经济转型的基础性和先导性

经济是社会的物质基础，经济发展影响甚至决定着整个社会的发展进程。当代中国社会转型的发生和深化是建立在经济体制转型基础之上的。

新中国成立后在极短的时间内成功实现了对经济的社会主义改造，迅速建立起适合当时国情的比较完备的社会主义计划经济体制。十一届三中全会以后，随着改革开放政策的实施，我国社会进入一个转型加速时期，经济体制改革首先被提上重要议事日程。特别是自1992年小平同志南巡讲话开始，我国宣布建立社会主义市场经济体制，踏上了计划经济向市场经济转变的伟大征程，经济转型的步子明显加快。其后，随着市场经济体制的逐步建立与完善，政治体制、教育体制、科技体制、文化体制的改革也随之拉开帷幕。回顾当代中国所经历的转型过程不难看到，没有经济转型的先期顺利推进，整个社会的转型必定举步维艰甚至难以实现，经济体制转型在当代中国社会转型中无可争辩地占据着基础性和先导性地位。

2. 社会转型的综合性或混合性

当代中国社会正处于全面转型时期，不同类型、不同层面的转型彼此交织、融于一体，从而使整个转型过程具有综合性或混合性特征。具体来说，主要表现为正从自给半自给的产品经济社会向社会主义市场经济社会转变，正在从农业社会向工业化社会乃至知识社会转变，正在从乡村社会向城镇社会转变，正在从封闭半封闭社会向开放社会转变，正在从同质单一性社会向异质多样性社会转变，正在从伦理社会向法制社会转变。[①] 下面不妨以产业转型为例对此予以说明。

产业[②]发展是社会运行的重要基础，社会转型必然包含产业转型。根据世界各国经济发展的一般经验，产业转型的一般趋势和规律是产业重心（通常以各产业门类在经济中所占比重为衡量标准）沿着第一产业→第二产

① 章辉美．社会转型与社会问题［M］．长沙：湖南大学出版社，2004：10.

② 产业通常包括第一、第二、第三产业，后来人们提出第四产业（信息业）甚至第五产业。“第一产业（简称为农业）包括种植业、畜牧业、林业、渔业和狩猎等五种产业，第二产业（简称为工业）包括采矿业、制造业、建筑业和公共事业（供水、供暖、供电和供气）等四种产业，第三产业（简称为服务业）包括交通运输、通信、教育、科技、金融、房地产、商业、娱乐旅游、社会服务等。”（中国现代化报告课题组．中国现代化报告2001［M］．北京：北京大学出版社，2001：1）

业→第三产业→……的路径转移。[①] 我国社会的产业转型同样遵循这种变化规律。（见表3－27）

表3－27　1900—2000年中国三次产业结构的变化　　（单位:%）

	1900	1913	1950	1960	1970	1980	1990	2000
农业	69	67	59	23	34	30	27	16
工业	10	10	21	45	38	49	42	51
服务业	22	23	20	32	28	21	31	33

资料来源：中国现代化战略研究课题组，中国科学院中国现代化研究中心．中国现代化报告2005：经济现代化研究［M］．北京：北京大学出版社，2005：147.

值得注意的是，长期以来由于中国是一个农业人口占较大比重的农业大国，这一基本国情决定了农业这种古老的第一产业在当今中国社会发展中依然处于不容忽视的基础地位。截至2008年，中国第一、二、三产业的比例关系为11.3∶48.6∶40.1，在第一、二、三产业领域就业人口的比例为39.6∶27.2∶33.2，其中农业人口所占比重接近40%。[②] 对农业以及所有涉农问题决不能采取简单的“消灭”做法，只能通过妥善解决“三农”问题，平稳实现第一产业到第二产业的“此消彼长”的自然过渡，任何操之过急之举都有可能酿成欲速不达的后果。与此同时，工业化仍然是当代中国绕不开的一道坎，仍需进一步加强。此外，中国社会还要适应全球知识化浪潮迅速加深的发展趋势，努力向知识社会迈进以尽早加入知识社会国家行列。如此看来，中国社会的转型既要加强农业，又要减少农业的比重；既要大力发展工业，又要努力向知识社会挺进，所有这些变化均在同一过程中发生，整个社会转型便必然呈现出混合性和综合性特征。

3. 转型过程的复杂性与长期性

新中国成立以来的社会变迁是全面的、深刻的，而且是极其复杂的、长期的，该过程“把市场化、现代化和社会主义改造这三重重大的社会变迁浓

① 关于这种转移规律所依托的经验数据，可详见中国现代化战略研究课题组、中国科学院中国现代化研究中心2005年出版的《中国现代化报告2005：经济现代化研究》一书第18页的“表1－25　1801—2000年15个国家三次产业结构的变化”。

② 中华人民共和国国家统计局编．中国统计年鉴2009［M］．北京：中国统计出版社，2009.

缩在同一个时空中进行，从而构成了一次史无前例、波澜壮阔的社会转型”①。

当代中国社会转型的复杂性和长期性是由转型所涉及的丰富内容所决定的，其中至少包括三个层面的转变：一是结构转化，即当前中国社会的产业结构、资源结构、区域结构、组织结构、身份结构、阶层结构等均在发生转化；二是机制转换，即当前中国社会的社会评价机制、利益分配机制、社会控制机制、社会沟通机制、社会流动机制、社会保障机制等也都在发生转换；三是观念转变，随着市场经济制度的建立与完善，国人的诸多观念包括人生观、世界观、价值观也在发生变化。以价值观为例，个人的权利和利益开始凸显，社会的主导价值观正在由计划经济时代强调的奉献精神向市场经济时代强调的契约精神转变，人与人之间的关系越来越浓缩为以利益为纽带的交换关系，拜金主义借势而起并迅速蔓延。如此丰富的转型内容相互交织、同步推进，决定了转型过程不可能不是长期的、复杂的。从国际社会变迁过程看，若将中国当前所进行的社会转型理解为现代化过程②，其长期性和复杂性也就更不言而喻了。众所周知，西方社会的现代化经历了几个世纪，当前尽管由于社会变迁的速度明显加快，各国完成现代化的时间呈大大缩短之势，但有研究者仍坚持认为，“从传统性向现代性的过渡所需要的时间仍然要用世纪来计算”③，绝不可能无限压缩。中国社会转型作为一种追赶型、压缩型现代化过程，尽管有其独特的道路和特征，但也不应违背现代化的基本规律。

4. 转型方式和转型轨迹的特殊性

新中国成立到现在，社会转型主要是通过体制转轨的方式逐渐向前推进的，集中表现为计划经济体制向市场经济体制的转变，迄今经历了前后两个“30年”。其中，“前30年”既为“后30年”打下了基础，又为“后30年”提出了问题。④

就转型轨迹来看，改革开放以来的30年（即“后30年”）是一个“摸

① 杨耕．为马克思辩护［M］．哈尔滨：黑龙江人民出版社，2002：总序．

② 中国目前的现代化是一个“第一次现代化”（以工业化、城市化和民主化等为基本特征的经典现代化）和“第二次现代化”（以知识化、绿色化、全球化等为基本特征的新现代化）并举的过程，人们形象地称之为“压缩饼干型现代化”，这一过程的复杂性和长期性是不难想象的。

③ 章辉美．社会转型与社会问题［M］．长沙：湖南大学出版社，2004：19．

④ 郑杭生．60年，中国社会是怎样转型和发展过来的［N］．北京日报，2009-08-24．

着石头过河”的探索过程，实际上显示出一条从初级发展到科学发展的变化轨迹，其中差不多20年的时间是沿着初级发展的路径前进的。[①] 目前，顶层设计理念日益受到重视和强调。而且，全党全国已明确将科学发展观作为经济社会发展的基本指导思想，科学发展观作为坚持以人为本，全面、协调、可持续的发展观，其基本理念包括第一要义是发展、核心是以人为本、基本要求是全面协调可持续、根本方法是统筹兼顾等已在转变我国经济发展方式及促进经济社会转型中显示出明显效力。

5. 文化发展在社会转型中的地位迅速崛起

当今世界，围绕综合国力的全方位竞争更趋激烈，世界范围内的各种思想文化交流交融交锋更加明显，文化成为民族凝聚力和创造力的重要源泉，成为综合国力竞争的重要因素和经济社会发展的重要支撑。特别值得关注的是，文化（创意）产业日益成为各国经济发展新的增长点和国民经济的重要支柱产业，成为国际舞台上竞争日趋激烈的重要领域。

改革开放以来，我国文化建设加快发展。十六大作出了深化文化体制改革的战略部署，十七大提出了兴起社会主义文化建设新高潮、推动社会主义文化大发展大繁荣的目标任务。大力发展文化（创意）产业，推动文化建设和经济建设、政治建设、社会建设协调发展，已经成为科学发展观的必然要求。当前，文化体制改革进入攻坚阶段，文化（创意）产业作为文化体制改革的重要组成部分，正在成为应对国际金融危机、调整经济结构、加快经济发展方式转变的重要抓手。

尤其是2003年全国开始文化体制改革试点以来，社会各界对文化和文化（创意）产业的认识发生了深刻变化。十七大把经济建设、政治建设、文化建设、社会建设并提，形成“四位一体”经济社会发展格局，文化已经上升为国家战略。在应对国际金融危机背景下发布的《文化产业振兴规划》，进一步明确了文化产业的地位、目标、内容、路径，以及推动文化产业发展的政策方向和工作机制。2009年九部委出台的金融支持文化产业发展的实施办法，在解决文化产业发展融资难问题上做出系统制度安排和技术设计。目前，全国各省区市不仅在战略部署上响应中央号召高度重视文化建

① 根据郑杭生教授的观点，发展的初级性表现在发展的目标、手段、资源和结果等不同方面。

设和文化（创意）产业发展，而且在实施层面都已经或正在成立机构、制订规划、出台政策、安排资金，力促本地区文化（创意）产业快速发展。据不完全统计，全国已有26个省市提出了文化（创意）产业发展目标；上海、深圳、湖南等省市先后建立了50亿—100亿元规模不等的文化产业基金；深圳2009年率先进行了文化产业立法。全国已形成长三角、珠三角、环渤海三大文化（创意）产业带。北京、广东、上海、浙江、江苏、山东等省市文化（创意）产业的资产拥有量均过千亿。全国性或区域性的产业要素流动加快，全国文化发展形成了前所未有的竞争态势。

综上所述，当今中国社会的转型是一个集经济自由化、政治民主化、文化多元化、教育现代化与社会和谐化于一体的过程，经由这一过程，社会结构越来越具有弹性，作为社会主体的个体将进一步由过去的被动适应社会到拥有更大选择空间，社会资源的种类和社会评价的标准进一步从单一走向多样……转型过程正在推动中国由封闭社会向开放社会过渡，由资源型社会向知识社会转变。

（三）转型的重大意义与深远影响

放在中华民族发展历史进程中看，当代中国社会转型的意义无疑是重大的，产生的影响也必将是深远的。

首先，这种转型是中华民族抢抓历史机遇、实现伟大复兴的必然要求。中国是世界文明古国之一。从公元元年起的1800多年中，中国的发展一直处于世界前列。但自1820年前后西方开始资本主义工业化之后，由于失去了两次与世界同步发展的重要战略机遇①，中国开始落后了。直到1978年

① 中国在历史上曾先后失去过两次重要的战略机遇期。从公元元年到19世纪初，中国一直是世界第一经济大国，经济总量占世界的比重均在20%以上，远远领先于其他国家经济体。1820年以后，西方资本主义国家开始启动工业化，进入经济迅速增长阶段。中国则处于内忧外患当中，未能赶上这一次工业化浪潮，1820—1950年成为中国历史上经济发展同世界差距扩大的时期。欧洲人均GDP相当于中国人均GDP的倍数，由1820年的2.1倍扩大到1950年的10.5倍，美国人均GDP相当于中国的倍数由2.5倍扩大到15.6倍。这是中国近代在经济发展上所丧失的最大战略期。“二战”后是世界经济增长的又一个黄金时期，日本正是利用这一历史时期由穷国转变成为世界第二经济强国，而中国没有完全把握这一次世界经济迅速增长的战略机遇期，又一次失去了发展机遇。在这一历史时期，日本于1968年在经济总量上首次超过中国，中国人均GDP由1950年相当于日本的23%下降到1973年的7%，相当于西欧的水平也由1950年的10%下降到1973年的7%。（参见中国教育与人力资源问题报告课题组．从人口大国迈向人力资源强国［M］．北京：高等教育出版社，2003：10）

实行改革开放政策，把工作中心转移到经济建设上来，才终于抓住了发展机遇，开始了社会的全面转型。目前我国已经实现了现代化建设“三步走”战略目标的第一、二步，正在向第三步战略目标迈进，迎来全面建设小康社会和和谐社会的新的历史时期。但应清醒看到，当前我国的整体实力尽管有很大提升，在国际舞台上的竞争力和影响力也越来越大，但与理想的大国地位仍有很大差距。推进社会转型，提升转型质量，无疑仍是实现中华民族伟大复兴和国人强国梦的必由之路与根本保障。

其次，这种转型意味着中国社会“形态”的根本转变。转型过程正是中国努力由农业社会向工业社会乃至知识社会迈进的过程。面对当今世界的激烈竞争格局和各国的逼人发展态势，中国社会必须转型，而且早转主动，晚转被动，不转根本就没有出路。至于通过转型将成为何种具体形态，正是社会学界讨论的热点问题，一些学者纷纷对目前中国社会的形态作出判断，如孙立平教授的“断裂社会”①、李强教授的“三元社会结构”② 等。“型”的转变对中国在21世纪的发展及参与国际竞争与合作均是至关重要的。中国要通过转型实现由传统的农业文明向现代工业文明进而向知识文明的彻底转变，要通过转型实现新型现代化。转型的成功即意味着一个崭新中国的诞生。当然，转型之中和之后所形成的具体社会形态未必尽如人意，这恰恰需要通过进一步的发展去完善。

再次，这种转型导致整个社会的运行机制和价值标准发生深刻的变化。1978年实行的改革开放政策启动了当代中国社会的转型过程。改革开放前的中国社会基本上是一个分化程度低、发展速度慢、同质性较强的传统农业社会。改革开放以来，中国社会开始从整体性社会向分化性社会转变，其根本动因无疑是体制改革。伴随体制变革，整个社会运行机制也出现了根本转变，即由传统的以计划经济为基础的社会运行模式转向现代的以市场经济为基础的社会运行模式。这一转变所产生的效果是超乎想象的，整个社会爆发出前所未有的生机与活力，社会面貌日新月异。与上述变化相伴随，社会的

---

① “什么是一个断裂的社会？就是在一个社会中，几个时代的成分同时并存，互相之间缺乏有机联系的社会发展阶段。”（孙立平．断裂：20世纪90年代以来的中国社会［M］．北京：社会科学文献出版社，2003：14）

② 李强．社会分层与贫富差别［M］．厦门：鹭江出版社，2000：30.

主导价值观也出现从计划经济时代推崇的奉献精神为主导转向市场经济时代践行的契约精神，社会的类型由奉献社会向契约社会转变。

最后，这种转型带来利益格局的调整和社会秩序的重建。转型即意味着变革，任何社会变革都必然会触及既有利益格局，都要对既成社会秩序进行修改、颠覆或重建。因此，社会转型所导致的结果必然是整个社会利益格局的调整及社会层级结构的变化，最终会形成新的利益关系格局乃至新的社会阶层结构。当代中国亦不例外，到20世纪末，新的社会阶层格局已基本形成。(见表3－28)

表3－28　20世纪末中国社会阶层模型

社会群体	财富等级（权数0.36）	权力等级（权数0.38）	声望等级（权数0.26）	加权综合等级	占从业总人口的比重（%）	所属阶层
高级官员	7	10	9	8.66	1.5	上等阶层
国家银行及国有大型事业单位负责人	8	9	8	8.38		
大公司经理	9	8	7	8.10		
大型私有企业主	10	7	6	7.82		
高级知识分子（科学家和知识界、文艺界名人）	7	6	10	7.40	4.2	上中等阶层
中高层干部	6	8	7	7.02		
中型企业经理	7	5	7	6.24		
中型私有企业主	8	5	6	6.34		
外资企业白领雇员	9	4	6	6.32		
国家垄断行业中层企业管理人员	7	5	7	6.24		
一般工程技术人员和科研人员	5	5	7	5.52	12.06	中等阶层
一般律师	5	6	7	5.90		
大中学教师	5	5	7	5.52		
一般文艺工作者	6	5	7	5.88		
一般新闻工作者	6	5	7	5.88		

续表

<table>
<tr><th>社会群体</th><th>财富等级（权数0.36）</th><th>权力等级（权数0.38）</th><th>声望等级（权数0.26）</th><th>加权综合等级</th><th>占从业总人口的比重（%）</th><th>所属阶层</th></tr>
<tr><td>一般机关干部</td><td>4</td><td>6</td><td>7</td><td>5.54</td><td rowspan="4">12.06</td><td rowspan="4">中等阶层</td></tr>
<tr><td>一般企业下层管理人员</td><td>4</td><td>5</td><td>5</td><td>4.64</td></tr>
<tr><td>小型私有企业主</td><td>7</td><td>4</td><td>5</td><td>5.34</td></tr>
<tr><td>个体工商业者</td><td>6</td><td>4</td><td>5</td><td>4.98</td></tr>
<tr><td>生产第一线操作工人</td><td>4</td><td>2</td><td>4</td><td>3.24</td><td rowspan="3">74.4</td><td rowspan="3">中下等阶层</td></tr>
<tr><td>流动民工</td><td>3</td><td>1</td><td>3</td><td>2.24</td></tr>
<tr><td>农　民</td><td>2</td><td>1</td><td>4</td><td>2.14</td></tr>
<tr><td>城市下岗待业人员</td><td>2</td><td>1</td><td>2</td><td>1.62</td><td rowspan="2">10</td><td rowspan="2">下等阶层</td></tr>
<tr><td>农村困难户</td><td>1</td><td>1</td><td>1</td><td>1.00</td></tr>
</table>

资料来源：杨继绳．我看中国社会阶层结构（上篇）［M］//社会学家茶座（第3辑）．济南：山东人民出版社，2004：112.

长期从事社会现代化、社会转型学研究的孙立平教授指出，改革开放以来中国社会转型的直接后果是中国社会出现了“断裂”，表现为随着转型的深入，“社会的不同部分几乎是处在不同的时代之中……这个社会中最先进的那些部分与整个社会已经失去了联系”①。转型使越来越多的人（如下岗和失业者、农民）被甩到工业化、城市化和现代化过程之外，不仅“农村和农民显然无法与日益工业化和现代化的社会成为一体”，“这种断裂甚至也发生在城市本身”，结果导致中国社会越来越成为一个“断裂社会”。“断裂社会”作为新的社会利益格局的代名词本身即严酷地意味着“被甩出去”的人，甚至已经不再是社会结构中的底层，而是处在了社会结构之外。

其他相关研究同样揭示了转型所带来的利益格局的调整和社会秩序的重建。如清华大学的李强教授指出，改革开放以来中国社会的分层结构已经

① 孙立平．断裂：20世纪90年代以来的中国社会［M］．北京：社会科学文献出版社，2003：8.

出现重大的变迁，集中表现为农民的职业分化，工人队伍的膨胀，个体、私营工商层的兴起，三元社会结构的形成，官本位体制和单位制的变迁等。[①]

（四）转型中国与知识社会

中国社会正处于由农业大国向工业强国进而向知识社会转型的进程中，知识化进程是该转型过程的重要组成部分。经过新中国成立以来六十几年，特别是1978年全国科学大会召开[②]以来三十余年的认识的不断深化和措施的不断加强，我国社会的知识化步伐明显加快并开始取得显著成效，以下数据能够集中反映这个变化过程。十年前，我国电脑社会拥有量仅2 000万台。[③] 2003年我国互联网用户达到6 800万，跃居世界第二位[④]；2004年我国上网人数为9 400万人，截至2009年年底这一数字达3.84亿人，位居世界第一。其中，宽带网民数达到3.46亿人，手机网民数约2.33亿人，互联网普及率达到28.9%，超过全球平均水平（25.6%）。[⑤] 近4亿网民的存在，为中国网络经济和新兴产业的发展创造了极为有利的环境。2009年，搜索引擎用户达到2.8亿人，网络新闻用户达到3.0769亿人，即时通信用户达到2.7亿人，博客用户达到2.21亿人，使用社交网站的网民数达到1.76亿人，网络游戏用户达到2.65亿人，网络文学用户达到1.62亿人。2009年，我国共建设3G基站32.5万个，网络覆盖全国342个地市、2 055个县（市）和6 000多个乡镇。2009年，我国3G用户总数达到1 325万，TD用户累计达到551万户，全国电话用户达10.6亿，其中移动电话用户超过七成，2010年我国移动电话用户达8.55亿。[⑥] 当前，我国的彩电、音响、电

---

① 李强．社会分层与贫富差别［M］．厦门：鹭江出版社，2000：22—38.

② 1978年3月18日，在邓小平同志的主持下召开了第一次全国科学大会，这次大会提出了“科学技术是生产力”的重要观点，并就知识分子问题作出新的阐述和部署。这次会议标志着“科学的春天”的来临。

③ 中国教育报［N］．2000－07－16.

④ 2004年1月29日的CCTV－1晚间新闻报道。

⑤ 北京青年报［N］．2010－01－16.

⑥ 《信息化蓝皮书》编委会．中国信息化形势分析与预测（2010）［M］．北京：社会科学文献出版社，2010.

话机和一些元器件的产量均居世界首位。

由以上数据不难看出，我国社会的知识化速度和取得的成就是喜人的。2010 年《信息化蓝皮书》指出，截至 2009 年我国的信息化水平已经超过世界的平均值，基本上达到了中等发达国家水平。但应该看到，我国社会的知识化水平与当今世界上的主要发达国家相比，还有相当大的差距。有关数据显示，知识和技术在我国 GDP 增长中的贡献率仅为 20%—30%，而发达国家的这一数字则为 70%—80%。在世界经济格局当中，我国还没有形成世界性的技术创新中心。[①] 而且，由于我国目前正处于"第一次现代化"阶段（见图 3-4），不同地区的知识化程度和现代化水平还存在明显的区域不平衡（见图 3-5、图 3-6），我们在知识化方面仍然任重而道远。

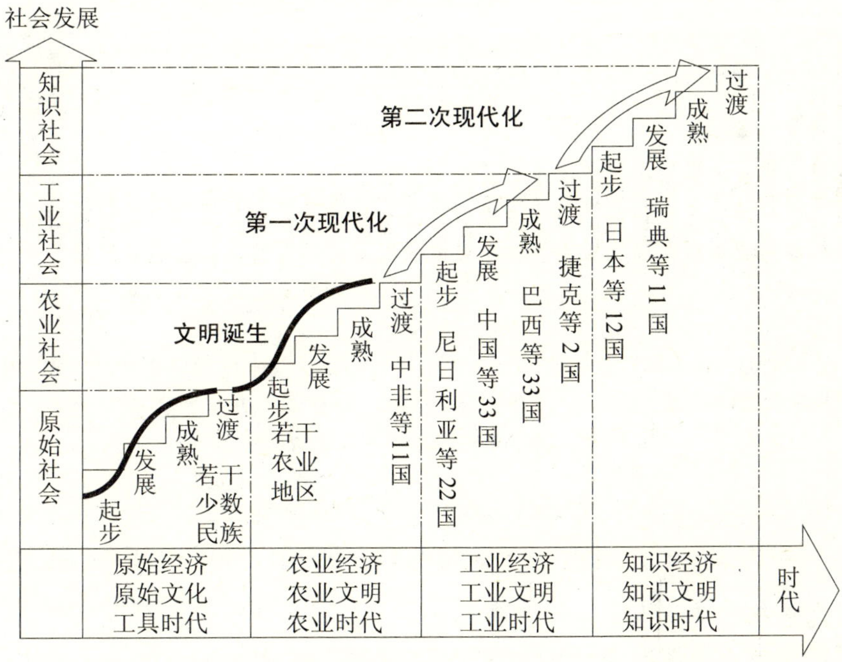

资料来源：中国现代化战略研究课题组，中国科学院中国现代化研究中心. 中国现代化报告 2005［M］. 北京：北京大学出版社，2005：244.

图 3-4　2002 年世界现代化水平的坐标图

① 目前正在加快推进的中关村国家自主创新示范区建设所瞄准的正是打造世界性技术创新中心这一远大目标。

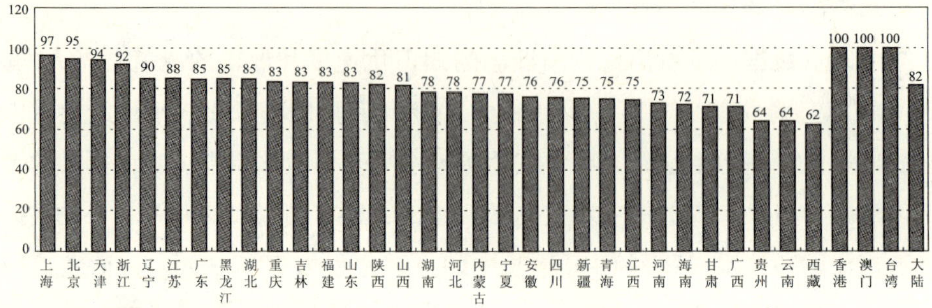

资料来源：中国现代化战略研究课题组，中国科学院中国现代化研究中心．中国现代化报告 2005［M］．北京：北京大学出版社，2005：256.

图 3－5　2003 年中国地区第一次现代化实现程度

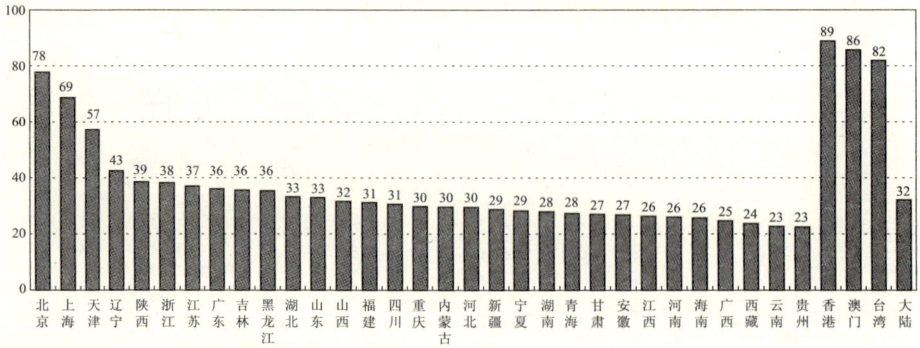

资料来源：中国现代化战略研究课题组，中国科学院中国现代化研究中心．中国现代化报告 2005［M］．北京：北京大学出版社，2005：257.

图 3－6　2002 年中国地区第二次现代化水平

但应看到，改革开放以来，继 1978 年全国科学大会之后，1985 年颁布实施了《中共中央关于科学技术体制改革的决定》，1995 年召开了第二次全国科学技术大会，提出实施科教兴国战略，并对知识经济予以高度重视。2005 年制订了《国家中长期科学和技术发展规划纲要》。2006 年 1 月 9 日召开的第三次全国科学技术大会明确提出国家实施自主创新战略、到 2020 年我国要迈入创新型国家行列的宏伟目标。国家对科学技术在经济社会发展中的作用的重视程度是与日俱增的。有理由相信，我国社会的知识化进程必然会进一步加快，中国必将沿着自己的知识化路径（见图 3－7、图 3－8）在迈向知识社会征途中不断取得令人鼓舞的成就。

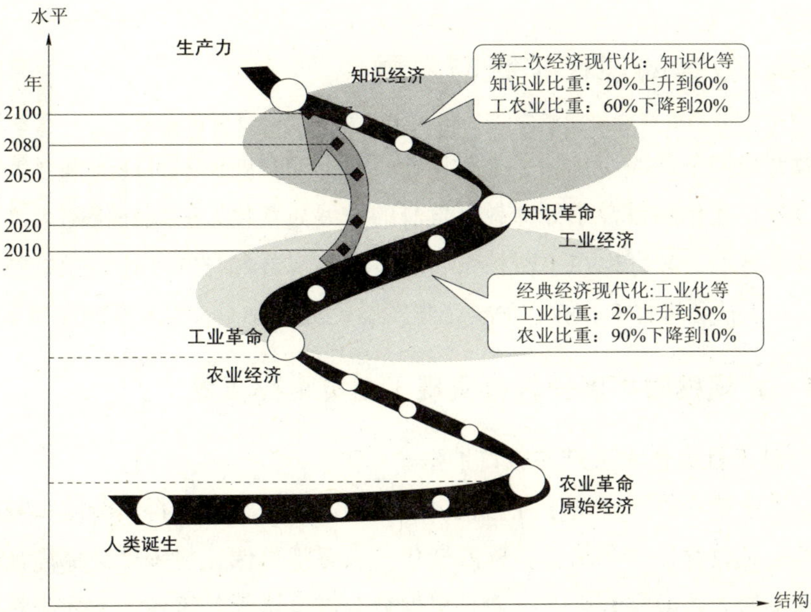

资料来源：中国现代化战略研究课题组，中国科学院中国现代化研究中心．中国现代化报告 2005［M］．北京：北京大学出版社，2005：183.

图 3－7　中国经济现代化的路径图——基本路径（中国经济现代化的运河战略）

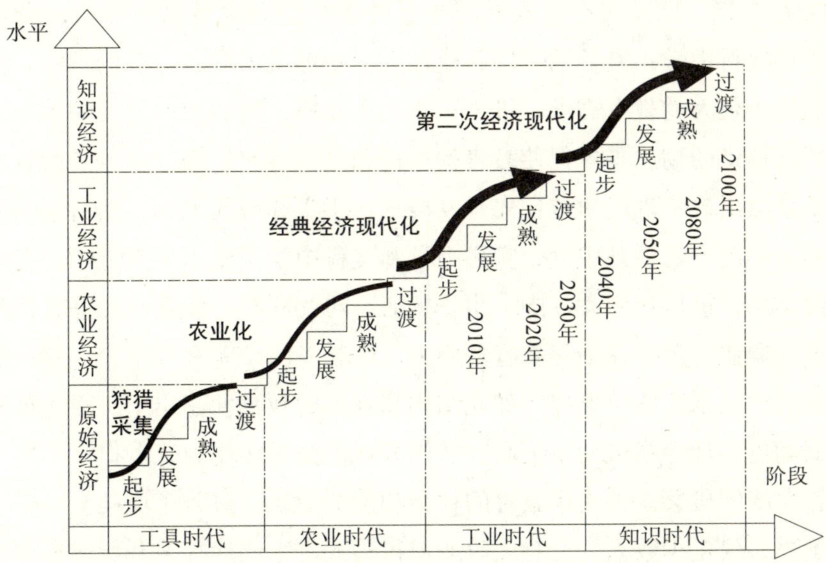

资料来源：中国现代化战略研究课题组，中国科学院中国现代化研究中心．中国现代化报告 2005［M］．北京：北京大学出版社，2005：185.

图 3－8　中国经济现代化的路径图——历史进程的目标

四、教育的现代扩张与发展

教育成层条件的变化除了上文从社会形态和发展模式方面所阐述的社会条件之外，还包括教育条件即教育自身的发展与变化，表现在伴随人类文明的两次大转型，教育也在不断扩张与发展中实现着自身的现代转型，特别是在迈向知识社会进程中，教育的扩张与发展更是出现了前所未有的发展态势。

（一）规模的扩展使教育实现了全员全程覆盖

1. 基于社会化大生产的教育扩张

自工业革命以来，基于社会化大生产的需要，教育获得了前所未有的扩张。首先是教育目的和培养目标的变化。教育不再像在传统社会那样仅仅培养少数统治人才或宗教人才，而是根据社会需要培养各级各类人才，教育目的因此趋于复杂化、多样化，形成了比较庞大的目标体系。其次是教育结构和规模的变化。在传统社会里，教育不仅结构简单，而且规模甚小，直到18世纪前半期，西欧仅有教会办的少量初等学校、少数城市学校、少数文科中学和实科中学；漫长的中国封建社会尽管形成了比较完备的学制，但也仅能满足少数人的教育需求。进入工业文明阶段，社会生产发展的客观需要及其所能提供的物质支撑促使教育的结构和规模迅速扩张，自普及教育始沿着两条道路出现了现代学校：先是发展现代小学和现代大学，然后小学向上延伸和大学向下延伸到中学，实科中学和文科中学正是由下而上和由上而下发展的结果，最后达到大、中、小学贯通。与此同时，在普及初等教育基础上发展起职业学校，在中等教育基础上发展起专门学院和大学，一套衔接贯通的现代学校制度逐步形成。如此结构和规模的教育便超出了少数人享有的范围而和更多社会成员发生关联，从而客观上为更多受教育者提供了进入正规教育系统的机会。再次是教育的社会功能的变化。进入工业社会以后，教育已不再仅仅是少数人的晋身之阶或习得治人之术的途径，开始成为大多数社会成员学习科学文化知识、掌握生产生活技能，从而进入社会就业体系的必经之途，成为他们确立、改变社会地位，改善生活质量的重要手段。教育不仅具有传统的政治功能，还发展出了经济功能、文化功能、科技功能、人口功能、环境功能等诸多功能形态。此外，教育的发展与扩张还表现在教育内容、教育过程上。在教育内容方面，开始突破传统教育仅仅重视人文知识的局限，增加了大量的自然科学、社会科学知识，不仅重视受教育者品德的培养和人格的塑造，而且重视基本技能和各项能力的培养，注重受教育者的全面发展；在教育过程方面，参与和介入教育过程的主体开始拥有更大的决定权和选择自由。

教育的扩张性发展一方面是以社会化大生产的需要为动力的，另一方面也是以社会所能提供的资源为保障的。传统社会的生产力水平和社会生活状况决定了社会对人才的需求有限，对教育的资源投入也相应地有限。受此制约，教育特别是正规教育不仅规模狭小、结构单一，而且系统化、制度化水平低，未能形成统一有序、分工明确的系统网络。而且，有限的教育资源和机会为少数人垄断，大多数人则被隔离在正规教育之外。现代工业社会的机器化生产大大提高了社会生产力，极大地丰富了社会的物质财富，教育的发展因此获得了雄厚的资源基础；同时，社会的人才需求量激增，教育因此获得了空前发展的动力，迎来了前所未有的发展良机，随着教育结构的复杂化、多层化和教育规模的巨型化，逐渐形成一个由正规教育和非正规教育、正式教育和非正式教育组成的，包括初、中、高不同层级的复杂系统，从而实现教育扩张上质的飞跃。

2. 规模的扩张使教育实现了真正意义上的普及

欧洲开始工业革命以后，伴随民族工商业的兴起、工业主义的发展、工业化过程对大众识字的需要，以及公民教育平等观念的形成，社会对教育提出了加快发展的客观要求，使得教育具有了大众化和普遍性意义。于是，在资本主义民族—国家的形成和教育世俗化过程的推动下，现代国家教育制度逐渐形成。工业革命以来，科学技术成为生产的基础，社会生产和生活日益知识化。在这种社会条件下，社会个体如不经过必要的教育和训练，则根本无法适应社会生活。教育在满足社会生产生活对人才的需求和素质培养过程中规模迅速得以扩大，构成日趋复杂，形成了庞大的社会组织体系。结构和规模的扩张一方面使教育能够面向所有社会成员开放，由过去的少数人垄断的活动变成大众享有的活动，最终“成为所有人的事情”①；另一方面，基

① 雅克·德洛尔等．学习：内在的财富［M］．北京：教育科学出版社，1998：101.

于普及，教育最终演变成一架庞大的社会机器，甚至成为一种刚性社会化机构，所有正在形成中的社会成员或准社会成员，乃至正式社会成员都必须经历这一机构而完成初级社会化或继续社会化：进行专门训练和完成社会"规训"，形成特定素质结构，被安置或调整到社会结构的不同位置中去。按照福柯独具慧眼的分析，现代学校已经变成宏大的"监狱连续统一体"的组成部分。

（二）作用的增强使教育成为不可或缺的人生经历

人是经验动物，但人类经验的积累与传承不能自发进行，需由特殊活动来承载，这种特殊活动便是教育。[①] 作为选择、加工、保存、传递人类经验的活动，教育扮演着人类经验的社会遗传机制角色，本身就是一个把人类个体从有限状态不断"提升"或"升华"至无限状态的经验传承过程。[②]

教育活动的发展和人类经验的积累相互适应并彼此促进。从人类历史长河来看，与人类不同经验状态相对应形成了不同的教育活动形态即教育发展的特定阶段：在人类早期如原始初民时期，人类关于自然、社会及自身的经验和认识都很有限，无需专门的教育活动来传承。在这一漫长的历史时期，教育与产生、积累、运用经验的社会生产生活是融于一起的。随着生产水平的提高和物质财富的积累，出现了私有制、剥削及脑力劳动和体力劳动的分工等，人类经验的积累日益丰富，视野逐渐开阔，"居于统治地位的奴隶主

① 教育心理学家冯忠良教授提出了"经验传递说"以阐释"教育的实质"。他认为，"教育的特殊本性，在于它是以社会经验的传递系统而存在，它的职能在于以经验的传递来造就人才"，从经验传递说角度看，教育系统的基本构成要素包括经验的传授者（通常称做"师""教师"或"教育工作者"）、经验的接受者（通常称做"生"或"学生"）、经验及其媒体三个方面。详细阐述可参见冯忠良．结构化与定向化教学心理学原理［M］．北京：北京师范大学出版社，1998：第三章"教育及教学的实质——经验传递说"。

② 中外教育理论界有不少研究者从经验角度来理解教育的本质，例如："教育就是经验的改造或重组。这种改造或重组，既能增加经验的意义，又能提高指导后来经验进程的能力。"（杜威．民主主义与教育［M］．北京：人民教育出版社，1992：159）"教育是培养人的一种社会现象，是传递生产经验和社会生活经验的必要手段。"（中国大百科全书·教育卷［M］．北京：中国大百科全书出版社，1985）教育是"传递社会生活经验并培养人的社会活动"（顾明远．教育大辞典合卷增订本［M］．上海：上海教育出版社，1998）。"接受教育，就是理解和学习人类的共同经验，而形成个体自己的经验。""教育把人类'大我'的共同经验与个体有限的人生经验联结起来，把个体已有的经验与未知的世界联结起来，从而形成个体的人生。"（金生鈜．理解与教育：走向哲学解释学的教育哲学导论［M］．北京：教育科学出版社，1997：71，72）……

阶级，急需建立专门传授文化知识的机构，让他们的子弟学习已被总结和整理出来的文化知识经验”[①]，于是在产生了用于经验的记载和交流的文字的基础上，古代学校[②]诞生了。古代学校的诞生使人类经验的积累与传承有了独立的专业机构作保障，标志着教育在制度化道路上向前迈进了一大步。但是，由于古代学校教育具有阶级性、等级性，以及脱离生产劳动等特质，这些特性决定了它仅仅是少数人享有的教育，广大劳动人民只能通过融于生产和生活中的非正式教育实现着经验的传承，对于古代学校，“发展的缓慢性和数百年不变成为它的一个重要特点”[③]。

工业革命以来，科学技术这种特殊的人类经验形式成为现代生产的基础并日益渗透到社会生活的各个方面，科学技术的广泛应用和机器化大生产的需要使教育具有了生产性、科学性、革命性、发展性等诸多崭新特征[④]，并推动学校教育扩张成为庞大组织体系以满足越来越多的受教育者接受正规教育的需求。尤其是20世纪中期以来，社会知识化的步伐日益加快，一些发达工业化国家已经进入知识社会，其他国家也纷纷调整发展战略，利用后发优势奋起直追，竞相向知识社会挺进。知识的生产、保存、传播、消费成为社会发展的基础和主导产业，对教育提出了更高的要求，使教育成为积累、传递、消费和更新经验与知识的活动，成为必需的人生经历并出现了终身化趋向。时至今日，教育尤其是正规教育既是一项基本人权，也是公民必须履行的社会义务，不仅要帮助个体“成人”，而且要满足个体“成材”之需，教育开始成为关乎人的一生生存与发展的不可等闲视之的大事。

（三）专业化的加强使教育成为复杂的独立王国

从自身性质和特征来看，教育的扩张与发展所走的是一条趋向系统化、专业化的道路。就自身构成及其运行而言，教育演变成现代国家教育制度的

---

① 王天一，等．外国教育史（上册）［M］．北京：北京师范大学出版社，1993：16.

② 古代学校产生于古代东方国家奴隶制形成时期，它的产生标志着人类教育发展的一次大飞跃，具有重要的历史意义。最早的古代学校包括出现于古埃及和巴比伦的设于宫廷的宫廷学校和设于大寺庙（院）的祭司学校（又称僧侣学校），出现于古埃及、巴比伦、亚述和印度的设于一般寺庙内的神庙学校，出现于古埃及的文士学校（又称书写学校），以及出现于古印度的古儒学校。

③ 成有信．现代教育论集［M］．北京：人民教育出版社，2002：360.

④ 成有信．现代教育论集［M］．北京：人民教育出版社，2002：359—360.

同时也意味着日益成为一个复杂的专业领域。① 教育成为一种独立活动之后开始与社会生产生活之间产生了“距离”，与其他活动的“边界”开始规范化和清晰化，最终成为一个以自身特有的一整套构件包括目标、使命、价值、规范体系和组织形式等为标志的相对独立的领域。工业革命催生了现代学校，现代学校的诞生及现代教育体系的形成作为教育发展的第二次质的飞跃，其意义不仅在于标志着教育和生产劳动的关系由分离回归融合，教育因此具有了科学性和生产性等崭新特征，更在于它表征着教育在专门化、独立化、复杂化道路上向前迈进了一大步。教育彻底地从社会生产和日常生活场景中“抽离”出来，成为一个具有自身组织架构和特有运行规律的庞大社会体系，即所谓的“教育社会”。正是独立性和专门化最终使“教育”强大到能够和“社会”在相对意义上构成相互作用的两极，由此形成“教育和社会”这一具有主、客观二重性的学术主题，产生了以“教育和社会”为理论基础的教育学和以“教育和社会”为研究对象的教育社会学。

---

① 此处是从社会学的“空间分化”和“功能专门化”（参见刘捷．专业化：挑战21世纪的教师［M］．北京：教育科学出版社，2002：6—14）角度来探讨教育扩张与发展的基本走向及其特征的，意在指出和强调教育成为一个与其他活动的边界越来越明晰的“独立王国”。

关于“专业”（profession）一词，不同的工具书往往给出大同小异的解释，例如：“在教育上，指高等学校或中等专业学校根据社会专业分工的需要设立的学业类别。各专业的教学计划，体现本专业的培养目标和要求。”［辞海编辑委员会．辞海（彩图本）［M］．上海：上海辞书出版社，1999：75］“① 高等学校的一个系里或中等专业学校里，根据科学分工或生产部门的分工把学业分成的门类。② 产业部门中根据产品生产的不同过程而分成的各业各部分。”（中国社会科学院语言研究所词典编辑室．现代汉语词典［M］．北京：商务印书馆，1987：1518）“专业：①（学校学科门类）special field of study；specialized subject；specialty；discipline；②（生产部门的各业务部门）specialized trade or profession；special line”。（现代汉英词典［M］．北京：外语教学与研究出版社，1988：1167）

在对专业进行语义学解释的同时，人们更注重于对专业的本质特征的揭示。社会学中有一种“特质模式”（trait model）把专业界定为基于专业知识和职业道德而建立起来的职业群体，它所提供的社会服务具有不可或缺的社会功能。这种模式是在结构功能主义理论指导下，以医生、律师等社会公认的成熟的专业作为理想的模式从中归纳出一系列的专业特质的。1948年美国教育协会提出了专业的8条标准：① 含有基本的心智活动；② 拥有一套专门化的知识体系；③ 需要长时间的专门训练；④ 需要持续的在职成长；⑤ 提供终身从事的职业生涯和永久的成员资格；⑥ 建立自身的专业标准；⑦ 置服务于个人利益之上；⑧ 拥有强大的、严密的专业团体。1956年利伯曼（M. Liebeman）提出了专业的8条特征：① 范围明确，垄断地从事社会不可缺少的工作；② 运用高度的理智性技术；③ 需要长期的专业训练；④ 从业者无论个人、集体均具有广泛的自律性；⑤ 在专业的自律性范围内，直接负有作出判断、采取行为的责任；⑥ 非营利，以服务为动机；⑦ 形成了综合性的自治组织；⑧ 拥有应用方式具体化了的伦理纲要。（详见教育部师范教育司．教师专业化的理论与实践［M］．北京：人民教育出版社，2001：14—15）

（四）知识化的加深使教育成为抽象的知识体系

教育的扩张与发展既包括实践更新纬度，也包括理论发展纬度。知识化和抽象化成为教育扩张与发展过程中的重要内容。一方面集中表现在任何时代的教育都要对当时社会的知识状况作出反应。人类每一历史时期的知识化状态必然会对当时的教育提出客观要求，促使教育作出适应性调整。18世纪和19世纪，欧洲资本主义的发展导致自然科学获得长足进步，科学技术在社会生产生活中得到广泛应用。在这种背景下，英国著名资产阶级社会学家、哲学家和教育家斯宾塞批评了旧教育专注虚饰身份、点缀生活的空疏性质，指出真正的教育目的与任务应该放在实际需要上，使教育为人的完满生活做准备。其理由在于，资本主义的生产已完全依靠科学，生产的科学化直接影响到生活内容也必然地依靠科学知识，给青年各种科学知识乃是教育的根本任务。斯宾塞因此结合五种生活内容详细阐述了各种科学知识在保全身体、生命受到伤亡、谋求生活、为工商业活动设计、做买卖时正确处理盈亏等方面的重大作用。对于“什么知识最有价值?”这一问题，他给出的答案是：科学。① 由此可以看出，教育要面对人类知识的积累和发展状况，适时地将社会生产生活经验与知识经过取舍、加工转化为“课程”，并通过教育过程将其内化到受教育者的精神世界中去。此外，不同时代对各种社会角色的要求也需要内化给受教育者。另一方面，也正是在社会的知识积累和抽象化及教育实践活动本身的复杂化过程中，人类关于教育的认识和知识也渐渐得以积累并趋向复杂化。任何教育活动，背后都离不开理论的支撑：如对其价值的判断与说明，对其合理性的解释与辩护，对其操作程序的描述及对运行效果的评估，等等。因此，伴随着对教育认识的深化，教育本身越来越成为抽象的知识体系，并借助这个抽象的知识体系作为工具形塑个体精神世界，以实现人的转化和知识的再生。从知识角度看，教育的运行实际上正是一个用知识生产和再生产知识的过程。

在现代社会，正是知识化和抽象化的进一步加深使教育活动不仅与日常生活“渐行渐远”，而且与其他社会活动如经济活动、政治活动、文化活动

---

① 参见王天一，等．外国教育史（上册）［M］．北京：北京师范大学出版社，1993：392.

等也区隔开来，成为一种“边界”明晰的专业活动。从此，教育的各个环节无不需要以特定知识和价值作支撑而不能随意而为，由此决定只有经过知识化的专业人群才能成为这种专业活动的合格行动者。

（五）规范化运作使教育的组织和管理高度制度化

“现代教育是制度化的教育，它是和民族国家的建立以及大机器生产的工业制度联系在一起的。”① 伴随教育规模的扩张，教育活动的组织过程趋向高度的规范化和制度化，最终形成独特的体系、结构和运行机制，从而成为一个刚性色彩浓厚的社会结构。这恰恰加剧和反映了现代教育的独立性和封闭性特征。

综上所述，工业革命以来，现代教育的扩张与发展已经使其成为一种培养人才的“大熔炉”和分配社会角色的“大机器”；现代教育作为一项重要制度、一种人才型塑和分配机制，已经成长为一个现代“巨人”，无人能逃脱得了这位“巨人”之手的“摆弄”。由此，教育对现代社会的作用已远远超出了一种影响因素的范围而越来越具有决定性意义。正是这种质的变化，使教育成层研究的视野和理论框架有了突破的必要。

① 胡定荣. 对建构主义教学论的历史、文化与实践的思考［J］. 比较教育研究，2005（2）.

第四章　教育成层的理论拓展

除非人们引进资本的一切形式，而不只是考虑经济力量所认可的那一种形式，否则是不可能对社会世界的结构和作用加以解释的。

——［法］皮埃尔·布迪厄

（P. Bourdieu，1930—2002）

一、教育成层认识的拓展

教育成层认识的拓展，在此系指哲学、社会学、心理学和教育学等不同学科中对认识教育及其成层功能具有重要启发意义的理论或观点，主要包括知识社会学的建构观点、布迪厄的文化资本理论、吉登斯的结构化理论和皮亚杰的发生认识论等。

（一）知识社会学的建构观点

20 世纪以来，知识社会学逐渐成为一个独立研究领域，就现实世界、知识的生成等问题提出了诸多富有创新的观点。① 根据知识社会学特别是其创始人德国哲学家舍勒（Max Scheler，1874—1928）的观点，个体所面对的现实世界是一个先于个体而存在的知识环境，该环境既提供具有意义的秩序，也是一种认识世界的方式即“相对于自然的世界观”。当个体被“抛

① 详见本章“附录：知识社会学的发展脉络”。

入”社会之时，所面对的不是一个荒芜的世界，而是“一个井然有序的现实，因为它在我能理解之前便已安排有序，并且将自身强置在我面前。所以，日常生活的现实是已经客观化的；这也就是说，它是由一套在我能理解前即已派定为客体的对象所组成。像生活中的语言是很好的例子”①。新生个体对先于他/她的社会现实和知识环境都没有丝毫选择权利，但先于个体而存在的现实秩序并非“超人”或“非人”存在，而是人类活动的成果。②现实秩序是由先于特定新生个体来到世界的所有个体共同建构的“客体我们”，构成新生个体成长的必不可少的前置条件和作为行动主体的“我们”与之互动的对象。

在知识社会学看来，作为主体的“我们”（主观世界）与作为客体的“我们”（客观社会现实）之间构成了回环往复的作用过程。如图 4－1 所示，人类活动的经验与意义通过客观化、制度化与合法化过程“外化”为客观的社会知识，这种知识通过语言载体型塑成客观形态的社会现实，进而又通过社会化和“内化”而进入个体主观世界形成主观形态的社会现实，如此回环往复，生生不息。

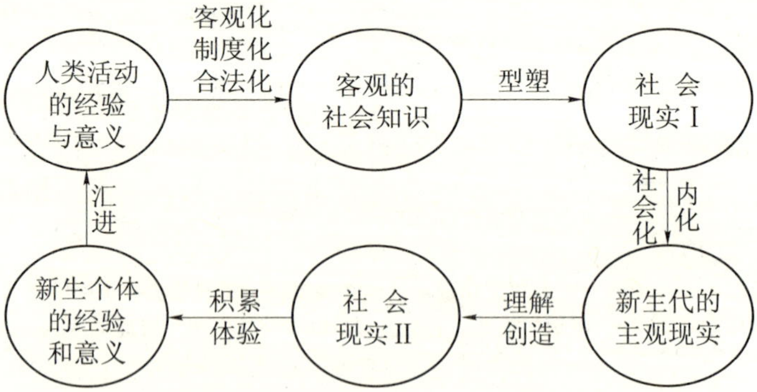

图 4－1　知识社会学视野中社会实体的建构过程图解

① 彼得·伯格、托马斯·卢克曼．知识社会学：社会实体的建构［M］．邹理民，译．台北：巨流图书公司，1991：36.

② “社会秩序是人为成品，也是人不断外化的东西。社会秩序虽有其环境的影响，但绝非衍自自然环境（如经济与科技的安排）。同时，社会秩序不是‘源自事物自身’，更非源自‘自然法则’。故而，社会秩序仅是人类活动的产品，它无任何本体论上的根据。从其发生（是人类过去活动的产品）和存在（至此不断持续的活动）都只是人类的产品而已。”（彼得·伯格、托马斯·卢克曼．知识社会学：社会实体的建构［M］．邹理民，译．台北：巨流图书公司 1991：69）

（二）布迪厄的文化资本理论

当代法国著名社会学家布迪厄在《资本的形式》这篇经典文献中首次完整地阐述了他的文化资本理论。近些年来，该理论成为学术界关注的重要焦点，围绕这一理论而产生的成果可谓数不胜数。① 文化资本理论对社会、资本、教育等的独到见解为教育成层研究提供了弥足珍贵的理论资源。

1. 资本概念引入社会世界及其含义拓展

布迪厄有其独特的社会观，他在《资本的形式》一文中开宗明义地指出，社会世界（social world）是一幅积累的历史画面，不同于转盘赌博世界②，为了理解社会世界的积累性必须引入“资本”这个概念。他指出：“必须把资本的概念、这一概念的相应扩展及其全部效应重新引入社会世界。资本是积累的劳动（以物化的或‘具体化的’‘肉身化的’形式），当这种劳动在个体性即排他性的基础上被行为者或其集合占有的时候，他们就能够以具体的或活劳动的形式占有社会资源。”③ 布迪厄试图在与转盘赌博比较中揭示资本概念足以用来理解社会世界的功能性特征：“资本与此则截然不同，它需要时间去积累，需要以客观化的、具体化的形式积累。同时，资本是以同一的形式或扩大的形式获取生产利润的潜在的能力，也是以这种形式进行自身再生产的潜在的能力，所以，资本包含了一种坚持自身存在的倾向，是一种扎根于事物客观性之中的力量。”④ 布迪厄还特意指出，在考

① 笔者曾在 Google 网上输入“文化资本”这个关键词，符合检索要求的结果多达 2100000 多项，搜索用时仅为 0.26 秒；在此基础上，笔者进一步以“文化资本　布迪厄”为关键词进行检索，符合条件的结果也多达 3670 多项，检索用时为 0.58 秒。由此不难看出人们对文化资本的关注度之高和文化资本研究之热。

② “在转盘赌博世界当中，前一轮赢得的赌注也许会在每一次新的旋转当中再次失去。转盘赌博描绘出来的图景，是一个完全竞争的、机会均等的世界，这是一个没有连贯性、没有积累性的世界，既无继承权也无固定资产。在这个世界里，每一个时刻都完全独立于前一个时刻，每个士兵背包中都装着将官的指挥棒，每个人都可能立刻中奖。所以，在任何一个时刻，任何人都可能成为任何可能。”（皮埃尔·布迪厄．资本的形式［M］//薛晓源，曹荣湘．全球化与文化资本．北京：社会科学文献出版社，2005：4）

③ 皮埃尔·布迪厄．资本的形式［M］//薛晓源，曹荣湘．全球化与文化资本．北京：社会科学文献出版社，2005：3.

④ 皮埃尔·布迪厄．资本的形式［M］//薛晓源，曹荣湘．全球化与文化资本．北京：社会科学文献出版社，2005：3.

虑资本概念之时，不应该像经济主义那样仅仅看到一种形式的资本即经济资本，构成社会世界结构性因素的是一切形式的资本，包括经济的、文化的、社会的、符号的等不同形态，下面重点介绍其中的文化资本理论。

2. 文化资本的提出及其意义

文化资本（le capital culturel，英语形式为 cultural capital）概念由布迪厄最早提出，又称做信息资本（informational capital），最初是以一种理论假设面目出现的。这一假设试图通过学术上的成就来解释出身于不同社会阶级的孩子所取得的学术成就的差别，即出身于不同阶级和阶级集团的孩子在学术市场上所能获得的特殊利益是如何与阶级和阶级集团之间资本分布状况相对应的。布迪厄认为该理论假设有两个优势：一是摆脱了常识性观点中的固有假设，该观点往往把学术上的成败看做天赋能力的结果；二是摆脱了人类资本理论中的固有假设即经济主义的倾向，这种倾向尽管明确提出了教育投资与经济投资及其收益率之间的关系问题，但在计算教育投资的产出时往往只考虑金钱方面的投资与收益或那些可以直接转换成金钱的东西，例如往往将教育所需的支出等同于学习上的那段时间可以产生的经济价值即所谓的机会成本。"这样，他们无力解释不同的行为者或不同的社会阶级为什么在经济投资和文化投资上所分配的比率相差会如此悬殊。"① 而造成这种结果的原因有二：一是经济学家们没有能力去系统地思考不同的收益所具有的可能性结构，这一结构是由各种各样的市场提供给行为者或阶级的，其差异在于财产的数量以及构成状况各不相同；二是经济学家由于没有把学术投资策略与总体教育策略、再生产策略综合起来考虑，结果导致"他们在某种悖论的掩盖下无可避免地忽视掉最不显眼的、最具社会决定性的教育投资，即家庭所付出的文化资本……他们并没有意识到能力或才能本身就是时间方面、文化资本方面投资的结果。因此毫不奇怪，在他们试图计算学术投资收益的时候，他们不得不把教育支出给社会所带来的福利看做是一种整体的'社会回报率'，或者'依据国民生产率的效应来衡量的教育性社会收益'。对教育作用的这种典型的功能主义定义，忽视了教育制度依靠文化资本的世袭

① 皮埃尔·布迪厄．资本的形式［M］//薛晓源，曹荣湘．全球化与文化资本．北京：社会科学文献出版社，2005：7.

传承而给社会结构的再复制所作的贡献"[1]。在上述分析的基础上，布迪厄指出资本概念的经济主义理解的局限性："各种有关人类资本的定义尽管具有一定的人本主义内涵，但它们从一开始就没有超越经济主义的范畴。它们尤其忽略了这一点，即教育活动中产生的学术性收益，取决于家庭先期投资的文化资本这一前提，而且，教育资格所带来的经济和社会收益也取决于社会资本，而后者是继承得来的，又可以用来支持人们获得这类收益。"[2] 在这种背景下，布迪厄提出了文化资本、社会资本等概念以突破资本概念的经济学内涵，从而改造了资本概念并将其引入社会世界的分析之中。

3. 文化资本的含义及其存在形式

所谓文化资本，系指任何具有价值增值功能、与文化及文化活动有关的有形及无形资产。通俗理解，文化资本是社会个体及各社会阶级阶层所拥有的显示或标识其文化状况的一切知识、技术、气质，以及各种文化产品和凭证的总称。根据布迪厄的理解，文化资本通常有以下三种存在形式。

身体化的形式（l'état incorporé，亦译为具体的形式或被归并化的形式），以精神或肉体的持久"性情"形式存在，在人体内长期而稳定地内在化从而成为禀赋和才能，构成生存心态（habitus）的组成部分。这种形式的文化资本与经济学上的"人力资源"概念比较接近。

身体化的文化资本尤为重要，是其他两种形式文化资本的基础，具有以下特征：（1）内在性，亦可称为身体性。"文化资本的基本形式是与身体有关的，并预先假定了某种实体性和具体性。文化资本的积累是在具体形式当中进行的，也就是说，采取了所谓的文化、教育、修养的形式，它预设了一个具体化和实体化的过程。"[3] 这一过程包含了劳动力的变化和同化，经过投资者身体力行的漫长过程，形成凝聚在行动者身上的某种禀赋、才能、"性情"或"生存心态"。（2）个体性。身体化的文化资本的个体性首先表

① 皮埃尔·布迪厄. 资本的形式［M］//薛晓源，曹荣湘. 全球化与文化资本. 北京：社会科学文献出版社，2005：7.

② 皮埃尔·布迪厄. 资本的形式［M］//薛晓源，曹荣湘. 全球化与文化资本. 北京：社会科学文献出版社，2005：7—8.

③ 皮埃尔·布迪厄. 资本的形式［M］//薛晓源，曹荣湘. 全球化与文化资本. 北京：社会科学文献出版社，2005：8.

现在这种文化资本的形成是个体的“自我发展”，必须由个体亲身参与才能完成，“这种具体的资本是转换成有机组成的外来财富，是转换成个人习性的外来财富。和金钱、产权以及贵族头衔不一样的是，它无法通过馈赠、买卖和交换进行当下的传承”①。其次，形成这种资本“必须要有个人的投入”：一是时间的投入，“测量文化资本的最精确的方法，就是把获取收益所需时间的长度作为测量的标准”②；二是社会建构性的利比多（性欲）的投入，这种利比多式的投入意味着在开展某项工作时需要忍受某种匮乏、某种痛苦和某种牺牲。此外，这种个体性还表现在文化资本“无法超越个体及其表现能力，随着它的拥有者（生物的能力、记忆等）的衰落和消亡，它也一道衰落和消亡”③。（3）无意识性。在布迪厄看来，文化资本的形成与获得具有无意识性，“可以在不同程度上、不同阶段里通过社会和社会中的阶级来获得文化资本。这种获得并不需要经过精心的策划，人们是在无意识中获得文化资本的”④。（4）独特性。不同个体所承载的文化资本是不同的，原因在于“文化资本的获得总是带有最初的印记，在这一获得过程中遗留下来的、或明或暗的印记（例如某个阶级或地区的发音特征），决定了一种文化资本区别于其他文化资本的特征”⑤。（5）符号性。由于文化资本在传承和获取的社会条件方面比经济资本带有更多的隐秘色彩，因此，“文化资本往往首先是作为一种符号资本而起作用的，即人们并不承认文化资本是一种资本，而只是承认它是一种合法的能力，一种能获得社会承认的（也许是误认的）权威”⑥。

客观化的形式（l’état objectif，亦译为客观的形式），指物化或对象化为

① 皮埃尔·布迪厄．资本的形式［M］//薛晓源，曹荣湘．全球化与文化资本．北京：社会科学文献出版社，2005：8—9.

② 皮埃尔·布迪厄．资本的形式［M］//薛晓源，曹荣湘．全球化与文化资本．北京：社会科学文献出版社，2005：8.

③ 皮埃尔·布迪厄．资本的形式［M］//薛晓源，曹荣湘．全球化与文化资本．北京：社会科学文献出版社，2005：9.

④ 皮埃尔·布迪厄．资本的形式［M］//薛晓源，曹荣湘．全球化与文化资本．北京：社会科学文献出版社，2005：9.

⑤ 皮埃尔·布迪厄．资本的形式［M］//薛晓源，曹荣湘．全球化与文化资本．北京：社会科学文献出版社，2005：9.

⑥ 皮埃尔·布迪厄．资本的形式［M］//薛晓源，曹荣湘．全球化与文化资本．北京：社会科学文献出版社，2005：9.

文化产品（如图片、图书、词典、工具、机械等）的形式，是理论的实现或客体化，也可以是某些理论、问题的批判等。其特征表现在以下几个方面：（1）存在的特征。客观化的文化资本与“文化产品”概念既接近又不尽相同。在布迪厄看来，文化产品是客观化的文化资本和经济资本的统一：“文化产品既可以表现出物质性的一面，也可以表现出符号性的一面。在物质性方面，文化产品预先假定了经济资本，而在符号性方面，文化产品则预先假定了文化资本。”[①]（2）传承的特征。客观化的文化资本在其物质性方面是可以传承的，这一点不同于身体化的文化资本而接近于经济资本，但在传承的特征方面与后者仍然存在差别：一方面，与经济资本的传承要受到审查和限制相比较，客观化文化资本的传承由于具有“隐秘”的特征而可能更好；另一方面，它也有自己的“弱点”：“可以传承的，只是合法的所有权，而不是也不需要建构这一特殊表现的前提条件。换句话说，传承的并不是对一幅绘画的‘消费’方式或者对一架机器的使用方法。在这点上，客观化的文化资本与具体化的资本一样，都是服从于同一个传承法则的。”[②]（3）使用的特征。由于具有上述的综合性，客观化的文化资本与普通的产品就具有了不同的使用特征。经济资本的普通产品往往只需要简单的、普通的消费方式即可进行使用和消费，但文化产品的占有者“必须找到一种方法去显现具体化的、作为其拥有者得到特殊显现的前提条件的资本”[③]。布迪厄举例说明文化资本的这一属性：“为了占有机器，生产手段的占有者只需经济资本，但为了显现并根据特殊的目的而使用它们（这种目的是由科学技术性质的文化资本所界定的，这种资本已被融化为机器本身），他必须亲自或找他人代理接触到具体化的文化资本。”[④]

制度化的形式（l'état institutionlisé，亦译为体制的形式），指的是由合法

① 皮埃尔·布迪厄．资本的形式［M］//薛晓源，曹荣湘．全球化与文化资本．北京：社会科学文献出版社，2005：12.

② 皮埃尔·布迪厄．资本的形式［M］//薛晓源，曹荣湘．全球化与文化资本．北京：社会科学文献出版社，2005：11.

③ 皮埃尔·布迪厄．资本的形式［M］//薛晓源，曹荣湘．全球化与文化资本．北京：社会科学文献出版社，2005：12.

④ 皮埃尔·布迪厄．资本的形式［M］//薛晓源，曹荣湘．全球化与文化资本．北京：社会科学文献出版社，2005：12.

化和正当化的制度所确认的各种学衔、学位及毕业文凭、证书等。它是“一种将个体层面的身体化资本转换成集体层面的客观化形态文化资本的方式，在这个意义上，制度化文化资本是一种介于身体化文化资本和客观化文化资本之间的状态”①。制度化文化资本以一种客观化的必须加以区别对待的形式存在（如我们在教育资质当中观察到的那样），这种形式使得文化资本披上了一层完全原始性的财富面纱。

布迪厄指出：“学术资格和文化能力的证书的作用是很大的，它给了其拥有者一种文化的、约定俗成的、长期不变的、得到合法保障的价值。”②制度化文化资本的特征表现在所具有的特殊社会功能上。具体说来，制度化文化资本具有以下几方面重要功能：（1）使得文化资本超越了身体化形式的生物局限。身体化的文化资本是个体身上的禀赋、生存心态，无法通过馈赠、买卖和交换进行当下传承，随个体存在的衰落而衰落、消失而消失，因此带有生物局限性。制度化文化资本克服了这种局限性，“这种文化资本相对于其拥有者而言，甚至相对于该拥有者在一定时期内有效占有的文化资本而言，均具有一种相对的独立性”③。（2）赋予文化资本的拥有以合法地位。制度化的文化资本使文化资本的拥有合法化了，因为“它在官方认可的、合法化的能力与简单的文化资本之间确立了一种根本的差别，而那种简单的文化资本则需要不断去证明自身的合法性。在此情况下，我们可以清楚地看到体制性权力、自我表达的权力和捍卫信仰的权力的魔力，一言以蔽之，就是强迫他人接受‘社会公认性’的权力”④。（3）使得在文化资本拥有者之间进行比较和相互替代成为可能。布迪厄认为，任何一个行为者都能占有体制上认可的文化资本，而且不同拥有者之间在文化资本占有上是可以进行比较的。他举以学术资格形式存在的制度化文化资本予以说明：“正是学术资

① 朱伟珏．“资本”的一种非经济学解读：布迪厄“文化资本”概念［J］．社会科学，2005（6）．

② 皮埃尔·布迪厄．资本的形式［M］//薛晓源，曹荣湘．全球化与文化资本．北京：社会科学文献出版社，2005：13．

③ 皮埃尔·布迪厄．资本的形式［M］//薛晓源，曹荣湘．全球化与文化资本．北京：社会科学文献出版社，2005：13．

④ 皮埃尔·布迪厄．资本的形式［M］//薛晓源，曹荣湘．全球化与文化资本．北京：社会科学文献出版社，2005：13—14．

格的存在，使得资格拥有者之间的比较甚至相互替代成为可能。”[①]（4）可使文化资本与其他形式的资本进行转换。制度化文化资本因其特殊性而成为文化资本的一种具体存在形式，文化资本与其他形态资本是可以通过制度化文化资本的作用而实现转换的。例如，制度化文化资本“通过保证特定的学术资本的金钱价值，学术资格能够在文化资本和经济资本之间设定一定的转换率”[②]，从而使文化资本与经济资本之间的转换成为可能。

（三）吉登斯的结构化理论

吉登斯是享有国际盛誉的当代英国社会理论家，以提出结构化理论而著称于世。结构化理论从结构二重性角度分析了行动与结构、个人与社会的辩证关系，为拓展教育成层研究提供了可资借鉴的宝贵资源。

吉登斯不相信存在有关社会行动、互动和组织的抽象法则，他的结构化理论并不像布迪厄的社会再生产理论一样由一系列命题组成，甚至相反，“他的‘理论’是一串敏感化的概念，并且松散地联系在一起”[③]，其中最值得关注的当数结构、结构化、结构二重性等概念。

1. 结构的重新定义

结构（structure）概念通常用来指称由一定要素及其相互关系构成的整体性存在，在社会学中往往被理解为一种社会现象或社会关系的“模式化”。吉登斯从规则和资源角度重新界定了该概念，他视结构为能转化成供行动者在具体情境下所用的规则和资源。“结构可以概念化为行动者在跨越‘空间’和‘时间’的‘互动情境（context）中’利用的规则（rules）和资源（resources）。正是使用这些规则和资源，行动者在空间和时间中维持和再生产了结构。”[④] 资源包括权威性资源和配置性资源两类，前者为在一

① 皮埃尔·布迪厄. 资本的形式［M］//薛晓源，曹荣湘. 全球化与文化资本. 北京：社会科学文献出版社，2005：14.

② 皮埃尔·布迪厄. 资本的形式［M］//薛晓源，曹荣湘. 全球化与文化资本. 北京：社会科学文献出版社，2005：13—14.

③ 乔纳森·特纳. 社会学理论的结构（下）［M］. 邱泽奇，等，译. 北京：华夏出版社，2001：170.

④ 乔纳森·特纳. 社会学理论的结构（下）［M］. 邱泽奇，等，译. 北京：华夏出版社，2001：170.

个情境下控制和引导互动模式的组织能力，后者则指一定情境下在控制和引导互动模式中对物质特征、人工制品以及物品的使用。需要注意的是，“资源和规则相互关联，只是为了理论分析的方便才将其分别对待。在真实的经验世界中，它们同时存在于互动的行动流之中。因此，将它们分离仅仅是一个分析拆解的方法。”①（详见第二章的图 2 -2）

2. 结构化及结构二重性

所谓结构化（structuration），吉登斯以之来指称社会关系凭借结构二重性跨越时空不断形成结构的过程。换言之，结构化就是在绵延的行动流中，规则和资源反复不断地生产和再生产的过程，在此过程中，规则和资源既构成行动的条件，同时也是行动的结果。通过该过程，社会的宏大结构才在日常互动过程中得以不断地生产和再生产，社会系统才得以形成与维持。

所谓结构二重性（duality of structure），根据吉登斯的理解，系指“结构同时作为自身反复组织起来的行为的中介与结果；社会系统的结构性特征并不外在于行动，而是反复不断地卷入行动的生产与再生产”②。通俗地讲，结构二重性即指行动者利用结构，并且在利用结构的特质时改变或再生产了这个结构。结构二重性是结构化理论的基础和关键，这个概念实际上是针对社会学中“行动与结构”（“个体与社会”）这对基本矛盾提出的。社会学知识体系长期以来由于受诠释者所选择的立场、出发点和侧重点的影响，对行动与结构关系的诠释一直存在很大分歧和争议。③ 功能主义、系统理论和结构主义等流派（代表人物包括迪尔凯姆、帕森斯等）往往强调结构对行动者的制约性一面，解释学及各种形式的“解释社会学”（代表人物包括韦

① 乔纳森·特纳．社会学理论的结构（下）［M］．邱泽奇，等，译．北京：华夏出版社，2001：172.

② 安东尼·吉登斯．社会的构成［M］．李康，等，译．北京：生活·读书·新知三联书店，1998：533.

③ “自古典社会学以来，对于社会行动及其秩序与结构所作的探讨，常常会陷入一种研究套路，即研究者往往将社会行动与其秩序和结构进行分离，并对两者作出预定的优先性选择，要么强调社会秩序、结构对社会行动过程具有的决定性制约作用，要么强调从社会行动（特别是个人行动）及其动机、理性、信念之中寻求社会秩序结构的构成和变迁的根源。这导致了一种分裂：在对社会行动进行策略性分析时，社会行动的制度性分析常常被悬置在一旁；反过来，在对社会行动进行制度性分析时，行动的策略性、权益性分析往往又被搁置了起来。”（杨敏．社会行动的意义效应：社会转型加速期现代性特征研究［M］．北京：中国人民大学出版社，2005：105）

伯、戈夫曼、伯格与卢克曼等）则强调行动者的能动性。当然，也有反对将行动者与结构割裂开来的观点。德国社会学家诺贝特·埃利亚斯就曾指出："严格说来，我们纯粹是在语言上使'个体'和'社会'彼此立于对立面的，就像它们是两个互不相干的东西。"[①] 近些年来更是出现了一种试图将行动者和结构，或个体与社会这种二元对立予以消解的倾向，吉登斯、布迪厄[②]等当代社会学家便是其中的代表。结构化理论尤其是结构二重性概念所试图阐述的正是行动者和结构的形成并非两个互不相关的独立过程，而是结合在一起的同一过程。结构并非如结构主义和功能主义者所认为的那样仅为个体身外之物，对个体的行动仅起制约作用，而是内在于个体的活动中并被行动者主动地利用和创造着的对象，因此结构具有制约性和能动性特征。

（四）皮亚杰的发生认识论

皮亚杰（Jean Piaget，1896—1980）是国际著名儿童心理学家，生前曾任日内瓦发生认识论国际研究中心主任、卢梭研究所所长。他和同事以研究儿童的认知特别是儿童的思维或智力的发展闻名于世，被称为日内瓦学派。皮亚杰 1970 年出版的《发生认识论原理》一书集中阐述了他的发生认识论观点。本书包括"认识的形成（认识的心理发生）""原初的有机体条件（认识的生物发生）""古典认识论问题的重新考虑"三部分内容，分别对认识的发展与形成问题、认识在有机体方面的起源和机制问题、一些古典认识论问题进行分析和考察。皮亚杰认为，认知的结构既非在客体中预先形成，因为这些客体总是被同化到那些超越于客体之上的逻辑数学框架中去；亦非在必须不断地进行重新组织的主体中预先形成。因此，认识的获得必须用一个将结构主义（Structurism）和建构主义（Constructivism）紧密连接起来的理论予以说明，每一个结构都是心理发生的结果，就是从一个较初级的结构过渡到一个不那么初级的（或较复杂的）结构。[③] 图式概念体现了结构主义

① 诺贝特·埃利亚斯．个体的社会［M］．翟三江，陆兴华，译．上海：译林出版社，2003：170.

② 布迪厄的观点往往被称做"建构性结构主义""生成性结构主义"或"结构主义的建构论"，通过强调情境的非决定性和行动者的实践本性，凸显了行动者在受结构制约的同时所具有的能动性和实践性特征。

③ 皮亚杰．发生认识论原理［M］．王宪钿，等，译．北京：商务印书馆，1995：15.

和建构主义相结合的特征。

图式（schema）系指个体认知发展的格局或结构，通过同化和顺应两个过程对刺激作出反应以实现心理发展。所谓同化，是把新的、感知的、运动的或概念的材料整合到已有认识结构和行为模式中去的认知过程。通过同化，各种新的刺激被已有认知结构消化，已有认知结构因此在内容上得到充实。所谓顺应，则是当既有认知结构无法同化某些新刺激时认知结构因新刺激的输入而得以改变的过程，包括两种形式：一是“创造”即产生一个可以接纳新刺激的认知结构，仿佛资料索引汇编中的新的索引卡；二是“改造”即改变现有认知结构以使新刺激能够符合于它。个体通过同化和顺应的相互作用不断地推动认知图式的变化与更新，在“结构”和“建构”的辩证统一中实现着成长与发展。

我们认为，应在教育学和心理学两个学科对学习活动的理解和认识的变化中来认识皮亚杰的发生认识论，唯有如此方能真正把握其重要价值。20 世纪上半叶，学习理论主要是行为主义的舞台，其核心论断是“学习是反应的强化”。后来该论断首先受到格式塔心理学家的挑战，“学习是对理解的探索”的观点被明确提出来，但遗憾的是，“由于缺乏表述这一思想的清晰语言以及支撑这一思想的相应技术，这一观点在当时并没有被广泛采纳”[①]。20 世纪六七十年代，认知心理学家以计算机为类比物提出了关于学习的新观点即“学习是知识的获得”，根据这一学习观，教学过程成为发生在教师和学生之间的单纯的知识授受过程，学生处于被动的受体地位，学生个体的知识与经验、主体性与能动性无法在教学过程中得到应有重视和体现。20 世纪 80 年代以来，受皮亚杰等心理学家的深刻影响，人们对行为主义和认知的信息加工理论进行了深刻反思，对学习的本质与特征及有关教学认识论问题进行了深入研究，在这种背景下，以皮亚杰的发生认识论为代表的建构主义开始给教育实践乃至教育学、心理学研究带来了不容忽视的影响。

① 莱斯利·P. 斯特弗，杰里·盖尔. 教育中的建构主义［M］. 高文，等，译. 上海：华东师范大学出版社，2002：总序第 8 页.

（五）分析与结论

上文所介绍的知识社会学的建构观点、布迪厄的文化资本理论、吉登斯的结构化理论和皮亚杰的发生认识论，为拓展教育活动的属性、功能和社会地位的解释空间提供了重要的理论支撑。

首先，知识社会学对社会实体建构过程的揭示，或者说人类知识秩序的形成与延续并非自发实现而需专门活动来承载的基本观点，对深刻把握教育的功能和价值具有重要意义。教育活动作为一种建构活动，其社会功能和意义正体现在作为社会行动主体的个体与作为客体的现实秩序的相互作用之中。根据知识社会学的建构观点，一个社会的新生代接受教育的过程也就是将“社会”这个已被“客观化”的“知识共同体”，通过语言等媒介再次“内化”到新生代身上从而形成“主观世界”的社会化过程。该过程是以知识为中介的，教育活动中的各种要素均通过知识“中轴”而相互结合和互动。[①] 正如伯格和卢克曼所指出的：“这就是知识，它在社会化中被学习，也在内化中将客观的社会结构传入个人的意识中。因此，知识是社会中基本辩证过程的核心。它将规划各种管道，使外化能产生客观的世界；也透过语言而将世界客观化，使成为人类认知的能力，让凡事成为可了解的现实。同时，它也透过社会化，使客观事物内化于人的意识。”“在社会化的过程中，知识如实体之本身被传递给下一代，而被主观的实体所内化。藉此，它具模塑人的力量，也可制造特殊类型的人。”[②] 知识之所以能够扮演教育活动的中介角色，乃在于它具有一般中介物均具有的“兼容性”，体现在作为发挥建构功能的教育活动的中介的“知识”并非一般意义上的知识，而是根据一定标准经过复杂的社会选择和教育加工过程获得了“合法性”并被贴上“课程”标签的知识。质言之，是一种“法定知识”或“官方知识”。而“在整个可能获得的知识领

---

① “知识本身既是学生需要学习的，也是教师所要讲授的。同时，它也是教育行政管理者认为有必要进行管理、控制和组织的东西。”［谢维和．教育活动的社会学分析：一种教育社会学的研究（修订版）［M］．北京：教育科学出版社，2007：78］

② 彼得·伯格，托马斯·卢克曼．知识社会学：社会实体的建构［M］．邹理民，译．台北：巨流图书公司，1991：82，83.

域中，只是有限的部分被视为法定知识和‘值得’传递给下一代的知识”①。知识成为课程的过程正是典型的社会建构过程。

知识社会学与建构主义之间存在内在关联。“知识社会学是产生建构论思想，发展建构论立场，反对客观主义的知识观，探究知识的社会历史根源而不是它们既定的、固有的、本源的一种重要理论与研究实践。”② 知识社会学的建构观阐释了客观社会现实和主观世界之间的辩证关系和相互作用过程，从知识角度深刻地揭示了教育活动的建构属性，为重新审视教育成层功能带来了崭新的视角。

其次，布迪厄的文化资本理论不仅深入阐述了一种新的社会观，而且揭示了文化资本在现代社会中的重要性，对认识教育的地位与功能具有重要的认识论和方法论价值。布氏主张将社会化约为一个个具体场域③，为了理解社会世界的积累性，必须引入资本概念，但他旗帜鲜明地反对资本概念理解上的褊狭传统即经济主义理解，主张对其作“非经济学的”解读。随着知识的地位空前飙升，现代社会越来越成为知识社会，文化资本在现代社会中的地位也因此越来越突出，这可从文化资本与由“财富”“权力”和“声望”构成的三元成层标准的关系中得到有力证明：(1) 文化资本与财富。在布迪厄的文化资本理论中，“文化资本与财富”这个关系式以“文化资本与经济资本”的形式出现。在布氏看来，经济资本是文化资本的基础。由于文化资本的积累是一个漫长而艰苦的过程，不仅要花费行动者大量的时间和精力，而且需要投入大量的经济资本，因此一个社会的经济资本的不平等分布就直接影响乃至决定了该社会不同家庭子弟的文化资本的积累和传承状况。反之，文化资本也可以兑换成经济资本，具有一种掩盖其自身可以与经济资本进行交换的功能，由经济资本转换而来的“学历”在就业市场上又能够再次转换成经济资本，这正如中国古语所云“书中自有黄金屋，书中自有颜如玉”。布氏把通常不被人们当做

① M. W. 阿普尔. 国家权力和法定知识的政治学［J］//马和民，译. 华东师范大学学报：教育科学版，1992 (2).

② 楚江亭. 真理的终结：科学课程的社会学释义［M］. 北京：北京师范大学出版社，2005：24.

③ 郑乐平. 超越现代主义和后现代主义：论新的社会理论空间之建构［M］. 上海：上海教育出版社，2003：99.

资本的事物如知识、教养、感性、趣味、馈赠及仪式等同样视为资本，正体现了他对文化资本和经济资本一样具有收益功能的强调。（2）文化资本与权力。权力在布迪厄的文化资本理论体系里是作为一般的社会关系和社会力量表现出来的。凡有社会关系和社会力量存在之处就有权力存在，就有权力作用的发生。而且，作为"一般性"社会力量，权力并不局限于政治领域，它既可以是政治性的、社会性的、经济性的，也可以是文化性的。当然，文化资本的权力属性是有其自身特征的。（3）文化资本与声望。在现代社会中，文化资本与个人的社会地位和声望/声誉也存在密切的关系，诚如高宣扬先生所指出的："文化资本乃是同经济资本一起，构成一切社会区分化的两大基本区分原则（deux principes de différenciation fondamentale）。现代社会的特点，就是文化资本同经济资本一样，在进行社会区分的过程中，扮演了非常重要的角色。现代社会中的个人或群体，其社会地位和势力不能单靠其手中所握有的经济资本，而是必须同时掌握大量的文化资本。只有将经济资本同文化资本结合起来，并使两者的质量和数量达到显著的程度，才能在现代社会中占据重要的社会地位，并获得相当高的社会声誉。"①

布氏通过文化资本概念对现代社会的本质属性和成层特征作了新颖分析，并通过对决定个体社会地位的文化资本因素的强调阐明了教育在文化资本积累和传承中的重要地位，极大地彰显了现代教育的社会价值，拓展了对教育的社会地位和功能的理解。正由于文化资本在现代社会的成层过程中的作用越来越突出越来越不容忽视，教育成为文化资本积累与传承的制度性基础。也正因此，"在文化资本的分配的再生产中，因而也在社会领域的结构的再生产中，起着决定作用的教育制度，便成为争夺统治地位的垄断斗争中的关键环节"②。基于此种现实，继续用传统的成层理论来解释教育的影响力显然有些不合时宜了。

再次，吉登斯的结构化理论特别是其中的结构二重性概念揭示了教育在建构社会中的作用与机制，同样拓展了对教育成层的理解。根据结构化理论

① 高宣扬．布迪厄的社会理论［M］．上海：同济大学出版社，2004：149.

② P. Bourdieu：*La noblesse d' État. Grandes écoles et esprit de corps.* Paris：Editions de Minuit. 转引自高宣扬．布迪厄的社会理论［M］．上海：同济大学出版社，2004：149.

的基本观点，教育功能的形成与释放既是一个受动过程，也是一个能动过程，具有结构二重性特征。“教育是帮助个体进行社会化的场域，是培养和形成自我的活动，作为社会整体结构的一个组成部分，本身就具有结构性特征。”① 个体成长的过程，也就是在种种结构性因素的影响与作用下不断社会化的过程，经由该过程，个体身上形成了自我，实现了个性与共性的辩证统一。教育本身的结构二重性表现为教育活动是在一定的客观环境下结构化的，成为一种典型的结构性活动；与此同时，教育活动本身也再生产出一定的结构。这正体现出教育活动的建构性特征：“这种建构性活动一方面以现实的社会文化和知识结构为基础，另一方面，教育活动本身也在不断地创造出新的社会文化和知识结构。”② 显然，这种结构二重性和建构性主要是通过文化特别是知识这种重要媒介而实现的，教育活动与其他社会活动籍此得以区别开来。

最后，皮亚杰的发生认识论在教育领域已产生了广泛而深刻的影响，它与德国教育学家赫尔巴特（Herbart，1776—1841）的统觉理论、俄国心理学家维果茨基（Lev Semenovich Vygotsky，1896—1934）的语言习得理论成为建构论教育学、心理学的理论源头。皮亚杰的发生认识论通过对认识过程及其规律的探讨触及了包括教育教学过程在内的人的认识过程的建构属性和特征，特别是其中的“图式”“同化”“顺应”“建构”等概念集中揭示了教育活动的建构过程与机制，对推动教育成层研究的深入具有不容忽视的理论价值和方法论意义。

总之，上述几种理论和观点集中揭示了教育活动的社会功能的增强及其建构属性的凸显，对现代教育在社会生成与变迁中的地位与功能进行了分析，这对推动教育成层研究的深化具有一定的理论意义，成为教育建构功能研究的重要理论基础。

---

① 李慧敏．社会转型时期的自我认同与教育：以吉登斯的自我认同理论为视角［M］．北京：高等教育出版社，2005：45.

② 谢维和．教育活动的社会学分析：一种教育社会学的研究（修订版）［M］．北京：教育科学出版社，2007：130.

二、建构概念及建构主义辨析

（一）建构主义思潮的兴起

建构主义是20世纪80年代在西方兴起的一种社会思潮，迄今已形成一个来源驳杂、观点多样、流派纷呈、影响广泛的庞杂体系。其中，库恩、拉卡托斯和费耶阿本德等人的科学哲学理论，皮亚杰的发生认识论，维果茨基的语言习得理论，知识社会学和科学社会学理论，后现代主义关于科学的观点，以及美国心理学家凯利（G. A. Kelly）的个人建构理论等均为建构主义的形成与发展贡献了智慧。从学科角度看，该思潮涉及哲学、社会学、历史学、教育学、心理学、文学等众多领域。

建构思想的哲学源头可上溯至古希腊时期。苏格拉底（Sokrates，前469—前400）的“产婆术”可谓建构思想的范例。新西兰学者诺拉（Nola）曾指出，在反对用直接教学方式以形成知识基础的原因方面，苏格拉底和柏拉图（Platon，约前427—前347）是教育上最早的建构主义者。①

近代以来，意大利哲学家维科（G. Vico，1668—1744）被当代建构主义者奉为建构主义的先驱，哲学家休谟（David Hume，1711—1776）、贝克莱（George Berkeley，1695—1753）的思想，特别是康德（Immanuel Kant，1724—1804）的先验认识论也具有明显的建构主义色彩。康德在回答“知识如何可能?”问题时指出，认识主体无法直接接触外部实在，只能通过运用与生俱来的基本认知原则组织经验来发展知识。康德否认实在论的认识论，把“客观性”解释为任何时候、对任何认知者都必不可少的主体间的有效性，他认为，“客观性”“真理”和“知识”这些概念主要不是指人的精神与独立于精神的那种“反映”或二者间的对应关系，人不可能获得对“自在之物”的认识或关于自在之物的知识，一切可靠的知识都不是“调节

① Nola，R. *Constructivism in science and science education*：*a philosophical critique*. Science and Education，1997，6（2-3）：58.

性的”，而是“建构性的”。[1]

进入现当代，科学哲学、现象学、阐释学等诸多哲学分支对建构主义的发展贡献甚多。伴随知识社会的来临，建构思潮对知识的探讨日趋深入，涉及知识的建构性、社会性、情境性、复杂性及默会性[2]等重要主题，逐渐形成一种全新的建构主义知识观和建构主义教学论。自 20 世纪 80 年代始，建构主义思想逐渐成为社会理论的主要方法论之一，众多社会理论家如布迪厄、吉登斯、鲁曼（N. Luhmann）、杜连（A. Touraine），以及女性主义者、后现代主义者、后殖民主义者、东方主义者等的社会研究无不与建构主义存在着千丝万缕的联系。

需要指出的是，尽管不少哲学家的思想中含有建构观念成分，但建构主义并非某一具体哲学流派，而是许多哲学思潮的共同主张。英美哲学中的实用主义、新实用主义、后分析哲学、历史主义、后历史主义等思潮在认识论上均带有建构主义性质，欧洲大陆哲学中的现象学、存在主义、哲学解释学、批判理论、结构主义和后结构主义等思潮亦带有建构主义特征。正如有学者所认为的，建构主义体现了一种时代精神。[3]建构主义思想与教育关系密切，不仅有效地拓展了对教育的认识从而为教育研究的深入提供了重要的方法论和认识论基础，而且在现实中往往成为指导教育实践、促进教育革新的理论基础，因此在教育领域中的渗透与发展成为一种不容忽视的现象。[4]

---

① M. 弗里德曼．论科学知识社会学及其哲学任务［J］．张敦敏，译．哲学译丛，1999（2，3）：76.

② 莱斯利·P. 斯特弗，杰里·盖尔．教育中的建构主义［M］．高文，等，译．上海：华东师范大学出版社，2002：总序，9—11.

③ 林枫．建构主义认识论评析［J］．教学月刊，2002（8）.

④ 耐人寻味的是，建构思想在教育学和心理学两个领域中的发展与渗透通常是水乳交融地进行的，这恰恰体现了教育活动与心理学研究之间的血肉联系。

1989 年末，美国佐治亚大学教育学院在艾森豪威尔项目的赞助下，开始筹办以确定研究生教育中的创新教学与学习策略为直接目标的系列研讨会。该系列研讨会于 1990 年 1 月 17 日至 4 月 13 日举行，包括冯·格拉斯菲尔德（Von Glaserfeld）、杰根（K. J. Gergen）、斯皮若（R. J. Spiro）、科布（Cobb）、斯特弗（L. P. Steffe）、德莱沃（Driver）等在内的建构主义研究领域 11 位国际著名学者参加了这次学术研讨会。研讨会的系列发言中出现了不同的建构主义观点，如激进建构主义（radical constructivism）、社会建构主义（social constructivism）、社会建构论（social constructionism）、社会文化认知观点（sociocultural cognition）或称对待中介行为的社会文化观点（sociocultural approaches to mediated action）、信息加工建构主义（information-processing constructivism）和控制论系统观 （转下页）

20 世纪 90 年代中期以来，建构主义思想成为一些国家进行科学教育①、课程与教学改革的重要理论基础②，我国肇始于 2000 年的新一轮基础教育课程改革也同样强调了建构思想的理论基础地位。③

（二）建构主义的谱系学分析

与其说建构主义是一个有机整体，不如说它更是一个汇于“建构主义”名下的具有一定内在联系却又彼此有别的众多观点和不同人物的统称而已，这正体现了建构主义作为一个思想体系所具有的异质性和复杂性特征。

1. 建构主义的分类

关于建构主义，国内外学者已提出不少分类方式：（1）美国学者斯特弗和盖尔将建构主义分成激进建构主义（radical constructivism）、社会建构主义（social constructivism）、社会建构论（social constructionism）、社会文化

（接上页）（cybernetic systems）的激烈碰撞。为了让各种不同的建构主义观点得到充分的讨论和交锋，斯特弗教授通过争取额外资金于 1992 年 2 月 19—23 日，再次召开了题为“教育中的新认识论”的学术研讨会。

组织者举办这种研讨会的深层目的是从新的建构主义认识观出发对传统的迪卡尔认识论进行深刻反思，应该说，这个目标完全达到了。在上述一系列主题集中、组织严密、不断推进的研讨交流所产生的成果的基础上，1995 年 LEA 出版社推出了由斯特弗和盖尔（Jerry Gale）二人主编的《教育中的建构主义》一书。该书作为一部论文集整理了研讨过程中出现的上述六种建构主义范型，别出心裁地呈现了各种类型的建构主义彼此之间的诘难与对峙过程。尽管这六种建构主义范型彼此之间不尽一致，甚至仍然面临一些共同的问题尚未解决，如文化对知识的影响究竟是什么？个体与社会之间的关系是怎样的？知识位居于个体还是语言之中？等等。但是，这六种范型所持核心观点均与迪卡尔认识论模式不同，它们的共同理论追求是试图采用超越二元论的方法即力求避免将身心分割的内生说（心智为中心）和外生说（现实为中心）来重新看待知识，都十分重视知识是如何从一种动态的互动之中形成的这一问题。

① 1996 年美国出版的美国有史以来的第一个全国科学教育的纲领性文件《国家科学教育标准》就是以建构主义为指导思想的。

② 在德国，基尔大学科学教育研究所杜特（R. Duit）博士倡导用建构主义理论来改革科学教育；在新西兰，20 世纪 90 年代中小学科学课程即是以建构主义为指导编写的；在英国，利兹大学的科学教育研究中心多年来一直在开展把建构主义理论用于科学教学改革中。

③ 建构主义在国内教育界和心理学界是逐渐被关注、被消化进而被吸收运用的。建构主义作为一种理论资源在我国登陆并产生影响始于 20 世纪 90 年代。表现在三个方面：一是一些研究建构主义的文章陆续发表，如北京师范大学的陈奇教授和张建伟博士在《北京师范大学学报》（社科版）1996 年第 4 期上发表的《从认知主义到建构主义》、在《华东师范大学学报》（教科版）1998 年第 1 期上发表的《建构主义学习观要义评析》，何克抗教授在《学科教育》1998 年第 3—6 期上发表的《建构主义——革新传统教学的理论基础》等；二是翻译引进国外的一些建构主义著作，如上文提到的《教育中的建构主义》；三是以建构主义为理论基础和分析工具的专题研究越来越多。

认知观点（sociocultural cognition）或称对待中介行为的社会文化观点（sociocultural approaches to mediated action）、信息加工建构主义（information-processing constructivism）和控制论系统观（cybernetic systems）等六种范型。① 国内于20世纪90年代中期开始研究并大力引介建构主义的陈奇教授等人所采用的便是这一分类。②（2）澳大利亚教育学者马修斯（M. Matthews）将建构主义分为三大类：教育学建构主义、哲学建构主义和社会学建构主义。教育学建构主义能够成为一种独立类型，与马修斯对建构主义的独特看法和研究角度的选择密切相关。③（3）国内有研究者将建构主义分为个人建构主义、激进建构主义和社会性建构主义三类④，或个人建构主义、激进建构主义和社会建构主义三类⑤，二者的区别仅仅体现在“社会性建构主义”和“社会建构主义”的称谓之上。比较这两篇文献，不难发现后者明显带有直接挪用前者的痕迹。（4）楚江亭博士“综观多种分类”，将建构主义区分为社会建构论和个体的建构主义两类，并进一步将个体的建构主义分为个人建构主义、激进建构主义和社会性建构主义。⑥ 至于据何作此分类并如此强调社会建构论，从他所作的有关“说明”中或许可找到一些答案：“必须说明的是，国内外所讨论的‘建构主义’常常是指个体的建构主义，即探讨个体的学习者是如何学习或建构个体知识的，不涉及整个知识体系或某一种知识的产生、发展、变化与社会因素之间的关系问题，即不触及我们所要讨论的社会建构论的问题。显然这样的研究是不完整的，如此的‘建构主义’也是以偏概全的。由于这种认识的影响，不少研究者仅仅重视皮亚杰、维果茨基等学者的心理学理论和有关观点，而忽视了科学史、科学哲学、知识社会学、科学知识社会学等学科以及后现代主义、后殖民主义、女性主义等学术流派对知识之社会建构，也即对社会建构的深入探讨。其实，‘个体的建构主

① L. P. Steffe & J. Gale. *Constructivism in Education* [M]. Lawrence Erlbaum Associates, Inc., 1995.

② 陈奇，张建伟．建构主义学习观要义评析［J］．华东师范大学学报：教育科学版，1998（1）．

③ Matthews, M. *Introductory comments on philosophy and constructivism in science education: science and education*, 1997, 6 (1-2): 5.

④ 丁邦平．建构主义与面向21世纪的科学教育改革［J］．比较教育研究，2001（1）．

⑤ 袁维新．试论基于建构主义的科学教育理念［J］．外国教育研究，2002（6）．

⑥ 楚江亭．真理的终结：科学课程的社会学释义［M］．北京：北京师范大学出版社，2005：23．

义'和'社会建构论'这两个方面的研究都是十分必要的，忽视了任何一方都是有缺陷的、片面的、不完整的。"①

不可否认，不同的建构主义类型和流派彼此确实分享了一些共同观点②，如都否定经验主义（或实证主义）和理性主义知识观，否定知识的绝对客观性和正确性，认为知识是建构性的，所有知识都不可能是纯粹的，都受各种社会因素的影响。概言之，它们均反对客观主义认识传统③而坚持以下主张：（1）就"实在"的性质而言，人的心理表征与外部世界一样拥有"真实"的存在状态；（2）就知识的性质而言，知识是个体建构的，且内在于人的心灵，而非外在于世界之中；（3）就科学的性质而言，科学是一种创造意义的活动，这种活动受偏见和个人价值观念的影响与过滤；（4）就人际互动性质而言，学习依赖于共享或协商的意义且这些意义实质上是合作的产物，而非依靠权威或经过操纵而产生。

---

① 楚江亭. 真理的终结：科学课程的社会学释义［M］. 北京：北京师范大学出版社，2005：37 页注［3］.

② 约翰·肖特（J. Shotter）在《社会建构论与激进建构主义的对话》中概括了六种建构主义范型之间的八点共同之处：（a）研究的焦点应放在"活动"上，而不是"事情"和"物质"上；不仅要注意一般的活动，而且要注意创造性的、形成性的或建构性的活动，这种活动是自我再生产的、自我维持的或反身性的。（b）在知识的发展过程中，"产生"比"发现"更重要，创造的过程比发现的过程更重要。（c）我们也相信谈论我们绝对真实的知识，即独立于我们的外部世界的知识，已经没有什么意义，因为对我们而言，不再有什么我们以前所称做的"外部世界"。（d）如果我们能在建构论或建构主义者的活动之外接触任何"事情"或"活动"——也许这些接触或抵触会让我们吃惊——那么，除了有关的从这些活动中我们所知道的事情发生了以外，它们的特性对我们仍然是未知的。（e）我们今天在评价我们提案的价值时仍要呼吁诸如一致性、生存力、成效性、启迪性或恰当性等观念。（f）我们关注的是意义和重要性，而不是原因和结果。（g）虽然每个人都关注互动，一些人把已建构出的互动的产物看得很重要，而另一些人则关注这一过程中的事件。然而，并非所有人都关注在社会发展中或正在发展的互动瞬间发生了什么；他们更关注个体内部的建构过程。（h）在理论与实践的关系上没有普遍的共识。（莱斯利·P. 斯特弗，杰里·盖尔. 教育中的建构主义［M］. 高文，等，译. 上海：华东师范大学出版社，2002：32）

③ 客观主义认识论基本观点可概括如下：（1）从"实在"的性质来看，"实在"是客观的，是外在于人的心灵的，是不以人的意志为转移的。人的心灵、意识、思维是主观的，是被"客观实在"所决定的。（2）从知识的性质来看，知识是对"客观实在"的摹写或反映，知识的真理性是由其与"客观实在"符合的程度决定的，知识因而是客观的。由客观主义知识观必然派生出决定论的知识观和还原主义的知识观。（3）从科学的性质来看，科学是知识的代表或典范，是"真知识"、有价值的知识，科学的使命是发现与"客观实在"相符合的"价值中立"的"客观真理"。（4）从人际互动的性质来看，真理是由少数科学家、专家学者经过严格的程序探索获得的，芸芸众生只是接受和传播专家们所发现的"真理"，这必然导致权威与服从的人际关系。［参见林枫. 建构主义认识论评析［J］. 教学月刊，2002（8）］

2. 建构主义的分析维度

然而，超出上述反客观主义共识，不同类型的建构主义在出发点（个人还是社会）及对建构强调的程度（激进还是温和）上所存在的差异就不能不被重视了。下面便从个体与社会、激进与温和两对不同维度对建构主义予以梳理。

（1）个体—社会。这两个纬度体现的是建构主义研究者所选择的两种不同取向，即个体取向和社会取向。正如楚江亭博士所指出的，国内外所讨论的建构主义常常是指个体的建构主义，即探讨个体是如何学习或建构知识的。这种从个体出发阐述个体是如何受有关因素的影响与制约从而建构对事物的认识、形成有关知识的，是一种带有个体本位特征的个体纬度；与之对应，社会纬度——尽管在一定程度上被人们普遍忽视——则从社会出发来阐述事物或知识在产生和形成过程中是如何受到社会因素的制约与影响，从而被社会建构出来的，该纬度带有社会本位特征。上述六种建构主义范型中的社会建构论、社会文化认知观点，以及楚江亭博士的分类框架中的社会建构论等均体现了社会取向。根据对个体或社会关注与强调程度之别可形成如下建构主义谱系图：

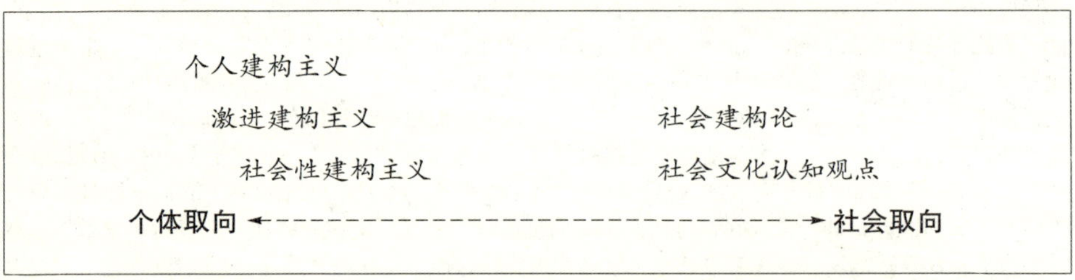

图 4－2　根据个体—社会纬度而形成的建构主义谱系

上图直观地表明，个人建构主义、激进建构主义和社会性建构主义尽管彼此间存在分野，但均从个体角度阐述认识的产生和知识的形成，并强调对事物的认识或知识的形成系个体建构之结果。不同之处在于社会性建构主义由于对社会因素在个体建构知识过程中的作用的重视而补充、完善了个人建构主义和激进建构主义，这一点使其与前二者在社会取向上略有区别。但本质上，三者均属于个体取向的建构主义。社会文化认知观点（或中介行为的社会文化取向）的基本假设是人的心理功能是处于文化、历史和制度情境之中的，该流派重视中介行为的社会文化的情境性，强调在理解个人的心理功能时应优先对社会文化过程进行分析，显然这里面所坚持的是一种社会取向。而“社会建构论认为事物或知识的产生、形成和发展是受种种社会因素制约和影响的，并且这种影响和制约是事物或知识之所以成为其自身的重要原因，这些社会因素在事物或知识的产生、形成和发展的过程中是自始至终在发挥作用，并影响着事物或知识的性质、结构、内容、呈现方式和基本功能的”①，显然，社会建构论属于社会取向的建构主义。

（2）激进—温和。尽管各种形式的建构主义都反对客观主义认识论，都对知识的确定性和可靠性提出质疑，都强调知识的建构性特征，都深入阐述了认识的建构性原则，但在主张“建构”的激进程度（或对“客观性”的否认程度）上却存在分歧。以激进—温和为线索可绘制出以下建构主义谱系图：

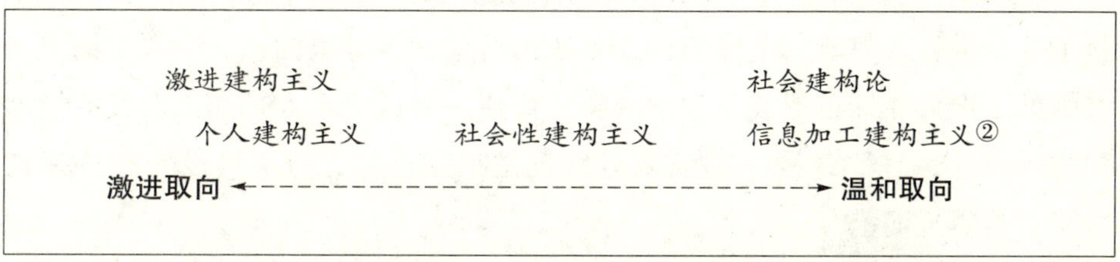

图 4－3　根据激进—温和纬度而形成的建构主义谱系

如上图所示，各种形式的建构主义在坚持“建构”的激进程度上是不一样的。其中，激进建构主义是在维科、康德、皮亚杰等人思想基础上发展起来的，以冯·格拉斯菲尔德和斯特弗为代表。冯·格拉斯菲尔德曾指出：

① 楚江亭．真理的终结：科学课程的社会学释义［M］．北京：北京师范大学出版社，2005：30.

② 信息加工建构主义属于温和的建构主义。它不同于信息加工论——信息加工论持认知主义观点，与行为主义对立，但它是客观主义的，而信息加工建构主义则是反对客观主义的——它接受了激进建构主义者冯·格拉斯斯菲尔德（1988：83）的第一条原则即知识既不是通过感官也不是通过交流被被动接受的，而是由认知主体主动建构的，承认外来信息与已知知识之间存在双向、反复的相互作用，但他拒绝接受冯·格拉斯斯菲尔德有关知识是对经验世界适应的第二条原则，因此通常被称为“弱建构主义”。斯皮若等提出的认知弹性理论正是信息加工建构主义的一个主要代表，也被称为折中的建构主义。

“激进建构主义之所以是激进的，是因为它突破了传统，提出了一种知识理论。这种知识理论认为，知识不反映一个‘客观的’的本体论存在，而完全是一种对我们经验所构成的世界的整理与组织。”① 激进建构主义者虽然并不否认客观实在的存在②，但他们宣称我们无法知道世界的本来面目，无法获得客观知识，我们所知道的只是我们的经验。激进建构主义坚持两条基本原则：第一，知识不是通过感觉或交流而被个体被动地接受的，而是由认知主体主动地建构起来的，建构是通过新旧经验的相互作用而实现的。第二，认识的机能是适应自己的经验世界，帮助组织自己的经验世界，而不是去发现本体意义上的现实。因此，冯·格拉斯菲尔德（1990，1995）认为，应该用“生存力”（viability）来代替“真理”一词，不要去追求经验与客体的一致，所有的知识都是在个体与经验世界的对话中建构起来的。

个人建构主义与激进建构主义接近但较之略显温和（反之，激进建构主义的个体取向较之个人建构主义略显模糊），代表人物为美国心理学家凯利。③ 个人建构主义承认外部世界的本体论存在，但认为人的心理无法直接接触这个世界，只能用个体的认知系统进行建构、寻求知识。个人建构主义者强调了个人在知识形成过程中的突出作用，并认为个人是知识形成的最重要的条件，其对“建构”的强调显然也是很激进的，只不过没有激进建构主义者走得远而已。

社会性建构主义是在批判、修正激进建构主义和个人建构主义基础上发

---

① Glasersfeld, E. V. (1984): *An Introduction to Radical Constructivism.* In P. Watzlawick (ed.), The Invented Reality: How Do We Know What We Believe We Know? Contribution to Constructivism. New York: Norton, p. 22.

② 冯·格拉斯菲尔德明确指出：“我从来没有否认过绝对真实的存在，我只是如同怀疑论者所做的那样，想说明我们没有一种认识真实的适当方式。作为一个建构主义者，我前进了一步，我指出，我们能定义‘存在’的意义，但是只有在我们的经验世界的领域中，而不是在本体论的意义上。当‘存在’一词运用在独立于我们经验的世界（即一个本体论的世界）时，它也就失去了自己的意义，而且也不可能具有什么意义。当然，即使作为一个建构主义者，我们仍能使用‘真实’这个词，但它有不同的定义。它是由我们赖以生存的（我们相信这也是他人所赖以生存的）事物与关系的网络所组成。”（莱斯利·P. 斯特弗，杰里·盖尔. 教育中的建构主义［M］. 高文，等，译. 上海：华东师范大学出版社，2002：6）

③ 早在1955年凯利出版的《个人建构心理学》一书就提出如下基本观点：个体通过理解重复发生的事件独自建构知识，知识与其说是客观的，不如说是个体的、适应性的。另外，皮亚杰1970年在《发生认识论原理》一书中提出“同化”“顺应”等概念也强调认知的适应性和个体对世界模式的建构。

展起来的，代表人物是英国的所罗门（J. Solomon）、美国的杜宾等人，维果茨基的语言习得理论是其重要理论基础。早期的建构主义者只关注个人对知识的建构，程度不同地忽视了社会性因素在知识建构过程中的地位，因此提出了一些片面观点。所罗门在1987年发表的《社会性因素对学生理解科学建构的影响》一文中指出，观念虽然是个体拥有的，但个体在修正所持的科学观念时要受到同行、他人的认可及社会的赞同等社会性因素的影响，因此，社会因素不可忽视。她认为，这种社会因素的影响可能是学习科学和形成科学态度唯一重要的因素。杜宾则以合作学习作为教学的主要策略，强调“他人”对意义建构的重要性，因为他人是我们经验世界的一部分。①

至于社会建构论，其温和的面孔就愈加鲜明了。（激进的、个人的和社会性的）建构论与建构主义在某些方面坚持共同的观点，杰根就此指出：“建构论与建构主义都对经验论者的知识生成范式持批评的态度。在这样一种意义上，两者都对逻辑经验主义哲学家的基础主义理论（foundationalist warrants）持怀疑的态度。另外，两者都对这样一种传统观点发起了挑战，该传统观点认为个人的头脑是一部反映某个独立世界的特征和条件的装置。两者都怀疑这样一个观点，即知识是通过冷静的观察在头脑内部建立起来的，于是，两者都对符合‘行为科学’传统的权威以及与相应的知识观点一致的教育实践提出质疑。”② 但是，社会建构论作为一种强调社会取向和社会因素的建构主义流派，在激进程度上与各种形式的建构主义又存在很大区别，诚如杰根在阐明社会建构论与建构主义的共性后指出：“尽管有这些共同之处，但两者的观点却有着本质意义的不同……激进建构主义与西方传统认识论中的二元论模式结盟，而建构论者却力图打破这种传统。用目前的术语说，激进建构主义是一种内源论：其主要关注点在于个体的心理过程以及他们从内部建构世界知识的方式。用冯·格拉斯菲尔德（1988）的话说，‘知识既不是通过感官也不是通过交流被被动接受的，而是由认知主体主动建构的’。”③

---

① 丁邦平．建构主义与面向21世纪的科学教育改革［J］．比较教育研究，2001（1）．

② 莱斯利·P. 斯特弗，杰里·盖尔．教育中的建构主义［M］．高文，等，译．上海：华东师范大学出版社，2002：22．

③ 莱斯利·P. 斯特弗，杰里·盖尔．教育中的建构主义［M］．高文，等，译．上海：华东师范大学出版社，2002：22．

（三）“建构”的核心精神

建构（construction）概念自20世纪末开始在国内学术界出现，与之近义的词语甚多，如创造（creating）、建造（building）、制造（making）、构造（structuring）、构成（constitution）、型塑（shape），等等，但在现有中文工具书中却难以找到有关这个概念的明确界定。在建构主义进入之前，国内学术界对“建构”概念是陌生的，据此可以推测国内学者在翻译“construction”一词时或许觉得上述诸多概念均无法与之准确对译，于是便创造了“建构”一词。

建构主义的核心精神是承认、重视人在与其互动对象的关系中发挥积极作用，强调人在包括人与自然、人与社会，以及人与其自身的各种关系中实际上占据的主体地位。作为从社会和个体两个角度对事物、世界或知识进行自觉改造的实践和认识活动，“建构”的旨趣不仅体现了人类理性的浪漫主义特征，而且凸显了学术界关注社会进步及重视人的主体性的研究取向。建构概念的创生无疑是基于人们意识到人类不是被动、偶然地“发现”（find）了世界，而是在某种意义上通过引入先验结构，投入意志，主动地“制造”（make）了这个世界。建构概念的广泛运用及建构主义理论体系的形成颠覆了几个世纪以来占据统治地位的理性主义认识论对人的地位和作用的忽视与遗忘，限制甚至否定了外在于人这一创造主体的物质世界对人类认识和实践活动的刚性约束，充分彰显了人的主体性、能动性和创造性。在今天，建构概念逐渐成为一个尽管界定起来比较困难，但理解和使用起来却无障碍的词语。由此可见，尽管建构概念最初是作为一个学术术语出现的，但从使用上看已逐渐向日常用语方向发展了。

基于建构思想在哲学、社会学、历史学、心理学、教育学等不同领域中的普遍存在，可以断言建构绝不仅仅是一个心理学或教育学概念，建构主义也决非心理学甚至教育学中的一种思潮，建构概念和建构主义实际上渗透在、运用于多学科、多领域之中，具有跨学科、跨领域特征。然而，我国学界却一直存在这样一种认识误区，即一谈到建构主义，往往习惯性地将其仅与心理学学科连在一起，似乎建构主义仅仅是一个心理学概念；更甚者，将建构主义窄化到仅仅与学生的学习连在一起。这一现象不仅楚江亭博士注意到了[①]，清华大学人文社会科学学院的刘兵教授也注意到了并撰文对此予以批判。[②] 值得关注的是，尽管建构概念的使用和建构主义的呈现形式在不同学科和不同领域中存在差异，但在强调建构概念的核心精神即突出人的主体性、能动性和创造性这一点上却是共同的。建构思想的跨学科、跨领域性质充分表明，在教育成层研究中提出、使用建构概念是内源性的，而非从心理学学科的简单移植。

（四）建构概念的本书使用

上文之所以不惜笔墨地阐述建构思想在知识社会学、文化资本理论、结构化理论、发生认识论中的存在，并对建构主义的主要类型作谱系学分析，是因为我们希望藉此为建构概念的理解和使用奠定一个较为坚实的理论基础。

基于对上述认识误区的敏感和警醒，本书无意追随目前的流行趋势，而是根据研究的实际需要将建构概念置于社会学乃至更为广阔的人文社会科学框架内来理解和使用。这种定位不仅植根于我们对建构主义的非心理学发展脉络的重视，以及对建构主义“心理学化”所持的保留态度，更源于本研究对建构主义的本来面目和学术魅力的理解与认同。

我们认为，一切建构活动只要“属人”，都不可能不是社会活动。尽管不同的建构主义者基于出发点的差异——如前文所述个体本位或社会本位，强调了建构主义的不同侧面从而造成了所谓的个人建构主义、社会建构主义

---

① “不少研究者仅仅重视皮亚杰、维果茨基等学者的心理学理论和有关观点，而忽视了科学史、科学哲学、知识社会学、科学知识社会学等学科以及后现代主义、后殖民主义、女性主义等学术流派对知识之社会建构，也即对社会建构的深入探讨。”（楚江亭．真理的终结：科学课程的社会学释义［M］．北京：北京师范大学出版社，2005：37 页的注［3］）

② “在全国期刊网的中国期刊全文数据库中，以‘建构主义’作为关键词检索时，有结果 670 项，其中，除去极少数其他领域的文章之外，绝大部分都是属于教育研究领域的。但是，在这些论文中，对于建构主义的理解尚有不够全面之处，基本上都是把建构主义作为一种教育理论或学习理论来进行介绍和讨论，至少是在很大程度上忽视了它在此之外的其他含义与影响和建构主义学说的多样性，包括它给在学习过程之外的关于科学知识本身的认识所带来的影响，如来自科学知识社会学以及建构主义科学史的影响等……在国内绝大多数研究者中的主流做法，却只是在前面提到的对建构主义片面理解下，将其应用于各种具体的技术性教学手段。”［刘兵．基础科学教育研究与建构主义：中国国内与西方的差异［J］．科学学研究，2002（6）］

之区分——但实际上不可能存在不受包括社会环境、个体的社会标记、社会身份等社会因素影响的纯个人或纯心理的建构活动。因此可以断言，凡建构活动，无不是社会性的。目前在建构主义中存在的个人取向与社会取向之分野，可以认为很大程度上系研究者人为所致。

三、教育建构概念及其比较优势

（一）“教育建构”的生成与理解

教育建构（educational construction）是本书中的核心概念，就其生成方式来看，由“教育”和“建构”两个概念组合而成。与建构概念一样，教育建构也可能是一个易于理解但准确界定起来却相当困难的概念。

教育建构是从探讨社会的生成机制角度提出的概念。我们借助隐喻方式将“教育”假设为类似于活生生的个人的社会存在，试图借此重新描述、解释教育在现代社会发展与变迁过程中的地位、功能与价值的特征及其变化，从而提出了教育建构这一概念。此举旨在从过程角度（包括社会变迁过程、教育发展过程，以及二者关系演变过程）揭示教育作为一种社会生产机制而发挥作用的过程与特征，从而拓展教育成层研究。在教育建构视野中，教育作为一个能动的社会行动主体与社会发生关联和互动，在社会的生成、变化中充分体现自身存在的能动性、主动性和积极性。教育作为一种社会行动者，在社会特别是现代社会运行过程中所扮演的并非消极、被动的适应者角色，而是一种积极的“行动者”角色。人类社会并非先验性存在——既不像空气、阳光一样自然地存在着，也不像石油、煤炭一样是发现的结果，“发现”即意味着，不管是否发现，它都“在”那里，具有不以人的意志为转移的客观性和独立性——归根结底，人类社会是人类活动的产物，人类借助教育建构了自己的存在方式：人类社会。教育作为建构活动渗透着人的主观意趣，体现着建构者的需要、趣味、眼界、胸襟、利益和立场。

从理论上讲，教育作为社会建构者角色是贯穿其发展始终的，因此考察教育的建构功能理应追溯至极其久远的教育形态。但实际上，教育建构功能的发挥是伴随社会变迁和教育发展经历了一个较长的过程才逐渐显现的。虽然教育自其诞生之日始就在社会的延续与发展中扮演着不可或缺的角色，但在社会的不同历史阶段，其实际的社会地位和社会功能却差别悬殊。在狭义传统社会（前工业社会）里，由于社会对教育的依赖并不具有刚性特征，尚不够发达的教育主要发挥复制、完善、整合、维护和延续既有社会结构的功能，这种功能乃是通过分流、分层、人才培养等方式实现的一种工具性选拔功能，带有保守性和适应性特征。进入广义的现代社会（工业社会及其以后），社会变迁出现质的飞跃，社会对教育的依赖性显著增加，由此导致教育的社会地位和社会功能发生了质变：不仅日益成为所有人必经的“熔炉”，成为影响大多数甚至每一个社会成员的社会地位的重要因素，而且所发挥的乃是改变既有社会结构、创造未来社会的重要功能，在现代社会的生成、运行与变化中占据了基础性地位。教育在现代社会中所扮演的“建构者”角色越来越成为一种不容置疑亦不可忽视的基本事实。显然，这种功能和地位是传统教育难以企及的。

基于以上认识，作为描述教育的地位、功能及其变化的概念，教育建构系指教育在现代社会的生成、运行和变迁过程中扮演着积极的行动者角色，发挥着“制造”或“创生”现代社会的重要功能。换言之，现代社会越来越成为教育活动的产物。教育建构概念的提出和确立是建构思想在教育成层研究中的深入渗透。这一隐喻性概念凸显了教育在现代社会生成与运行中所具有的主体性、能动性和创造性，在重新审视教育在现代社会中的突出地位和重要作用过程中拓展了对教育成层的解释空间，与当前国际教育社会学研究中出现的解释主义取代自然主义的取向恰恰不谋而合。当然，下文还将分析教育建构的提出与确立所需要的特定历史条件，进一步指出教育建构概念及相关研究对教育成层的理解和阐释是特指性的。

（二）教育建构视角的比较优势

一个不争的事实是，转型过程已使当今社会大大不同于过去的社会，教育也迥异于过去的教育。遗憾的是，教育成层研究对此并未予以积极关注，原因在于教育成层研究本身主要是在前工业社会以及工业社会初中期展开的学术领域，主要关注的是前工业社会以及工业社会走向成熟过程中教育对社会结构形成和再生的影响作用，揭示了教育对社会的适应、再造和维护功能。时过境迁，囿于对社会现实及教育发展趋势的不完全认识，教育成层视角所揭示的教育的功能是有限的、被动性的，并不完全符合工业社会走向纵深特别是进入知识社会以后的人类历史阶段中的教育和社会关系的实际状态。从一般意义上看，教育在传统社会中所发挥的功能也是一种建构功能，由于学科研究惯习和资源积累之故，它被纳入“教育成层”框架内来解读。进入现代社会，教育在社会生成机制中的作用发生了质变，其作用于社会的广度、深度和力度均非过去所能相提并论，教育成层视角在今天尽管难以说已完全过时，但也确实面临滞后于客观现实因而缺乏足够解释力的窘境。既有教育成层视角需要突破，教育成层研究需要拓展，教育建构概念便应运而生。基于社会和教育所呈现的崭新发展态势，通过对教育的社会地位和社会功能的现实考察，借用建构概念作为研究视角来考察教育和社会的关系，描述教育功能的变化，拓展教育成层研究，无论是在实践上还是在理论上无疑都是需要的。教育建构作为一种研究视角具有以下比较优势。

首先，与教育成层视角所依托的背景不同，教育建构视角扎根于时代的发展和社会的变迁，具有深厚的现实基础及鲜明的现实针对性。建构思想的产生与运用是与特定的时代背景和社会条件联系在一起的。① 整体上看，相对于作为资源型社会的传统社会，现代社会由于知识这种因素的“地位和作用日益凸显”，物质资本的霸主地位遭到动摇乃至颠覆，声望、权力特别是知识的地位和作用迅速飙升，文化资本在行动者的社会地位的确立与变更、社会角色的获致与扮演、社会关系的形成与改变中的影响愈来愈大，甚至成为决定性因素；现代社会分化加快，异质性增加，个体选择自由度增大，由此导致社会结构的变动、社会分层与流动的发生、社会

---

① “建构主义的教学论思想主要应立足于信息社会，网络媒体等信息技术广泛运用于社会生产生活带来的生存方式的变化来重新思考教学过程的性质……在20世纪90年代，建构主义教学论强调活动、交往和情境，这主要是立足信息网络社会的要求，把活动理解为在信息网络情境下的建模活动，把交往、情境理解为信息网络的使用带来的教学的交互性、虚拟性，培养学生的知识创新能力。综上所述，从历史角度看，建构主义教学论的历史超越性就体现在他们解决的是特定时代的问题，并试图从认识论、生理学、心理学、技术学等学科寻求解决问题的方案。”［胡定荣．对建构主义教学论的历史、文化与实践的思考［J］．比较教育研究，2005（2）］

整合方式[①]均出现了不同于传统社会的特征。不得不承认，现代社会与传统社会之间的差异已不是量的问题，而是质的不同；教育置身其间，对社会的作用以及与社会互动的方式必然随之发生质变。这种变化涉及教育的社会定位这一根本问题，具有非常重要的学术意义，需要从新的角度对教育成层功能重新予以审视，教育建构视角便是在这种情况下应运而生的。

其次，教育建构视角也是立足于教育自身的发展与扩张而提出的。在对教育的地位特征重新进行认识和把握的基础上阐释教育成层的特征及其变化，可弥补教育成层视角之不足而将教育功能研究向前推进一步。“人由自然性存在向社会性存在转化需要由教育来完成”，这一不容置疑的教育学命题在今天得到了教育发展的有力证明。自社会化、世俗化和国家化以来，教育活动在全球范围内已完成体系化、制度化，成为一个相对独立、涉及全体公民的活动体系和一项重要的国家制度，成为一种无人能够离得开的存在形式（“教育社会”）和生活方式（“教育生活”）。每一个体都要经过教育这种独特加工体系，通过一定的过程和机制如入学机制、知识分层、评价实施、身份赋予、惯习养成等而实现着自身社会角色的形成与改变。教育建构研究试图突破传统的教育成层研究对教育和社会关系解释的局限性——仅仅将教育视为社会成层的影响因素之一——强调教育对社会的基础性地位和全面性影响，试图对现代社会中教育和社会的关系与时俱进地作出符合客观事实的理论诠释，这对重新认识教育功能及其变化，乃至教育的社会地位及其变迁无疑具有重要的理论和现实意义。

当然，主张教育建构研究并不意味着否认在现代社会里教育依然具有成层功能。所谓教育建构过程，其实就是教育体制及其运行机制对受教育者所作的性质不同、类型各异的评价、区分、选择、淘汰或塑造，这无疑是一个极其复杂的社会过程。经由此过程，受教育者得以被塑造成具有不同精神世界的社会个体，并被不断地分化和分流，最终与社会分工体系和角色设置机制发生对接，被“安置”到社会结构的不同层级中去，扮演不同的社会角色，占有不同的社会地位。从这个角度来看，教育建构过程

① 根据迪尔凯姆的两种社会整合模式理论，随着社会的快速分化和异质性的明显增加，有机整合在现代社会中越来越占据主导地位。

本身包含成层过程和功能，教育成层无疑是教育建构过程的具体展开和最终标志。所以，应辩证地认识成层与建构的关系而不应将二者割裂开来或对立起来，关于教育成层研究所取得的成果也就能够作为重要的理论资源在教育建构研究中得以吸收、利用和体现。总之，教育建构不是排斥而是兼容、拓展了教育成层研究，这正是教育建构视角所具有的比较优势的集中体现。

最后，教育建构之所以被我们“建构”成一个学术主题加以深入探讨，从学术环境变化角度来看，是与语言学的转向和研究话语的转变紧密相关的。在已逝的若干世纪中，理性主义认识论“幽灵”统治着人类的认识活动。在其支配下，人类认识世界的方式是本质主义的，研究活动被视为对独立于认识主体之外的客观世界的本质属性的探寻过程，目的是发现具有绝对客观性的“真理”。进入20世纪后半期以来，随着解释学、建构主义、后现代主义、后结构主义等思潮的兴起，理性主义的认识方式遭到怀疑，于是，人们发现我们所研究的对象并不是完全独立于我们而存在的，世上也并没有什么绝对真理，特别是在人文社会科学领域，所谓的“真理”或“规律”更是少之又少；研究过程实际上是一个与研究对象的互动过程，其间，研究者获得了对研究对象的认识和理解，而研究对象也在研究活动的作用下发生了改变；在认识世界的方式上，交往、互动、沟通、理解等得到重视和强调。一种不同于以往的科学观自20世纪50年代以来逐渐占据统治地位，其核心内容之一就是对建构观念的推崇，而这恰恰是20世纪以来当代科学史、科学哲学、科学社会学、知识社会学等学科发展的结晶。包括教育认识论在内人类的认识论逐渐由理性主义向理解论和建构论转变，成为当今人文社会科学学术话语发展和转变的重要标志，教育社会学研究范式上所出现的建构取向和解释主义取代接受取向与自然主义，无疑正是这种话语转变的必然结果。包括教育在内的人文社会科学认识论向理解论和建构论的转变，从理论基础和解释框架上为本研究的可行性与必要性提供了基本支撑。正是在此意义上，教育建构研究体现了教育理论研究的前沿性与挑战性。

附录：知识社会学的发展脉络

自19世纪上半叶从哲学母体中独立出来以来，社会学在一个多世纪的发展中基本上未偏离实证主义（positivism）[①] 这根主线。但20世纪中叶以后，波普尔、库恩、拉卡托斯、费耶阿本德等人阐发的后实证主义（post-positivism）[②] 却给实证主义以沉重打击，颠覆了实证主义在社会学中的统治地位，它使人们转而相信：科学理论带有内在的诠释学性质，科学获得巨大成就的秘诀与其说出自某种方法论的逻辑，不如说取决于科学的社会、文化、制度、组织等外在因素，过去被奉为圭臬的科学观念及所谓的客观性、合理性、真理性标准，实际上是科学本身所难以真正企及的海市蜃楼。

20世纪初，知识社会学作为一门独立学科初具雏形，并逐渐形成德意志社会学—哲学学派（代表人物包括马克思、韦伯、狄尔泰和舍勒），法兰西迪尔凯姆学派和美国芝加哥学派等三大学派。德国哲学家、社会学家马克斯·舍勒于1924、1926年先后出版了《知识社会学问题》和《知识形式与社会》，据此成为知识社会学的奠基者。[③] 但由于舍勒的著作很晚才被译成英文，语言的障碍阻碍了他的思想的传播和影响范围的扩大，因此今天讨论知识社会学的发展，人们往往首先想到的是另一位德国哲学家卡尔·曼海姆

---

① 作为一种科学观或认识论，实证主义具有两个基本特征：一是认为科学知识即真理，是绝对正确、不可置疑的客观规律；二是认为科学知识的增长靠一种特殊的方法即归纳法而实现。（See Magee，B. *Talking Philosophy*：*Dialogues with Fifteen Leading Philosophers.* Oxford University Press，1978，p196.）

② 后实证主义又被称为后经验主义，包括多种不同的研究取向，最引人注目的是批判理性主义（波普尔、霍尔顿）、历史—社会学派（库恩、拉卡托斯）和科学实在论。

③ “知识社会学”概念源于德文，为哲学和社会学大师马克斯·舍勒所首创。知识社会学的先驱可以追溯至马克思。“不是人们的意识决定人们的社会存在，相反，是人们的社会存在决定人们的意识。”（马克思，恩格斯．马克思恩格斯选集：第2卷［M］．北京：人民出版社，1995：82）“意识的存在方式，以及对意识说来某个东西的存在方式，这就是知识。知识是意识的唯一行动……知识是意识的唯一对象性关系。”（马克思，恩格斯．马克思恩格斯选集：第42卷［M］．北京：人民出版社，1979：170）马克思的这些观点无疑成为“知识社会决定论”的思想源头。马克思甚至认为即使是自然科学知识也是由社会目标决定的（恩格斯也认为，在特定条件下，自然科学知识也要借助于社会及历史因素来解释）。因此，著名知识社会学家赫克曼（S. J. Hekeman）认为马克思为知识社会学给出了一条基本原理，即所有知识都是由社会决定的。

(Karl Mannheim, 1893—1947)。曼海姆于1929年出版了他的成名作《意识形态和乌托邦》，该书副题即为“知识社会学引论”。远比舍勒幸运的是，曼海姆的著作于20世纪30年代就被陆续译成英文，其影响波及欧美，知识社会学的中心亦随之转向英美。曼海姆基于马克思的“社会决定论”思想明确提出了“思想的社会境况决定论”观点，强调知识与社会之间的互动关系，认为知识就其发生学意义而言不仅取决于人们的社会地位、身份及阶级利益，而且根植于特定文化类型之中；知识是群体互动和社会协商的产物，知识社会学的研究重心应是社会而非个人。曼海姆试图打破实证主义和人文主义长期对峙局面而代之以相对主义，结果他因此受到了实证主义和人文主义的两面夹击，在实证主义占据统治地位的历史时期，曼海姆对知识社会学的贡献也在一定程度上遭到了忽视。

20世纪30年代后期，知识社会学开始分化从而出现了两个重要分支：一是源于胡塞尔、舒尔茨等人的现象学传统而探讨日常知识的社会根源的分支，代表人物有伯格（P. Berger）、卢克曼（T. Luckmann）、加芬克尔（H. Garfinkel）等人[①]；另一是考察知识与外部社会因素之间因果关系的分支，沿袭的是解释学传统。知识社会学围绕这两个分支形成了实证主义和唯物主义两大阵营，前者倾向于将自然科学知识从社会决定论中分离出来，强调个人因素和历史方法论；后者通常被称为“新马克思主义”，试图进一步揭示社会对知识的决定作用，并将知识同其赖以产生的物质存在方式加以对照，强调社会因素和环境的制约作用。美国成为实证主义的阵地，英国则成为“新马克思主义”的阵地。

20世纪70年代，在英国发展起来的以巴恩斯（B. Barnes）、布鲁尔（D. Bloor）、科林斯（H. Collins）、拉图尔（B. Latour）、伍尔加（S. Woolgar）和林奇（M. Lynch）等为代表人物的科学知识社会学（Sociology of Scientific Knowledge，简称SSK），试图把知识社会学的基本原理（如曼海姆的“思想的社会境况决定论”）推至科学知识生产的关键部位即与知识内容直接相关，而不只是像默顿学派那样仅仅研究影响科学发展的社会、文化等外部因素。对

① See P. L. Berger & T. Luckmann, *The Social Construction of Reality: a treatise in the sociology of knowledge*, The Penguin Press, 1967; H. Garfinkel, *Studies in Ethnomethodology*, Englewood Cliffs, N. J.: Prentice-Hall, 1967.

科学的合理性和客观性所持的怀疑主义态度和相对主义立场构成了科学知识社会学的基本认识论前提。布鲁尔等科学知识社会学家提出了科学知识社会学的“强纲领”[①]，主张“应当把所有的知识——无论是经验科学方面的知识，还是数学方面的知识——都当做需要调查研究的材料来对待”，“与把知识界定为真实的信念——或许也可以把它界定为有根有据的信念——不同，对于社会学家来说，所有知识都不过是人们认为是知识的东西，是人们满怀信心地坚持并作为生活支柱的那些信念”[②]。他们认为，包括科学知识在内的一切知识内容归根结底都是由社会、文化因素的参与和作用而形成的，这些社会、文化因素通常包括社会关系、利益、共识（consensus）、习俗约定（conventions）、劝说（persuasion）、修辞（rhetoric）、权势网络（networks of power）、文字记载（literary inscription）等。

---

① “关于科学知识的社会学应当遵守以下四个信条（tenets）。通过这种方式，它就可以体现人们在其他科学学科中认为理所当然的同一种价值观。这四个信条是：一、它应当是表述因果关系的，也就是说，它应当涉及那些导致信念或者各种知识状态的条件，当然，除了社会原因之外，还会存在其他的、将与社会原因共同导致信念的原因类型。二、它应当对真理与谬误、合理性或者不合理性、成功或者失败，保持客观公正的态度。这些二分态度的两个方面都需要加以说明。三、就它的说明风格而言，它应当具有对称性。比如说，同一些原因类型应当既可以说明真实的信念，也可以说明虚假的信念。四、它应当具有反身性。从原则上说，它的各种说明模式必须能够运用于社会学本身……这四个与因果关系、客观公正、对称性以及反身性有关的信条，便界定了我们将称之为知识社会学中的强纲领的东西。”（大卫·布鲁尔．知识和社会意象［M］．艾彦，译．北京：东方出版社，2001：7—8）

② David Bloor: *Knowledge and Social Imagery*, London and Chicago, the University of Chicago Press, 1991, pp. 3 -5.

第五章　教育建构机制的初步探讨

知识既不是通过感官也不是通过交流被被动接受的，而是由认知主体主动建构的。

——［美］冯·格拉斯菲尔德

（Von Glaserfeld）

一种哲学人类学观点认为，人这种“不完整的动物”患有本能贫乏症（instinktarmut），要受本能之不充分的决定（under-determination），为了弥补这种本能贫乏症，需借由制度、借由文化来补全。[①] 这种观点实际上源于尼采的人类是没有完善的动物的判断。根据生物进化论的基本观点，一个有机体越能够有意义地区分更多的对立，它的同化环境就变得越丰富，内部组织就会包括越多相应的结构，但有机体对环境细微波动的承受力也就越低；物种的适应性越是“专门化”，对一套与新环境需求相反的进化反应可能就越少。“具有丰富的认知和行动能力的有机体实际上削弱了其生存能力。只有一个方法能抵消这个悖谬的缺陷：通过将适应的重心从物种转移到个体，从本能转移到习得。”[②]

影响人成长与发展的因素一般包括遗传、环境、教育和个体的主观能动性四个方面。[③] 生物学的研究表明，个体之间与生俱来的遗传素质上的差异并不悬殊，最终造成人与人之间“天壤之别”的是后天的环境、教育和个

① 斯各特·拉什．信息批判［M］．杨德睿，译．北京：北京大学出版社，2009：249.

② 齐格蒙特·鲍曼．作为实践的文化［M］．郑莉，译．北京：北京大学出版社，2009：248.

③ 王道俊，王汉澜．教育学（新编本）［M］．北京：人民教育出版社，1989：43.

体的活动，也就是“借由的制度和文化”。其中，“教育对人的发展，特别是对年轻一代的发展起着主导作用”①。个体的成长与发展既是一个在后天因素影响下内化人类既有文化成果的过程，也是一个社会化和个性化统一的过程，同时是掌握特定规范形成角色扮演能力的角色获致过程。经由该复杂过程，个体吸收了共同的文化营养，形成独特的身心素质及一定的角色认知与扮演能力，社会结构的生产和再生产由此成为可能。诚如后现代主义社会学家齐格蒙特·鲍曼所言：“社会结构通过永不停息的社会实践过程而得以存在，而且这种特殊的存在形式因实践被有限数量的文化模型模式化的事实而成为可能。”② 教育活动便是这种社会实践和文化模型的核心因素。

以上是从个体成长和社会延续角度对教育的基本功能的概括认识。若从时间之纬即人类社会变迁进程来看，进入现代社会以来，教育所发挥的功能不是减弱而是增强了，在社会生成与变迁过程中扮演的建构者角色变得更加不容置疑，以至于有一种观点认为：“教育在分配人们的社会角色中起到了决定性的作用。”③ 基于此，下面从建构视野下教育的基本属性及社会的实体结构、功能结构、意义结构、地位结构的生成机制等角度对教育发挥建构功能的机制予以初步分析。

一、建构视野下教育的基本属性

（一）教育的建构主体资质

“教育”是一种体现人之意志的社会活动，而“建构”本义上是具有生命力的行为主体才能完成的活动和发挥的功能，将教育和建构功能联系起来是否存在牵强附会之嫌？前文教育建构概念的释义已指出，教育建构概念具有隐喻或比拟性质。由于“教育”这种存在毕竟不同于人这种活的生命体，二者在扮演社会行动主体角色上的差异显然是不应被忽视的。因此，讨论教

① 王道俊，王汉澜．教育学（新编本）［M］．北京：人民教育出版社，1989：51.

② 齐格蒙特·鲍曼．作为实践的文化［M］．郑莉，译．北京：北京大学出版社，2009：205.

③ 莫琳·T. 哈里楠．教育社会学手册［M］．傅松涛，等，译．上海：华东师范大学出版社，2004：249.

育的建构功能必须首先深究教育活动是否具有发挥建构功能的主体地位与属性这一前置条件。换言之，必须回答教育是否具备扮演发挥建构功能的行动主体角色的“资质”问题。

众所周知，人这种社会性存在本质上是一种群体性生存。离开群体的个体不仅现实中难以存在，理论上也不合逻辑。自生物学意义上的“人”进化成社会学意义上的人，社会这种人类生活共同体得以形成的瞬间开始，个人就永恒地拥有了行动主体的身份。因此，作为行动主体的人显然不是生物学意义上的人而是存在于社会群体中的人。鲜活的个人作为行动主体显然不存在任何争议，问题在于超个人的社会存在是否也可以同样具有这种资质，答案需去社会主体演化过程中寻找。

社会（科）学研究表明，随着社会的分化，社会行动主体概念也具有了结构性特征，出现分化从而形成了两种迥然不同的行动主体形态：一类是以个人为行动者的个体主体，另一类则是以个人为基本构成单位的超个人主体（这类主体的构成除了个人这种实体性因素外，还有实体间的关系因素）。伴随现代社会的形成与发展，现代意义上的社会行动主体已突破传统的对单一个体强调的实体限定，超出了作为生物性存在的个人①而广及社会的各种具体形式②，包括不同性状的组群、集体和“共同体”，表现为家庭、组群、集群、组织、部门、子系统及作为整体的社会共同体等。从超个人主体存在的合法性基础来看，“应当把社会行动主体理解为一种关系体”③。既然任何具体社会都是人的存在形式，都是人的活动的具体展开形态，那么，当从超个体角度审视人之存在及其活动时，无疑需要间接地赋予各种超个人

---

① 在此问题上，国内研究者也有明确表述：“‘社会行动主体’是一个类概念，它本身具有不同的类型，从结构形态角度可以划分为个体和集体两大类型……在个体类型和集体类型的行动主体中，‘个人’和‘社会’是最基本的两大行动主体。”（杨敏．社会行动的意义效应：社会转型加速期现代性特征研究［M］．北京：中国人民大学出版社，2005：113）

② 在社会学中，“家庭、组群、集群、组织、部门、子系统及作为整体的社会共同体本身”均是社会的具体存在形式，这些组群、集体和“共同体”均是具体社会。我国社会学家孙本文曾主张以具体社会为研究单位，他的具体社会或是团体社会，如学会、政党、俱乐部、朋友团体等；或是区域社会，如家庭、村社、都市、国家等。（参见庞树奇，范明林．普通社会学理论新编［M］．上海：上海大学出版社，1998：93）

③ 杨敏．社会行动的意义效应：社会转型加速期现代性特征研究［M］．北京：中国人民大学出版社，2005：109.

的社会形式以社会行动主体的合法地位，各种超个人主体也就因此成为像个人一样具有人格特质的行动者。在社会（科）学研究中，不少研究者甚至不乏里程碑式人物均给予超社会主体以特别的关注。其中，社会学创始人孔德认为社会学的论题是作为整体系统的社会，迪尔凯姆认为社会学实质上是研究社会聚合与社会秩序的，帕森斯创立了一种把社会理解为一个整体系统的社会学理论，科尔曼认为社会科学的主要任务是解释社会现象，而不是解释个人行为，布迪厄则从场域理论角度强调即使人们在构建一个场域时不能不借助个体，但社会科学的真正对象也并非个体，场域才是基本性的，必须成为研究操作的焦点。

根据上述理解，既然教育这种“人为”且“为人”的社会活动在现代社会已演变成一种具有自身运行规律的社会体系，获得了相对独立的社会地位，发挥着多种社会功能，那么它无疑已成为一种特殊形态的社会行动主体；既然教育作为社会行动主体的地位和“资质”是可以接受的，那么教育建构这个隐喻性概念及教育建构功能研究也就相应地具有了合法性基础。

（二）教育的建构中介属性

尽管理论上讲包括教育系统在内的各种超个人的具体社会形式均具有行动主体资质，然而一个不容忽视的基本事实是，社会的各种具体形式尽管以个人为终极构成单位，但毕竟不同于活生生的个体，个人之外的其他各种形式的行动主体在扮演社会角色、发挥社会功能时，背后都是由个人或其集群这种真正意义上的行动主体在操作甚或操纵的，倘若离开个人这种真正具有行为能力的活生生的主体，就其现实性而言，其他各种行动主体都将不可能存在。因此，在严格意义上，只有个人才是真正意义上的行动主体。在社会研究中，个人被当成观察和分析的单位已成为一种重要传统，如德国社会学家 M. 韦伯主张社会学的研究对象是社会行动，并从个人行动角度来定义社会行动：“所谓社会行动，是指行动者赋予主观意义并指向他人的行动。”“行动的个人”在他的社会行动范畴中被理解为行动的主体；齐美尔也主张社会学的任务就是理解作为个体的人及其境遇和行动；当代理性选择理论代表人物之一的埃尔斯特（Jon Elster）更是断言“不存在什么社会，只有彼此互动的个体”。对行动主体的这种个体主义的理解在米德、戈夫曼、舒茨、加芬克尔、霍曼斯等人的社会学思想中进一步得到继承和发展，从而形成了深厚的社会学传统。[①]

就社会行动主体与社会结构的关系而言，后者并非外在或先验于前者，相反，社会结构是行动者的活动产物。根据吉登斯的结构化理论，“社会系统的结构性特征并不外在于行动，而是反复不断地卷入行动的生产与再生产”[②]，在宽泛意义上，教育作为一种具有主体资质的社会存在形式可以像个体行动者一样发挥建构功能，但在严格意义上，教育的主体资质又带有隐喻性质或比拟特征，由此决定了教育建构功能的形成与释放带有中介机制属性。所谓中介机制属性，可以理解为在人类社会的发展与变迁过程中，教育是人类建构自身的社会存在形式即各种具体社会的一种活动机制，扮演着“人”和“社会”之间的互动中介角色。换言之，教育作为人类创造的建构社会的一种手段，在个体与社会的关系链条的生成与再生中扮演着“中间人”角色，发挥着中介机制的功能。

（三）教育的知识属性

知识问题是困扰现代人的一个核心问题。“面对现代社会生活，前现代社会的传统习俗和个人经验图式不再能应付自如，常人知识和专家知识的分离也就不可避免，知识分布和配置的均衡状态也由此被打破，知识进入了社会化的生产时代。面对这个复杂的社会世界，在知识的再生产和积累形成了日益激烈的竞争之时，人们对于知识的匮乏感也与之齐头并进，两者构成了现代社会特有的问题现象。”[③]

同样，知识问题也是教育必须面对的重要的理论和现实问题。其实，知识问题始终是和教育紧密地联系在一起的，“知识与教育的关系，不仅有着长远的历史渊源，而且成为时代的主题”[④]，现代教育的建构功能正是这一

① 参见杨敏．社会行动的意义效应：社会转型加速期现代性特征研究［M］．北京：中国人民大学出版社，2005：112．

② 安东尼·吉登斯．社会的构成［M］．李康，等，译．北京：生活·读书·新知三联书店，1998：533．

③ 杨敏．社会行动的意义效应：社会转型加速期现代性特征研究［M］．北京：中国人民大学出版社，2005：94．

④ 黄济先生为《知识转型与教育改革》（教育科学出版社2001年版）一书所作序言。

时代主题的具体体现。基于知识问题及知识与教育之间的密切关联，在研究教育的建构功能时，教育的知识属性成为一个值得深入探讨的问题。

1. 教育和知识的关系的不同阐释模式

综观教育学界对教育和知识问题的探讨不难发现以下两种研究取向：

一是“教育和知识”模式（简称“E&K”模式）。这是一种把“教育”（education）和“知识”（knowledge）先验地预设为两种独立现象和范畴，在此基础上探讨二者关系的宏观取向的阐释模式。这种模式有其优点与存在意义，但这种“关系分析”取向的阐释模式存在的前提是对教育和知识所作的刚性二元区分，仅仅从外部入手诠释教育和知识之间的“关系”，对“教育”和“知识”缺乏直抵各自内部的本体性分析。因此，该模式对教育和知识之间复杂的作用方式和关系模式的探讨深受限制，对教育和知识关系的分析难免带有简单甚至片面特征，研究过程的展开及形成的观点和结论往往也带有“宏大叙事”痕迹。

二是“教育知识”模式（简称“EK”模式）。这种研究取向的兴趣不在于对教育和知识的“关系”的分析上，甚至对“教育”和“知识”都不作严格区分，干脆直接把“教育和知识”问题转化为“教育知识”问题。这显然是一种“实体分析”的阐释模式。这种模式带有微观取向特征，多体现在教学论、课程论和课程社会学等研究领域中，通常视“教育知识”为教育活动中的一种客观存在（通常会进一步将其还原为“课程”），从不同角度对其作全方位分析。这是一种对经过选择、组织和加工最终以“课程”形式存在的“知识”的探究，是对进入教育场域且被打上课程烙印的特定知识形态的研究。显然，这种知识形态研究多少带有一些“小叙事”特点。由此不难看出，“EK”模式与上述的“E&K”模式之间形成某种潜在的对立或互补关系。

上述两种阐释模式各具特色和价值，但均存在一些不足：对教育和知识关系的分析思路比较褊狭，由此导致形成的结论带有简单化倾向；对知识问题的探讨在深度上也有待加强；尤需注意的是，二者均忽视了从知识角度对教育作本体论解读。正因此，迄今对教育和知识关系的研究难免给人以“游离”在外（教育、知识之“外”）和“浮”在表层（知识问题的浅表）之感，教育和知识相互之间的深层作用机制未能得到深入分析，教育和知识的关系的实质更未能得到准确揭示。由此可见，对教育和知识问题的探讨仍是一项“未竟的事业”。

我们认为，知识不仅是教育的核心要素之一，同时也是教育活动的一种基本属性。对教育和知识关系问题的探讨应结合社会变迁的背景即应在社会变迁特别是知识化的背景和语境下展开。而且，欲呈现教育和知识之间“关系”的实质和丰富内涵，既需入乎其内地对教育和社会分别作实体分析和本体研究，也需出乎其外地对教育和知识之间的双向建构过程作关系分析，从而在社会变迁特别是知识发展、演变的框架内，揭示教育的知识“特质”，审视教育的功能与定位，进一步拓展对教育的解释空间。基于此，我们尝试提出“教育—知识”模式（简称“E－K”模式[①]）。根据这种模式，教育的知识属性由知识本体属性和知识中介属性两个方面组成。从建构角度看，教育的知识属性实际上包括了教育的知识建构属性和建构知识属性两层含义，下文分别予以阐释。

2. 教育的知识本体属性

知识本体属性又称为知识建构属性，可表述为：教育是一种由知识建构的活动。教育的知识本体属性具体表现为关于教育的认识和知识的积累与更新，往往以教育经验、教育观点、教育思想、教育理论等不同存在形式体现出来。纵观整个发展过程，教育的知识本体属性是逐渐明晰化的，具有鲜明的阶段性特征。

在漫长的传统社会中，由于整体上看“只有某种简易的教育机构和某些教育思想，还没有形成从内容、形式、方法到学制的完整的教育体系和系统的教育理论，因而也没有形成完整的教育科学体系”[②]，当时关于教育的知识尚未获得独立的学科地位，只不过是哲学的一个组成部分而已。

随着不断分化从而日趋复杂，教育越来越远离盲目性和随意性而成为人

① “－”这一连词符在此被赋予特定内涵，意在直观地表明这种阐述取向所关注的既是“教育”，也是“知识”，更是“教育和知识”。不仅在于揭示“教育”和“知识”彼此的相对独立性，也强调了“教育”和“知识”二者之间的相互依存性，同时暗示了对教育和知识的“区分”的人为性和相对性。

② 成有信．现代教育论集［M］．北京：人民教育出版社，2002：290.

类知识的系统承载形式。工业革命以来，随着社会的变迁加速和教育的急剧扩张，关于教育的知识迅速生产、积累，日趋系统、完备，逐渐具备了成为一门科学的条件，以赫尔巴特的《普通教育学》的出版（1806 年）为标志，教育学最终从哲学母体中脱胎出来成为一门独立学科，其后研究领域不断拓展，迄今已形成一个由众多分支组成的学科群。由此可见，教育本身在与社会发展并驾齐驱的过程中，所走的是一条知识化、理论化和科学化道路，最终形成一个包罗万象的知识体系。

值得注意的是，当今时代，所有的教育活动须臾都离不开必要的教育知识作为支撑。无论是教育的价值、目标与功能的厘定与调整，还是教育原则、规范的确立与废止，乃至教育条件与手段的更新与完善，无不相应具有必要的知识基础。可以毫不夸张地断言，离开一定的知识支撑的教育活动必会遭遇种种追问或质疑，无视或缺乏知识支撑的教育行为往往注定无以产生或行而不远。就整体运行而言，教育已经彻底知识化，由此确保了教育活动的运行带有了持续性、稳定性和重复性特征。教育活动之所以是这个样子而不是别的样子，之所以能够在时间和空间两个纬度不断地扩展和重复，背后无不是由具体的知识所“规定”或“塑造”的，教育活动作为一种结构性存在，其所有构成元素或方面都是由具体的知识来描述、说明、论证或辩护的。一言以蔽之，教育是由知识型塑的。诚如谢维和教授所言，“一定的教育结构，同样也是根据一定的教育基本理论和原则所建立起来的，是依照一定的教育价值观所形成的。从历史和现实中都可以十分清晰地看到，无论是过去的双轨制教育结构，还是今天的终身教育的教育结构；无论是强调基础教育的教育结构，还是重视职业技术教育的教育结构，等等，都与一定的教育理论、原则和价值观联系在一起。从这个意义上说，教育结构也同样是教育理论和教育价值观指导的产物”①。实际上，教育活动中的所有常规性问题，如针对任一教育现象而提出的“是什么”“为什么”“应如何”“不应如何”……无不是教育的知识本体属性的具体表述而已。

---

① 谢维和．教育活动的社会学分析：一种教育社会学的研究（修订版）[M]．北京：教育科学出版社，2007：523.

3. 教育的知识中介属性

知识中介属性又称为建构知识属性，可表述为：教育是一种建构知识的活动。诚如伯格和卢格曼（Peter L. Berger & Thomas Luckman，1966）所认为的，由于人类的生理过程还“没有结束”，因此知识的社会天篷是一个必需的构造以便为人类提供基本的安全。① 教育活动本质上是一种建构活动，但教育活动的建构功能是通过知识中介而实现的。具体说来，教育活动通过知识媒介而发挥建构功能表现在以下几点上面：一是一定社会的文化和知识体系构成了教育建构活动的最直接的客观环境；二是教育这种建构性活动从根本上说是通过对知识的分配和对人的培养和选择而实现的，其中蕴涵着体现一定社会要求的知识传授的取向性和选择性；三是教育的建构功能主要是通过对人本身的建构而实现的。②

翻开社会学史不难发现，几乎每一个社会学家在研究“社会秩序”时都要关注并试图回答“社会中人们是通过什么媒介联系起来的?”这一基本问题。帕森斯认为“货币是现代社会中诸种‘流通手段’之一，其他流通手段包括权力和语言”③。吉登斯不完全认同这种观点，在讨论两种脱域机制（disembedding）时只承认货币是象征标志的一种。④ 布迪厄明显殊于此二人，他认为“社会”不过一个空泛概念而已，现代社会由不同“场域”组成，讨论社会的“通货”应根据具体场域作具体分析。

就教育作为以育人为目的的文化活动这种质的规定性来看，根据布迪厄的场域由资本所界定和支配的观点，教育场域内的“通货”无疑主要是知识资本或文化资本。“教育活动的各个要素及它们之间的联系，基本上都是通过知识而实现的。显然，教师是通过知识的组织和讲授而与学生互动的；而学生也是通过对知识的学习实现与教师及其他教育者的交往的；教育管理者的活动也是通过对知识的组织、控制和评价等形式来实现的……甚至可以认为，教育活动、教育制度与其他社会活动、社会制度之间的关系，从根本

---

① 布莱恩·S. 特纳，克里斯·瑞杰克. 社会与文化——稀缺和团结的原则［M］. 吴凯，译. 北京：北京大学出版社，2009：155.

② 谢维和. 教育活动的社会学分析：一种教育社会学的研究（修订版）［M］. 北京：教育科学出版社，2007：131.

③ A. 吉登斯. 现代性的后果［M］. 田禾，译. 上海：译林出版社，2000：20.

④ A. 吉登斯. 现代性的后果［M］. 田禾，译. 上海：译林出版社，2000：19.

上看，也都是通过知识而完成的……教育活动中的各种要素正是通过这些知识而相互结合和互动的。”[①] 质言之，教育场域乃生产、传播、传承文化知识之所。当然，该场域同时也存在社会资本、经济资本等其他资本类型，这些资本也确实参与、影响教育场域的运行过程，甚至其影响力往往不容忽视。但由于存在的潜隐性和运作的间接性，这些资本类型并非作为基本资本形态而成为教育场域绕之运行的中轴，而是文化资本或知识资本使教育场域得以与以经济资本为中轴的经济场域、以权力资本（实乃关系资本）为中轴的政治场域、以情爱为中轴的家庭场域等不同而成为一种文化场域。正因此，教育者被视为“文化人”，受教育者的学习生涯被称为“学文化”或“学做文化人”的过程，二者之间的交往亦带有浓郁的“文化”色彩。

（四）教育的时代特征

所谓教育的建构功能，实际上是针对“社会”而言的教育的社会作用问题，亦即在社会的生成与变迁过程中教育所扮演的角色、发挥的功能问题。建构功能的发挥以教育活动为载体。建构性无疑是教育活动的基本属性贯穿于教育发展进程，但在人类历史的不同时期，基于教育所处社会环境、所应对的社会要求及所能获得的发展条件的不同，教育活动自身的目标、职能、结构、规模等往往存在巨大差异，由此决定了包括建构在内的教育功能带有历史规定性特征。从社会学或教育社会学角度审视，真正意义上的建构功能是教育活动演化到一定历史阶段并达到相当发达程度才逐渐显露出来的，这正是人类经过深刻转型进入现代社会以后的事情。事实上可以认为，“教育的建构功能”主要是一个现代话题。

首先，在存在形式上，这种教育活动必须与社会成员形成宽泛的关联，成为一种真正意义上的“社会”活动。在教育发展的早期及在漫长的传统社会中，教育特别是正规教育成为统治阶级享有的特权，所满足的仅仅是一小部分社会成员的教育需求。基于这种非群众性和非普及性，教育活动显然是不足以明显发挥建构社会的功能的。与之形成鲜明对照的是，进入现代社

---

① 谢维和．教育活动的社会学分析：一种教育社会学的研究（修订版）［M］．北京：教育科学出版社，2007：78.

会以来，社会生产和社会生活的客观需要导致教育与社会之间的关联迅速扩张，尤其在经历了前所未有的社会化、世俗化和国家化进程之后，教育实然已成为与每一个社会个体密切相关的真正意义上的“社会”活动，此时所具有的社会影响力无疑是巨大的。“现代公共教育体系本质上是要塑造每一个个体，使其理解自己同时把他人当做既有自身利益又能理性地对待自己的人”① 在这种广泛的社会关联性和巨大的社会影响力下谈教育的建构功能，无疑具有了更为坚实的现实基础。

其次，在发展水平上，这种教育活动必须具有相当的发达程度。根据结构—功能主义的“事物的功能决定于其结构”的基本观点，教育的社会功能的形成与释放无疑直接受制于教育活动的分化、发展状况，特别是标识其发达程度的结构化和制度化状况。根据对教育发展基本事实的把握并结合有关学者的研究成果，建构功能日趋突出的现代教育与建构功能尚不明显的古代教育之间的差异是极其显著的。（参见表 5－1）

表 5－1　古代教育与现代教育异同之比较

比较项目	古代教育	现代教育
教育目的	学校教育仅仅为剥削阶级统治服务，使剥削阶级子女成为新一代剥削者和统治者；劳动者教育的目的是使劳动者子女成为新一代体力劳动者和被剥削者	在主要培养现代生产劳动者的同时，也培养阶级的统治人才和社会公共事务的管理者；为社会经济文化服务的同时，也为政治服务
教育者	除部分劳动者知识分子之外，还有不少是统治者（如官吏和僧侣）和剥削阶级知识分子；劳动者教育的教育者是父母、师傅和长者	受过专门训练的教师，其中大部分是无产阶级的或劳动者的知识分子，在资本主义社会还包括一部分资产阶级知识分子
受教育者	学校教育的受教育者一般是剥削阶级的子弟；劳动教育的受教育者是劳动人民子女	受教育者扩大到社会各阶级和各阶层成员的子女

① 莫琳·T. 哈里楠. 教育社会学手册［M］. 傅松涛，等，译. 上海：华东师范大学出版社，2004：254.

续表

比较项目	古代教育	现代教育
教育内容	教育内容的中心是寓剥削统治术于其中的社会历史知识、圣人之言和祖先遗教之类的剥削阶级意识及相应的文化知识；劳动者教育的内容主要是生产经验、劳动技艺及统治阶级的思想体系和劳动人民的某些思想意识	教育内容的中心是被现代生产、现代科学和现代社会生活所决定的科学文化知识和社会历史知识及相应的社会意识
组织形式	在劳动之外进行，有专门教育机关，教学组织形式是个别教学和自学；劳动者教育在家庭或作坊的劳动过程中进行，教育和生产劳动未分离，无专门教育机关和专门组织形式	在劳动之外进行，也有专门教育机关。基本组织形式是和现代化大生产组织形式相适应的以集体教学为基本特征的班级教育制度，有一整套科学的学校管理制度
教育方法	古代学校采取的是填鸭式灌输、呆读死记、道德说教、自我修养、体罚等方法；劳动者所用的教育方法是在做中学，劳动就是学习	形成了一套比较完整的教育教学方法体系，包括教授、谈话、观察、实验、练习、实习、生产实践、社会活动、独立研究等
学制	学校规模上的非群众性和非普及性，决定了学制的不完整性和不系统性，例如它甚至连由初等教育、中等教育和高等教育构成的学制系统都没有真正形成	形成了从幼儿教育、初等教育、中等教育、高等教育到研究生教育，从普通教育到职业教育，从职前教育到继续教育以至终身教育的系统而完整的学制系统

说明：此表根据成有信先生对古代教育和现代教育的不同所作比较整理而成。参见成有信．现代教育论集［M］．北京：人民教育出版社，2002：287—290.

由表5－1可知，就发展状况或发达水平而言，古代教育尚处于发展的初级阶段，“在很大程度上还带有初创的性质”[①]；现代教育无论是在教育活动的目标、价值和规范上，还是在教育活动的条件和手段方面，都有了质的飞跃，其发展水平和发达程度显然是古代教育不可同日而语的，这恰恰是现代教育的建构功能日趋明显的根本原因所在。

最后，在功能发挥上，这种教育活动是适应社会需要并对社会的生成、发展与变迁日益具有举足轻重的影响的。根据马克思的生产力和生产关系的矛盾及经济基础和上层建筑的矛盾决定社会发展进程的基本观点，教育所发挥的社会功能首先就表现在对社会生产劳动进而言之对社会生产力的作用上。现代教育在与劳动三要素（包括劳动者、劳动对象和生产工具）的结合中充分彰显了自身的群众性和普及性特征。在传统社会，教育是与生产劳动相脱离的，诚如郑也夫教授所言：“古典教育与现代教育的最大差别是后者是教人们如何工作的，而前者是教人们如何生活的。古典教育几乎完全不学习工作……古典教育是综合的，而现代教育是专业的。这是服侍于截然不同的目标所使然的。”[②] 在传统社会中，教育对社会生产的直接影响几乎无从谈起。现代教育和现代生产力的孕育期及资本主义生产关系的孕育期相伴而生，现代生产是科学的物化，科学是现代生产存在的物质基础并与现代大生产的科学性和革命性等一系列特征[③]相适应，科学成为现代教育的中心。伴随生产工具的智能化和劳动对象的非自然化（人与人之间的关系在现代社会中逐渐取代人与自然之间的关系而占据主导地位），现代生产和现代社会要求每一个直接或间接参加生产的劳动者都必须通过教育掌握相应的知识和技能，形成适应工作需要的身心素质，教育活动开始与现代生产劳动以及参加劳动的社会成员以科学为基点并在科学的基础上紧密结合起来，在内容、方法、组织形式、学制和管理等各个方面发生质的变化，呈现出鲜明的科学化和普及化趋势。生产、教育的

① 成有信．现代教育论集［M］．北京：人民教育出版社，2002：290.

② 郑也夫．贵族文化与大众文化（上）［M］// 社会学家茶座，13，89—90.

③ 同古代小生产相比，现代大生产具有生产科学化、劳动知识化（劳动智力化）、生产社会化、管理科学化，以及技术基础的革命性等特征。（参见成有信．现代教育论集［M］．北京：人民教育出版社，2002：296—297）

科学化以及教育的普及性充分表明，教育在现代社会生产和生活中的地位与作用是前所未有的。

二、教育与社会实体结构

（一）社会实体结构

德国社会学家阿德勒·盖伦把人类描述为“还没有进化完的动物”，人类生活在一个开放的条件中，本能器官并不足以专门应付任何赋予的环境。“人类没有一个确定的本能结构，因此他们需要通过制度建设来创立他们自己的环境。人类社会的主要特征是建立文化制度以便完成他们未实现的本体论特性，由此好像给他们自己提供一个天篷以得到安全。”[①] 社会实体结构正是从社会制度角度分析社会存在与构成而提出的概念。[②] 作为人类生活共同体[③]，社会是由一定的文化模式组织起来的规范体系或制度性存在，所谓社会实体结构，指的便是社会的制度结构。

在伯格和卢克曼等知识社会学家看来，社会一方面是迪尔凯姆看重和分析的客观事实，另一方面也是韦伯所论证的主观意义；一方面是人的活动“外部化”和“客观化”而生成的秩序性存在，另一方面人也是他自己积极主动创造的社会的产物。“社会秩序不是‘源于事物自身’，更非源自‘自然法则’。社会秩序仅是人类活动的产品……从其发生（是人类过去活动的产品）和存在（至此不断持续的活动）都只是人类的产品而已。”[④] 社会秩序来源于人类行为的制度化（institutionalization）过程，制度是人类行为的模式化的结果，来源于人的活动，人的活动的重复化、习惯化乃至定型化，

---

① 布莱恩·S. 特纳，克里斯·瑞杰克. 社会与文化——稀缺和团结的原则［M］. 吴凯，译. 北京：北京大学出版社，2009：40—41.

② 典型例子就是伯格和卢克曼在他们合著的《知识社会学：社会实体的建构》一书中提出的关于社会实体及其生成的基本观点。（参见彼得·伯格，托马斯·卢克曼. 知识社会学：社会实体的建构［M］. 邹理民，译. 台北：巨流图书公司，1991）

③ 中国大百科全书《社会学》编辑委员会. 中国大百科全书·社会学［M］. 北京：中国大百科全书出版社，1991：272.

④ 彼得·伯格，托马斯·卢克曼. 知识社会学：社会实体的建构［M］. 邹理民，译. 台北：巨流图书公司，1991：69.

即成为规范和制度。"质言之，定型化即为制度化。"[①] 制度化最终形成了社会实体结构。

社会制度（social institution）作为一种结构性存在，一般包括以下几种构成要素：观念要素，是社会制度产生及施行的合理性基础；规范要素，是制度的基本内容，包括成文的规范和不成文的规范；组织要素，是保证社会制度实施的实体；设备要素，包括物质设备和象征设备。社会实体结构是由不同层次的社会制度构成的，一般包括总体性社会制度、领域性社会制度和具体的社会制度。总体性社会制度如资本主义制度、社会主义制度等一般又称为社会形态，通常决定着一个社会的性质，是其他各层次制度产生的依据；领域性社会制度一般包括经济制度、政治制度、教育制度等；具体社会制度一般指具体行为模式和办事程序，如考勤制度、审批制度等。本章讨论的社会实体结构更侧重于总体性社会制度。

社会实体结构具有普遍性、相对稳定性和复合性[②]等特征，发挥着行为导向、社会整合、传递与创造文化等重要社会功能。社会实体结构作为基本的社会结构，是一种有组织的力量，成为任何一个社会存在与发展的基础和前提。没有实体结构，也就意味着没有社会秩序的存在，这样的社会显然是不可想象的。

（二）教化与内化（peideia & internalization）

教育的建构功能集中体现在教育活动对受教育者主观世界的塑造和影响过程中，这一过程是教化和内化辩证统一的过程。对教化和内化过程的分析有助于揭示教育建构社会实体结构的机制及特征。

教化与内化是教育社会学的一对分析视角，研究者通常将二者置于社会化这一概念内予以理解和运用。谢维和教授曾在《教育活动的社会学分析》一书中将这对范畴作为教育社会学的四对分析视角之一专门予以阐释。[③] 作

① 彼得·伯格，托马斯·卢克曼．知识社会学：社会实体的建构［M］．邹理民，译．台北：巨流图书公司，1991：71.

② 中国大百科全书《社会学》编辑委员会．中国大百科全书·社会学［M］．北京：中国大百科全书出版社，1991：353.

③ 详见谢维和．教育活动的社会学分析：一种教育社会学的研究（修订版）［M］．北京：教育科学出版社，2007：66—68.

为描述和分析教育活动中社会文化（知识体系）与个体主观世界之间互动关系的理论工具，这对视角反映了两种不同的研究本位和分析出发点，在本章中的独特价值在于富有解释力地揭示了教育在社会实体结构生成和变迁中发挥建构功能的过程与机制。

所谓教化，是从社会本位出发而提出的一个分析视角，意指教育活动以社会既定的某些普遍原则和规范即客观的实体结构去要求、规范、引导受教育者使其发生预期变化的过程。换言之，系指教育活动以既有社会规范或知识体系去建构受教育者个体主观世界的过程。该范畴强调了教育活动的由外而内的“外烁”过程，赋予社会实体结构或知识体系以教育活动中的意义和价值的优先性。根据教育学对教育活动的基本理解和界定[①]，教育活动的出发点和归宿均为培养与一定社会实体结构相适应的成员。因此，在对社会和教育二者关系的处理中，必然要把“社会”的需要和要求置于重要地位予以考虑和安排。教育活动把社会的需要、要求以具体的社会实体结构和知识体系的形式转化为受教育者主观世界的过程正是所谓的教化过程。在发挥教化功能的过程中，教育者扮演着社会实体结构的“代理人”角色，俨然变为社会的化身。教化通常由家庭、学校、社区、政治组织、宗教、大众传播媒介以及工作场所等具体的机构或形式承载实施。[②]

所谓内化，作为从个体本位出发而提出的一个分析视角意指在教育活动中，受教育者接受教育影响主动把社会实体结构与知识体系转变成主观现实的过程。该范畴强调了受教育者的主观能动性和社会实体的“内生”过程，将个体的活动与发展作为分析和认识教育活动建构过程的出发点和本位。内化通常由观察学习、认知加工、角色扮演、主观认同和自我奖赏等形式来承载和完成。[③]

作为一种建构活动，教育乃是教育者这种社会实体结构的“代理人”与受教育者之间的互动过程，也就是社会的实体结构或文化结构与受教育者

---

① 教育“是根据一定社会的现实和未来的需要，遵循年轻一代身心发展的规律，有目的、有计划、有组织地引导受教育者获得知识技能、陶冶思想品德、发展智力和体力的一种活动，以便把受教育者培养成为适应一定社会（或一定阶级）的需要和促进社会发展的人”。（王道俊，王汉澜．教育学［M］．北京：人民教育出版社，1989：41—42）

② 参见谢维和等．当代青年社会学［M］．北京：中国青年出版社，1994：130—138．

③ 参见谢维和等．当代青年社会学［M］．北京：中国青年出版社，1994：139—143．

之间的互动过程。“这种过程是双向的，既是社会的文化结构作用于个体的过程，又是个体通过他们的活动对社会的文化结构进行继承和创新的过程。”[①] 正如吉登斯的结构化理论所强调的，“社会系统的结构性特征对于它们反复组织起来的实践来说，既是后者的中介，又是它的结果”[②]。对于生成社会实体的实践活动来说，结构既是它的媒介，又是它不断生成的产物；人的行为是被结构化的，同时，这种结构化的特性又是由人的行为本身的作用再生产出来的。

根据伯格和卢克曼的观点，内化作为个体与社会实体结构之间的互动过程，是镶嵌在人类整个建构活动过程之中作为其中一个重要环节或一种活动类型而存在的。按照他们对社会实体的建构（the social construction of reality）过程的精辟分析，社会既是一种由人的活动“外部化”（externalization）[③] 而产生的客观现实，也是这种“客观化”（objectivation）[④] 的现实“重新被引入意识”即“内部化”（internalization）[⑤] 而形成的主观现实。“社会正是通过外部化而成为人类的产品。社会正是通过客观化而成为独特的实体。人正是通过内部化而成为社会的产品。”[⑥] 在这种由“外部化”“客观化”和“内部化”所构成的绵延不绝的链条之中，人类既生产了客观的社会实体结构，又在这个过程中将客观的外部世界内化而生成主观世界，周而复始，以至无穷。当然，在教育这种特殊的建构活动中，个体决不是一种被动的存在，而是积极主动地与社会实体结构发生互动，在此过程中建构、生成关于客观世界的主观实体结构。

作为认识教育建构过程的两个不同视角，教化与内化是辩证统一的，是同一活动过程的不同方面。根据有关研究结果，教化与内化之间的相关也是一个变数。一般认为，在个体社会化早期教化的作用往往会大于内化，随着

---

① 谢维和．教育活动的社会学分析：一种教育社会学的研究（修订版）［M］．北京：教育科学出版社，2007：66．

② 安东尼·吉登斯．社会的构成：结构化理论大纲［M］．李康，李猛，译．北京：生活·读书·新知三联书店，1998：89．

③ 意指个体的活动产生外部效果，它作为活动的产品而存在。

④ 即人的活动的外部化产品从生产它的人那里得到了一定程度的独特性。

⑤ 即客观化的世界重新被引进意识的过程，以致这世界的结构决定了意识自身的主观结构。

⑥ R. 沃斯诺尔，等．文化分析［M］．上海：上海人民出版社，1990：44．

个体社会化的深入、年龄的增长、知识经验的丰富、心理水平的提高，教化的作用逐渐变小而内化的力量愈来愈大。[①] 这种变化规律恰恰反映了教育作为一种建构社会实体活动的动态特征。

（三）教育与社会整合（social integration）

秩序是人类社会的基本需要，日趋分化与复杂化的现代社会的良性运行与协调发展，尤其需要以一系列的机制为基础形成一定的秩序，整合便是其中必不可少的重要机制。整合概念系指将无数单个人组织起来，调整种种矛盾、冲突与对立，将其控制在一定范围内，形成合力，维护统一局面，形成一定秩序的社会过程。[②] 所谓社会整合，是与社会解体、社会解组相对应的社会学范畴，亦称社会一体化，指社会的不同因素、不同部分结合为一个统一、协调的整体的过程及结果。[③] 社会整合之所以可能，是因为不同社会成员具有共同的利益基础及发挥控制作用的文化、制度、价值观念等因素的存在，其实质是利益的协调与统整，即通过社会利益的认同、互补乃至强制将各具特殊利益的人及由具有共同利益的人组成的利益集团形成一个整体。社会整合是社会实体结构存在并发挥作用的前提条件。

变革与秩序是人类社会的基本存在状态，两者始终处于辩证统一之中：一方面，社会要不断地创新、发展、进步；另一方面，社会也要解决一个永恒的问题即秩序问题。后者需要社会整合机制予以保障。国家机器如军队、警察、法庭、监狱等作为一种暴力工具在社会整合中扮演着重要的“强制”或“震慑”角色，但仅有这些暴力工具还远远不够，社会整合更需要“共意”。真正的整合或秩序需要全体社会成员特别是被统治者在意识和行为上的认同与“共谋”，否则，社会秩序往往缺乏稳定性，甚至是脆弱而短暂的。教育是社会整合机制中的重要因素之一，正是通过整合功能的发挥，教育对社会实体结构所具有的建构功能得以充分体现出来。教育的社会整合功能具有以下几个特征。

---

① 参见谢维和等．当代青年社会学［M］．北京：中国青年出版社，1994：143．

② 参见郑杭生．社会学概论新修［M］．北京：中国人民大学出版社，1994：71．

③ 中国大百科全书《社会学》编辑委员会．中国大百科全书·社会学［M］．北京：中国大百科全书出版社，1991：351．

首先，通常所说的社会整合功能，在既有教育学话语体系中往往以教育的政治功能范畴形式出现。换言之，教育研究者过去习惯于在教育的政治功能范畴内讨论教育对社会实体结构存续与发展的功能，当时教育学话语中尚不存在“社会整合”概念。在社会学看来，教育的社会整合功能是客观存在的。本书作为从建构角度深化教育成层研究的教育社会学探讨，以“社会整合”概念为分析工具考察教育对社会实体结构的建构意义，显然带有较浓厚的社会学色彩。

其次，教育的社会整合功能的发挥，宏观上通常表现为一个国家或社会将教育作为一种成长机会特别是作为一种流动机会在不同利益群体中予以分配（如大学录取名额在不同民族、不同地区之间的人为配置），使社会各阶层、各群体拥有实现社会流动的可能性，从而将全体成员纳入可控制的社会流动序列，客观上保证社会流动渠道的畅通和社会的正常运行。根据意大利社会学家帕雷托的精英循环理论（参见图 2－3），社会平衡的基本条件是保持循环路线的畅通，以使执政阶层中总能保持一定数量的精英。一旦流动过于缓慢，就会造成社会层级结构的不平衡，征服或革命等行动就将使新的精英掌权并建立起新的平衡；严重的不平衡必然造成社会动荡乃至社会解体。作为一种流动渠道，“教育既可以选择具有精英文化的英才成员，又能促使下层或中层成员对英才文化的价值观和生活方式予以尊重”①，通过释放社会敌意、缓解社会冲突，达到有利于使社会在刚性与弹性、封闭与开放之间保持平衡，从而维持社会实体结构的稳定与运行。存续长达 1300 年之久的科举制度对维护我国传统社会的稳定无疑起到了不可忽视的作用，科举制度和教育恰恰是紧密结合的，科举制的长期存在折射出教育的社会整合功能，集中反映了教育对社会实体结构形成与变迁的重要意义。

再次，教育的社会整合功能在微观上是通过具体的教育活动过程所倡导、灌输、推行的有利于社会整合的意识形态如明确提出反对宗教对立、反对分裂国家、提倡民族大团结等来实现的。特别是进入现代社会以来，世界各国普遍形成完整的国民教育制度，通过教育制度这种社会实体结构承载的

① 张人杰．国外教育社会学基本文选［M］．上海：华东师范大学出版社，1989：55．

社会整合功能显著增强，原因在于教育制度“有助于传递统一的文化、统一的意识形态，从而发展、强化对国家的认同，克服由于地理环境、宗教信仰、语言等原因造成的地方主义、分离主义”①。诚如厄内斯特·盖尔纳（Ernest Gellner）所言：“站在现代社会秩序基础上的不是刽子手，而是教授。国家权力的主要工具和象征不是断头台而是（贴切的命名）博士学位。现代对合法教育的垄断比对合法暴力的垄断更重要，也更具中心地位。”②“随着民族国家的兴起，大学致力于增强民族认同，它开始成为资产阶级公民的主要训练基地，也成为公民社会的国家主义基础。”③ 这些精辟论断深刻揭示了教育的社会整合功能在现代社会中的举足轻重的地位。

最后，教育的社会整合功能的发挥是与教育所扮演的合法化角色密切相关的。任何一个社会的良性运行与协调发展，不仅依靠暴力工具的强制和威慑，而且离不开被统治者的参与和认同；不仅需要教育成为社会差异的生产机制，而且需要教育成为社会差异的合法化机制。正如谢维和教授所言：“从历史和现实中都可以看到，新兴阶级为了维护和巩固自己的统治，并在意识形态上解决政权和体制的合法性问题，总是力求建立一个体现国家意志和以一定意识形态为基础的强制性的教育体系，特别是国家的义务教育系统，由此，使人们，特别是青少年对国家的政权、制度以及国家机器的合法性形成思想意识和行为上的认同，从而成为合格的社会公民。而所有这些，主要是通过一定的教育制度实现的。”④

当然，随着社会的迅速发展与变迁，特别是随着传统社会向现代社会的深刻转变，人类社会的整合方式也在发生着根本性变化，对教育在其中所扮演的合法性赋予者角色提出了更高更新的要求。根据法国社会学家迪尔凯姆的研究，传统社会特别是其中文明程度较低的时期属于所谓的“同质社会”⑤，

---

① 成有信等. 教育政治学［M］. 南京：江苏教育出版社，1993：88.

② Eenest Gellner，Nations and Nationalism［M］. Oxford：Blackwell，1983：34.

③ 布莱恩·S. 特纳，克里斯·瑞杰克. 社会与文化——稀缺和团结的原则［M］. 吴凯，译. 北京：北京大学出版社，2009：24.

④ 谢维和. 教育活动的社会学分析：一种教育社会学的研究（修订版）［M］. 北京：教育科学出版社，2007：458—459.

⑤ 同一团体的成员们采取同样的谋生手段，保持同样的习俗，信奉同一图腾，这种共同性使他们意识到大家同属一个集体，而不会离心。这种团体基本上是从“相似性”中生成的社会即所谓的“同质社会”。

社会整合的形式主要是“机械团结”[1]；进入近现代社会以来，基于社会分工的发展和社会分化的加深，整个社会的异质性显著增加，维系社会整合的因素由古代社会的共同意识转向现代的分工制，社会整合的形式开始向“有机团结”转变。正如英国后现代主义社会学家齐格蒙特·鲍曼所言：“现代性也是一个超越地方总体性的时代，一个寻求力量援助或渴望‘想象共同体’的时代，一个建立民族以及组成、假定和建构文化认同的时代。”[2]社会整合需以社会认同为基础，在现代社会，“社会秩序的整合与再生产的过程已经成为专门化的领域——一个合法确定的权威领域……这不仅是对大众教育的吁求，同时也是大众自身社会无力感的宣言以及实现专家治国的一种努力”[3]。至于当代中国，随着社会分化的加深与转型[4]的加速推进，社会整合方式已发生显著变化，传统的在计划经济条件下高效运行的行政整合模式受到严竣挑战，如何在多元化、全球化及构建和谐社会的背景下有效地实现社会整合已经成为一个值得高度重视的崭新课题。

（四）教育与合法化（legitimation）

教育活动在建构受教育者的主观世界，即将客观社会实体结构内化为受教育者的主观实体结构的过程中，同时也在发挥着合法化功能。

根据知识社会学的理解，知识在社会的制度化和制度再生中扮演着重要角色：“知识是社会客观化的知识，也是关于现实之妥当的‘真理’说词”，“知识是社会中基本辩护过程的核心。它将规划各种管道，使外化能产生客观的世界；也能透过语言而将世界客观化，使成为人类认知的能力，让凡事成为可了解的现实。同时，它也透过社会化，使客观事物内化于人的意识。”[5] 作为实体结构的社会，其本身就是一个人类世世代代创造、积累而成的知识共同体，教育也是这种知识共同体的组成部分。社会实体结构的传

---

① 机械团结和有机团结是两种不同的社会整合形式或状态。通俗地解释，前者是建立在社会的同质性基础上的整合，后者则是建立在异质性基础上的整合。

② 齐格蒙特·鲍曼．作为实践的文化［M］．郑莉，译．北京：北京大学出版社，2009：37.

③ 齐格蒙特·鲍曼．作为实践的文化［M］．郑莉，译．北京：北京大学出版社，2009：44.

④ 参见刘生全．论教育批评［M］．北京：教育科学出版社，2006：61—64.

⑤ 彼得·伯格，托马斯·卢克曼．知识社会学：社会实体的建构［M］．邹理民，译．台北：巨流图书公司，1991：82.

承，需要一个对各种社会制度的再认知过程，亦即一个主观化的过程。教育活动是一种把已经客观化的社会实体结构再次主观化形成个体的意义世界的知识活动过程，通过这个主、客观世界的转化过程，教育成为赋予社会秩序以合法性的建构活动。

社会的制度化（或社会实体结构的组成元素形成）的最初阶段是不需要合法化的，因为此时的规范是不证自明的。然而，当这种社会实体结构要传递给下一代之时，合法化问题就出现了，原因在于规范的自明性特征由于缺乏个体的经验和习惯化——规范对于新一代来说是外加的，而非亲历或内生的——而不复存在。也就是说，一个社会的实体结构传统乃至社会阶级地位体系，对于下一代来说并非自明的，需要重新予以解释、辩护和证明。唯有通过解读和意义赋予，它才能够被“内化”或重新“根植”到新生个体意识之中，形成个体的主观世界。因此，社会作为一种实体结构性存在离不开合法化过程，正如伯格和卢克曼所言：“制度世界也需要合法化。所谓合法化是一种‘解释’与证明制度何以如此的方式。当然，这不是说制度缺乏真实性，而是在传承过程中谋得坚定之故。是以，实体虽是具历史性，但对新生代只是传统而不是经验中的记忆，故而需要合法化……制度必须有各种正当的说辞，来诠释自己的意义。故而，如果要使新生代确信，就必须对制度秩序有一套一致和广涵的解说。当制度秩序逐渐扩大时，也会随着一整套的合法化而涵盖了全部的认知与规范上的诠释。因此，新生代在学习这些合法化时，同时也被社会化了。”① 社会实体结构获得合法性的过程正是个体学习或接受教育的过程。

根据伯格和卢克曼的阐述，最基本的“解释”是蕴涵在“词汇”中的，这是个体学习基本的词汇和概念②的过程。这种合法化层次是前理论性质的，但它却是所有不证自明的“知识”的基础，也是随之而来的理论所依赖的基石。合法化的第二个层次是“命题”，命题是对事物的判断与解释，在命题中，事物的意义和彼此之间的关联得以阐释。合法化的第三个层次是

① 彼得·伯格，托马斯·卢克曼．知识社会学：社会实体的建构［M］．邹理民，译．台北：巨流图书公司，1991：78.

② 不难理解，概念是对事物的指称和命名，而对事物指称和命名的过程，也就是赋予事物以合法性的过程，事物借此便不证自明地“存在”了。

“理论意涵”，也就是说，通过一些具体的理论来对制度加以解释，从而赋予其合法性。合法化的最高层次则是“象征性共同体”（symbolic universe），属于理论体系层次的。象征性共同体本身乃是一个知识体系，它通过对边际情境的整合、对分歧的意义的整合、对人生不同阶段的意义的规范、促进主观认同①等发挥合法化功能。作为赋予社会秩序以合法性的知识体系，这种象征性共同体恰恰也是人类建构之物。“象征性共同体的缘起，有其人类建构的根源……在一个不断外化过程中，人将自己外化而建构了世界，也将自己的意义注入了世界。而象征性共同体也宣称，所有的现实是在整体宇宙观下赋予人类存在的妥当性，并且丰沛着人类的意义。因此，将人类注入的意义发展到极致之处。”②

现代社会是以机器化大生产为基础的社会，速度和效率③成为现代社会崇尚的核心价值，社会分化和社会差异乃至各种社会不平等对社会秩序的威胁日趋突出。在此背景下，教育活动不单单造成了受教育者之间的分化与差异，更要将所造成的分化、差异乃至不平等予以合法化，在现代社会中同时扮演着社会现实的立法者和阐释者双重角色。

任何时代的教育都主要由该社会中占统治地位的阶级或群体所左右，集中表现之一是统治阶级或群体无不竭力利用教育制度来赋予现存社会实体结构以合法性。“任何成功的统治都要追求合法化，与使用国家机器的暴力迫使民众屈从比较而言，文化的符号权力更深入、细致地将支配秩序铭刻进被统治者的身体和神经之中。因此在整个等级社会中，无反思的学校教育、知识分子有意无意地使用符号权力将社会支配等级转换成认知图式、区隔等级，在心智中形成社会个体。”④ 特别是进入现代社会，社会统治和权力斗争普遍诉诸合法化程序。“现代社会权利斗争不同于传统的古代社会，并不

① 彼得·伯格，托马斯·卢克曼．知识社会学：社会实体的建构［M］．邹理民，译．台北：巨流图书公司，1991：114—116．

② 彼得·伯格，托马斯·卢克曼．知识社会学：社会实体的建构［M］．邹理民，译．台北：巨流图书公司，1991：120．

③ 参见乔治·里茨尔．社会的麦当劳化：对变化中的当代社会生活特征的研究［M］．顾建光，译．上海：上海译文出版社，1999．

④ 张意．文化与符号权力：布迪厄的文化社会学导论［M］．北京：中国社会科学出版社，2005：21．

采纳过分露骨的暴力形式；即使在不得已的情况下采取了暴力形式，也要尽力论证其暴力形式的正当性。现代社会的特征，决定了其中所发生的任何一场权力斗争，都必须采取正当化的形式，都必须完成其正当化的程序。”① 权力运行和斗争的上述特征从根本上大大增强了教育赋予社会实体结构的合法性的功能。教育活动作为一种建构性活动，在将客观的社会实体结构内化为受教育者的主观实体结构的过程中，同时也在赋予现存的社会实体结构以合法性。不仅教育的目的是社会规定的，而且教育所传授的知识本身是经过严格筛选和过滤的“官方知识”，教育活动的过程和结果无时不处于社会的评价和监控之中。正因此，作为教育活动建构受教育者的主观实体结构的中介的知识是获得了合法性并为现实的社会实体结构赋予合法性的知识，充分保证了现代教育赋予社会实体结构以合法性的功能得以顺利发挥。

三、教育与社会功能结构

（一）社会功能结构

人类的生存、繁衍与发展建立在物质资料生产基础之上，形成了使生产活动得以可能的社会功能结构。所谓社会功能结构，可作广义、狭义两种理解。广义上，凡是能够满足社会存在与发展之需的因素均可构成社会的功能结构；狭义上，社会功能结构通常专指社会经济结构。这里主要在后一种意义上使用这一概念。而且，由于本研究重点考察教育与社会分层的关系，所以这里对社会经济结构的理解是侧重于从社会经济地位分层角度进行的。

进入阶级社会以后，资源分配再也不可能绝对平均了，人与人之间在社会经济地位上出现了分化、差异和不平衡，从而使社会经济地位结构得以形成。特别是进入现代工业社会，随着社会分化和分工的发展，职业成为复杂的体系，人与人之间的经济地位差异通常生成于就业体系中，职业地位的差异成为经济地位差异的前提条件和决定因素，社会的职业地位结构成为社会功能结构的代名词。

---

① 高宣扬．布迪厄的社会理论［M］．上海：同济大学出版社，2004：76.

(二)教育与职业地位的符应关系

根据“新左派”学者鲍尔斯和吉丁斯的观点，教育和职业的关系符合某种符应原则(correspondence principle)，即教育通过学校与社会经济结构和阶级结构的相“对应”而造成“社会生产关系的再现”。现有教育社会学理论对教育和经济关系的解释尽管因过于抽象而难以令人满意，但它高度强调了二者的密切关联：“总的说来，是经济决定教育，教育反作用于经济。随着社会的发展，教育与经济的关系越来越密切，一方面，教育的发展和进步，越来越离不开经济和生产的发展；另一方面，经济和生产的发展也越来越离不开教育的发展和进步。”① 在研究教育的经济功能过程中，阐述经济功能种种表现的观点更可谓林林总总。② 20 世纪 60 年代美国学者舒尔茨(T. W. Schultz)等人提出的人力资本理论更是将教育强调为“经济发展的主要因素，教育发展为因，经济发展为果”，为教育经济学学科的形成奠定了理论基础。但 20 世纪 70 年代以后，强调教育的经济功能的种种观点特别是其中的人力资本理论开始遭到质疑。兰德尔·柯林斯等人的研究表明，教育对经济的贡献并非如人力资本理论所断言的那么明显、直接，教育与经济的相关性不能简单化，他们通过运用“国际比较法”研究发现，经济发达国家的人口受教育水平平均数高，但还不能证明两者之间存在因果关系；教育对生产力的贡献主要表现在教育普及时期，超过这一时期，贡献并不显著；而且在教育结构性失调等情况下，教育很可能成为达到目标的障碍。③

尽管教育和经济之间的关系还存在不少需作进一步澄清的争议，但教育和职业之间密切的内在关联是不容置疑的。事实上，教育和职业地位的关系正是教育和社会功能结构关系的反映。整体上看，决定社会功能结构的经济资本主要是从一定的职业中获得的。进入现代社会以来，职业成为一个综合性成层标准，职业地位成为一种主要的社会地位。在社会层面，一个社会的

---

① 鲁洁. 教育社会学 [M]. 北京：人民教育出版社，1990：54.

② 例如：1. 为经济发展提供各类人才，包括设计人员、技术人员、管理人员以及其他人员；2. 提高劳动力的素质（如知识、技能、经验、纪律性等）；3. 进行科学研究，改进生产技术，直接或间接地促进经济的增长；4. 发展教育和调整教育结构有助于解决结构性失业。（顾明远. 教育大辞典：第 6 卷 [M]. 上海：上海教育出版社，1992：397）

③ 顾明远. 教育大辞典：第 6 卷 [M]. 上海：上海教育出版社，1992：398.

经济地位结构（功能结构）往往就是该社会的职业分层而形成的职业结构。作为职业结构的构成单元，每一种职业都具有一定的标准和门槛，对就业者则意味着必须具备一定的素质准备方能胜任具体的职业岗位。特别是随着社会生产和生活的知识化程度不断加深，就业所需的教育条件正变得越来越高，甚而至于个体开始职业生涯之时，“教育已成为一种法定标准”①。

随着教育和训练成为个体就业的前提条件，教育在现代社会的职业结构和人才结构的生成与改变中所发挥的功能越来越显著，所占据的地位越来越重要。因此，教育和职业社会化的关系越来越密切。加拿大学者莱纳兹曾对此作过清晰的论述：“作为一个社会生产者所需的实际技能总是要加以训练的。在过去，除了最为专业化的职业，这种训练多半是在工作中进行的，今天，在所有的职业等级层次上的职业训练过程，都已变成了由学校来承担。虽然学徒制的种种方案以及其他在职训练的形式仍然存在，但它们对总体的职业训练过程的贡献已大大地减少了。适用于我们社会的绝大多数工作的基础职业训练，都是在教育系统中进行的。类似学徒制的种种方案是在学校已奠定的基础上建立起来的，教育已成为职业社会化的主要促进因素。职业社会化（occupational socialization）是指学生为进入就业市场所做的准备。经济运转取决于供给足够的具有自觉性和效率的工人。教育系统的任务之一就是满足这种需求量（flow）。”② 伴随着教育及其主要课程的重要性被制度化，教育“成了社会及个人的必需品。在现代社会，无论是公共教育还是精英教育都得到了极大的发展，同时人们也更加毫不怀疑地认为这种制度结构对于个人和社会发展都是不可或缺的决定成分……公共教育生产出大量的资本主义工业的普通参与者，而精英教育则制造出各行各业的领导和专家”③。深入考究教育和职业之间的密切关系，兰德尔·柯林斯所作的“职业在教育系统内已被设计好了”④ 的论断无疑是非常令人信服的。

---

① 张人杰．国外教育社会学基本文选［M］．上海：华东师范大学出版社，1989：62.

② 莱纳兹．教育的各种职能［M］//瞿葆奎．教育学文集·教育与社会发展．北京：人民教育出版社，1989：89—90.

③ 莫琳·T. 哈里楠．教育社会学手册［M］．傅松涛，等，译．上海：华东师范大学出版社，2004：250.

④ 张人杰．国外教育社会学基本文选［M］．上海：华东师范大学出版社，1989：44.

（三）文凭和证书（diploma & certificate）

文凭①是教育过程及其结果的凭证。社会在对受教育者进行选择、分流、教化与内化、合法化等一系列“加工”之后，最终通过颁发各种文凭或证书的方式对其教育经历或学历水平予以标示。有了这种符号化标识，教育活动的建构功能就得以进入就业市场，从而完成与社会的有效对接。作为一种符号标志，文凭和证书在教育建构社会功能结构过程中发挥着特有功能，值得予以深入探讨。

“教育乃是寻求职业的途径。”② 受教育者是持着足以证明其教育身份的文凭或证书进入就业市场的。③ 文凭和证书一端连着教育，是教育选择和分流的标志，也是受教育者经过教化和内化过程身心得以发展的证明；另一端则连着社会，具体文凭类型和证书成为特定职业类型的通行证，与职业地位具有直接对应的关系，甚至成为进入某一组织、阶层或团体的基本凭证。正如教育社会学的分配理论所认为的那样：“教育成就是一种后天获得性身份，这种身份是个人进入能够获得物质和心理奖励的令人向往的社会岗位的通行证。教育证书，打开了高工资、好工作以及占据社会政治权力的大门。……尽管这些选择过程的理性基础经常是不清楚的或仍在争论中，但是社会机构依然根据个人所受教育来选择和分配这种地位。”④ 文凭和证书在教育发挥建构社会功能结构的过程中具有了显而易见的中介作用和标识功能，某种意义上，它使教育对社会经济结构的建构功能最终得以实现。基于这种特殊的功能与地位，在现代社会中，人们对教育的追求直接转移至对文凭或学

---

① 《辞海》对“文凭”概念的解释是：“① 旧时官吏赴任作为凭证的文书。《水浒传》第五十五回：‘受了行军统领官文凭，便叫收拾鞍马军器起身。’ ② 旧时官府发给百姓的证明文书。《文献通考·征榷一》：‘凡民有遗嘱并嫁女承书，令输钱给印文凭。’ ③ 学校发给学生的毕业证书。”（辞书编辑委员会．辞海［M］．上海：上海辞书出版社，1999：4141）

② 张人杰．国外教育社会学基本文选［M］．上海：华东师范大学出版社，1989：56.

③ “学校这个场所，就是要测验学生，评价学生的学业成绩并把他们的成绩与他们同伴的成绩加以比较，然后根据对成绩的比较评估把学生引向适宜的方向。从这个过程中产生出来的学生持有文凭、证书或学位，用以表明他们具有进入某一特定的社会分层的等级层次的资格。”（莱纳兹．教育的各种职能［M］//瞿葆奎．教育学文集·教育与社会发展．北京：人民教育出版社，1989：93）

④ 莫琳·T. 哈里楠．教育社会学手册［M］．傅松涛，等，译．上海：华东师范大学出版社，2004：657.

历的追求上，学历主义（Credentialism）[①] 和文凭社会色彩日趋浓郁，学历主义的盛行和文凭社会的来临充分表明教育在现代社会中的建构功能的增强越来越成为不容置疑的客观事实。

布迪厄的文化资本理论指出，学术资格和文化能力的证书“给了其拥有者一种文化的、约定俗成的、长期不变的、得到合法保障的价值”[②]。具体说来，文凭和证书在制度化文化资本的形成及其功能发挥中起着不可替代的作用：制度化文化资本使文化资本超越了身体化形式的生物局限[③]、赋予文化资本的拥有以合法地位[④]、使得在文化资本拥有者之间进行比较和相互替代成为可能[⑤]、“通过保证特定的学术资本的金钱价值，学术资格能够在文化资本和经济资本之间设定一定的转换率”[⑥]，所有这些均离不开文凭和证书的独特功能的发挥。

人类进入知识社会以后，文凭和证书的功能进一步凸显。对此，贝尔曾

---

① 马克斯·韦伯认为，决定社会地位的主要因素应包括经济因素、社会文化因素和权力因素，在三个方面占据优势或统治地位的阶级和群体总是竭力排除或阻碍其他阶级和群体进入他们已经具有优势并占据统治地位的领域。而维护、保持或排除与阻碍的主要手段和方式之一就是对教育的控制，更确切地说，就是对知识、学历和文凭的控制。学历主义的兴盛在于它符合了现代社会即工业社会的“效率”原则，无疑充分彰显了教育在现代社会中的建构功能的强盛。但也应看到，学历主义往往也是人们批评的对象，理由在于它导致教育背离了本身的价值，给教育带来了诸多危害，如：其一，学校从一个智慧、知识、道德传导、熏陶的场所，变成一个“筛选”的等级化机构和发放学历证书的场所；其二，原本希望获得生活、就业所必需的智慧和知识，现在成了为谋取较高的社会地位而受教育；其三，普遍存在于教育过程中的考试，远远超出了它的评价和改进教育手段的功能，具有了它本身对学习者不当的主宰和导向作用；其四，激烈的升学竞争导致了普遍的厌学情绪，等等。

② 皮埃尔·布迪厄．资本的形式［M］//薛晓源，曹荣湘．全球化与文化资本．北京：社会科学文献出版社，2005：13.

③ 身体化的文化资本是个体身上的禀赋、生存心态，无法通过馈赠、买卖和交换进行当下的传承，并随个体存在的衰落而衰落、消失而消失，因此带有生物的局限性。制度化的文化资本克服了这种局限性，因为“这种文化资本相对于其拥有者而言，甚至相对于该拥有者在一定时期内有效占有的文化资本而言，均具有一种相对的独立性”（《全球化与文化资本》，第 13 页）。

④ 根据布迪厄的说法，制度化的文化资本使文化资本的拥有合法化了，因为“它在官方认可的、合法化的能力与简单的文化资本之间确立了一种根本的差别，而那种简单的文化资本则需要不断去证明自身的合法性。在此情况下，我们可以清楚地看到体制性权力、自我表达的权力和捍卫信仰的权力的魔力，一言以蔽之，就是强迫他人接受‘社会公认性’的权力”（《全球化与文化资本》，第 13—14 页）。

⑤ 布迪厄认为，任何一个行为者都能占有体制上认可的文化资本，“正是学术资格的存在，使得资格拥有者之间的比较甚至相互替代成为可能”（《全球化与文化资本》，第 14 页）。

⑥ 薛晓源，曹荣湘．全球化与文化资本［M］．北京：社会科学文献出版社，2005：13—14.

作过专门论述。他指出，后工业社会主要是一个技术社会，来自社会的奖酬较少根据继承或财产（虽然这些能掌握财富或文化优势），而较多根据教育和技能来进行。后工业社会的逻辑是能者统治，不同的地位和不同的收入都基于技术才能和教育高下。而且贝尔认为，一个能者统治的社会就是一个"证书社会"，在那样的社会里，成就的证明——通过大学学位、专业考试、许可证——成为取得高职位的一项重要条件，教育因此成为一种保护性的必要活动。[①]

四、教育与社会意义结构

（一）社会意义结构

人作为一种意义性存在，所创造和经历的社会生活的一切方面，包括出生与社会化过程、社会群体、社会制度、社会分层与变迁等无不属于文化现象从而蕴涵特定意义。社会存在不仅表现为满足人的物质需求的功能结构，同时表现为满足精神需求的文化或意义结构，所谓社会意义结构正是社会结构的文化或意义纬度。文化概念通常可作广义、狭义两种理解，广义文化概念是指与自然现象不同的人类社会活动的一切成果，包括物质因素和非物质因素；狭义文化概念仅指精神因素而不包括物质因素，英国人类学家爱德华·B. 泰勒（Edward B. Tylor，1832—1917）于1871年给出的文化定义就持这种文化观。[②] 由于意义是文化赋予且基于解读而生成的，这里所讨论的社会意义结构其实就是狭义的社会文化概念。

（二）教育的文化和意义建构功能

文化的生成与功能发挥是一个社会过程。既有研究表明，文化功能是教

① D. 贝尔. 后工业社会的来临：对社会预测的一项探索［M］. 北京：新华出版社，1997：452.

② 泰勒认为，文化是一个复杂整体，其中包括知识、信仰、艺术、道德、法律、风俗以及人作为社会成员一分子所获得的任何技巧与习惯。文化的特点在于它是人类后天习得的，为人类所共同享有。

育的基本功能之一，通常表现为传递、保存文化，创造、更新文化，传播文化，影响“身份文化”的成层等。[①] 归根结底，文化以心理结构或意义结构形式存在，教育的文化功能表现在对人的存在方式或生活价值赋予意义，形成基本的心理认同，从而使社会的存在及人与人之间的互动建基于共同的文化或意义之上。

“社会是通过内部结构的不断分化来适应环境，求得自身发展的。”[②] 进入现代社会以来，随着社会分工加速，功能分化加剧，结构更趋复杂，社会的异质性显著增加，整合难度越来越大，人类进入了迪尔凯姆所说的有机团结阶段。教育的文化建构和意义赋予功能较以往任何时期都更为突出，对社会文化和意义结构整合的功能显著加强。诚如教育社会学家莫琳·T. 哈里楠所指出的，教育体制“首先要创造一个巨大的知识文化基础……现代制度及其设想中的目标建立在一个大文化的基础之上，它既创造了同时又强调了共同的知识和共享的价值观念。教育为此提供了一个场所。教育除了它的社会分层功能之外，重心是在建立共通的文化认同——现代理论与政策基于其上的各种假定。”[③] 而且，“现代制度及其理想中最为中心的社会地位是人人平等、人人参与：作为公民、人和人类的一部分。这一现代文化必须通过面向全体的公共教育（日渐包括中等教育和现代的全民大学教育）而植根于所有的人类个体”[④]。那么，文化因素在社会分层中的重要地位如何？社会意义结构又如何在个体身上呈现？教育对社会文化或意义结构的建构性影响究竟如何产生？下面便重点从文化资本角度讨论教育如何通过对社会意义或文化结构的影响而发挥成层功能。

（三）文化资本的一般等价物功能

资本是现代社会中社会阶层地位的决定性因素，也是社会斗争和权力争夺的重要对象。在社会竞技场中，谁掌握的资本数量越多，就越占据优势地

① 顾明远．教育大辞典：第6卷［M］．上海：上海教育出版社，1992：398.

② 郑杭生．社会学概论新修［M］．北京：中国人民大学出版社，1994：276.

③ 莫琳·T. 哈里楠．教育社会学手册［M］．傅松涛，等，译．上海：华东师范大学出版社，2004：253.

④ 莫琳·T. 哈里楠．教育社会学手册［M］．傅松涛，等，译．上海：华东师范大学出版社，2004：254.

位，相应地在社会分层结构中就会占据优势明显的位阶。布迪厄将资本区分为经济的、文化的、社会的和符号的四种基本类型，不同类型资本经过一定斗争之后转化为可显现其拥有者社会地位和社会力量的象征资本。正是由于所有不同类型资本都是在特定正当化程序中被“确认”的斗争力量单位，因此人们手中掌握的象征资本的总量最终成为衡量各个社会阶级或个人的斗争力量总汇聚的根据。

不同类型资本之间可以互相转换。经济资本是其他类型资本的根源，“不需要通过第二手的花费就可以直接获得某些商品和服务；而其他一些商品和服务只有通过关系（或社会义务）所产生的社会资本才能获得”①，因此经济资本具有一般等价物属性是毋庸置疑的。在现代社会，知识和文化成为社会生产生活的基础，包括身体化、客观化和制度化三种不同形式的文化资本同样具有了一般等价物功能。其中，制度化文化资本是以由合法化和正当化的制度所确认的各种学衔、学位及毕业文凭、证书等为表现形式的，具有特殊的社会功能。“学术资格和文化能力的证书的作用是很大的，它给了其拥有者一种文化的、约定俗成的、长期不变的、得到合法保障的价值。”②制度化文化资本不仅使得在文化资本拥有者之间进行比较和相互替代成为可能：“正是学术资格的存在，使得资格拥有者之间的比较甚至相互替代成为可能。”③ 而且，“通过保证特定的学术资本的金钱价值，学术资格能够在文化资本和经济资本之间设定一定的转换率”④。由于通过转换成经济资本、社会资本等其他资本形式而具有一般等价物属性，文化资本在社会意义结构生成乃至社会分层中具有不容忽视的意义。

经济资本和文化资本虽然同为一般等价物，但二者在作为一般等价物上的差别和关系也值得进一步分析。布迪厄认为，社会空间中的位置主要由经济资本与文化资本这两种类型资本划分和组织，但文化资本又会略弱于经济

① 包亚明．文化资本与社会炼金术［M］．上海：上海人民出版社，1997：207.

② 皮埃尔·布迪厄．资本的形式［M］//薛晓源，曹荣湘．全球化与文化资本．北京：社会科学文献出版社，2005：13.

③ 皮埃尔·布迪厄．资本的形式［M］//薛晓源，曹荣湘．全球化与文化资本．北京：社会科学文献出版社，2005：14.

④ 皮埃尔·布迪厄．资本的形式［M］//薛晓源，曹荣湘．全球化与文化资本．北京：社会科学文献出版社，2005：13—14.

资本。“垂直性的第一等级区隔表明，大量拥有这两类资本中的任意一种的行动者处于支配阶级，反之被剥夺这两类资本的人则属于被支配阶级。水平性的亚级区隔则显示出支配阶级内部占有更多经济资本的人属于支配阶层，而富于文化资本的知识分子则属于被支配阶层。”[①] 尽管如此，文化资本的作用及由此所决定的教育的价值依然是不容忽视的，特别是“资本的官方传递越是受到阻碍，以文化资本为形式的资本秘密流通的效果，在社会结构的再生产中就越具有决定性。作为能够掩盖自己作用的一种再生产工具，教育制度的范围将进一步得到扩大”[②]。正是文化资本的一般等价物属性使教育在文化的生产、消费、选择、引导和管理中的作用越来越突出，在社会意义结构形成中的功能也日趋显著。

（四）文化资本积累与传承的途径和规律

在布迪厄的文化资本理论中，身体化的文化资本相对于其他两种形态即客观化和制度化的文化资本而言具有基础性，最能集中反映文化资本形成与传承的基本规律，所以布迪厄主要分析了身体化文化资本的形成与获得，对其他两种文化资本形态的获致途径论述较少，当然，有时他也不作具体区分地阐述文化资本的积累与传承问题。下面便综合布迪厄在不同作品中的论述，提炼出文化资本积累与传承的基本特征和规律。

1. 文化资本的积累和传承主要取决于家庭所拥有的文化资本状况

文化资本通过教育实现积累与传承。身体化的文化资本无法通过馈赠、买卖和交换的方式进行当下传承，但可通过家庭教育来传承并积累。家庭在布迪厄看来是文化资本最初也是最主要的再生产场所，他在《区隔》[③] 一书中所阐述的文化资本的第一种传承和积累方式即为家庭教育。家庭教育始于孩子呱呱坠地之时并通过家庭体验来实现。通常情况下，受父母等家庭成员所拥有的经济资本和文化资本总量的影响，不同的家庭出生即意味着接受不

① 张意．文化与符号权力：布迪厄的文化社会学导论［M］．北京：中国社会科学出版社，2005：21.

② 包亚明．文化资本与社会炼金术［M］．上海：上海人民出版社，1997：211.

③ 本书法文名为 La Distinction. Critique sociale du jugement，巴黎 Minuit 出版社 1979 出版，国内一般译为《区隔：品味判断的社会批判》。布迪厄在本书中通过考察不同阶级之间的生活方式，具体到饮食、服饰，乃至生活形态等层面上，描绘出 1970 年代法国社会的阶层状况。

同的文化资本的影响，甚至意味着以后相应拥有不同的社会地位。“文化资本的最初积累以及文化资本快速便捷地积累的先决条件，都是在毫无迟滞、毫无浪费的时间起步的，那些拥有丰富的文化资本的家庭后代更是得了先天之利。”① 一般地，出身于具有雄厚经济和文化资本家庭的孩子占据较高起点，易于在资本传承和社会地位确立之间形成良性循环：较高的起始点→优质的初级学校教育→进入一流学校接受精英教育……→获得名校文凭→从事较好的工作→获得较高的社会地位。② 反之，出身于具有较少文化资本且文化资本积累速度缓慢的家庭的孩子，其起点无疑会较低，在资本传承和社会地位确立之间容易形成恶性循环。

此外，值得注意的是，家庭的文化资本的积累和传承是长期的——文化资本积累的时间占据了社会化的全部阶段，而且与经济资本的传承方式不同，家庭通常以“继承”的方式进行文化资本的传承，具有间接性和隐秘性特征——文化资本的传承无疑成了资本继承性传承的最好的、也是最隐秘的方式。

2. 学校是仅次于家庭的积累与传承文化资本的重要场所和途径

文化资本积累与传承的另一条主要途径为学校教育。文化资本“从较晚的时期开始，以一种系统的、速成的学习方式进行”③，这种方式即为学校教育。

学校在现代社会中作为一种重要的公共场域，成为典型的学历再生产场域，也成为除家庭之外最重要的生产文化资本的场所。但学校在文化资本的积累和传承上与家庭存在以下几点显著不同：其一，培养目标不同。家庭和学校这两个场域所承担的传承功能的不同首先体现在培养目标上。通常情况下，家庭主要是培养“教养”和“规矩”等广义趣味及感性的地方，学校则主要是传授专业化知识与技能的场所。其二，时间起始点不同。家庭是孩子出生之地，个体自出生那一刻（甚至更早）就开始了接受家庭的“熏

---

① 皮埃尔·布迪厄．资本的形式［M］//薛晓源，曹荣湘．全球化与文化资本．北京：社会科学文献出版社，2005：10—11.

② 朱伟珏．“资本”的一种非经济学解读：布迪厄“文化资本”概念［J］．社会科学，2005（6）.

③ 朱伟珏．“资本”的一种非经济学解读：布迪厄“文化资本”概念［J］．社会科学，2005（6）.

陶”，也就开始了所谓的文化资本的继承之旅；学校对文化资本的传承“从较晚的时期开始”，孩子只有到法定年龄才能入学。其三，方式或形式不同。个体在家庭中所获得的教育往往融于日常生活之中，文化资本的传承因此是在家庭成员之间的日常互动中不知不觉地进行的，带有“润物细无声”的特点；学校教育则是在学校这种社会组织内以一种正规的方式进行的，其组织形式、内容安排均是非常系统的。其四，效率不同。家庭给予个体的影响是“潜移默化的”，学校则以“速成的学习方式进行”，组织的严密性和要求的具体而明确确保了这种传承形式的高效性。其五，性质不同。“幸福的家庭各个不同”，孩子在不同家庭环境中所受到的教育和影响往往大相径庭，因此家庭对文化资本的积累与传承是个性化、异质性的；学校的影响则是“内容统一的集体教育”，带有标准化、同质性特征。

3. 文化资本的积累和传承依赖于家庭为个体提供的自由时间长度

文化资本的积累与传承是个体的自我发展过程，必须有时间的投入。个体能否延长其获取文化资本的时间长度，依赖于家庭能够为其提供的自由时间的长度。自由时间指的是从经济的束缚中摆脱出来的时间，该时间成为家庭的经济资本积累状况的反映。不同家庭出身和阶级背景的个体在文化资本获取的时间供给上是不一样的，经济资本比较丰裕的家庭往往能够给父母教育孩子、孩子积累文化资本提供更多的自由时间。布迪厄曾试图从时间角度提出测量文化资本的方法，他认为测量文化资本的最精确方法，就是把获取收益所需时间的长度作为测量的标准。甚至认为，倘若该时间长度被简化为受教育的时间长度，也未尝不可①，但他同时也强调“不能把它简化为早期家庭教育投资”，因为按照文化资本离学术市场所要求的距离的远近，家庭往往会作出两种不同的反应，一种是进行具有肯定性价值的早期家庭教育（节省时间，提早开始），另一种是进行具有否定性价值的早期家庭教育（浪费时间，这种时间的浪费还会带来后续的浪费，因为到头来必须花更多的时间来矫正早期家庭教育所带来的后果）。②

---

① 皮埃尔·布迪厄．资本的形式［M］//薛晓源，曹荣湘．全球化与文化资本．北京：社会科学文献出版社，2005：8．

② 皮埃尔·布迪厄．资本的形式［M］//薛晓源，曹荣湘．全球化与文化资本．北京：社会科学文献出版社，2005：8．

4. 能力在文化资本的积累和传承过程中起着重要作用

对文化资本的积累和传承而言，个体的能力起着重要作用。布迪厄明确指出："文化资本的差别隐含在能力的差别之中，因为获取资本需要一个延长过程，而能力就是这一延长过程所需要的特别的文化上的要求。"① 因此，在文化资本积累与传承的过程中，不应忽视个体能力的培养，甚至能力培养比知识传授更重要、更应受到重视。这些认识与教育理论关于能力培养规律的理论观点不谋而合。

（五）生存心态（habitus）

通过教育所形成的社会意义结构体现在个体身上则是受教育者身心的形成与变化。以布迪厄提出的概念来表述，也就是受教育者的生存心态的生成。对生存心态予以探究有助于揭示教育对社会意义结构建构的意义和影响。

生存心态（国内较早将 habitus 译为惯习②）是布迪厄社会理论中的一个基本概念。根据国内学者考证③，中世纪的经院哲学家们用"ethos""habitus"和"hexis"三个词语综合地表示"道德"，"habitus"的原意乃是"生存的方式"（mode de l'être），表示在当时当地规定着某人某物之为某人某物的那种"存在的样态"，后来获得了"体格""气质""性格""性情""禀性"等衍生意义，标示着一个有生命的人的体态和性情状况。同时，由于与"habitudo"（习惯）有共同的词根，"habitus"也常被用来表示受外在行为、教育和个人努力影响而固定下来的行为方式和持久禀性（disposition permanente）。

生存心态作为"一种社会化了的主观性"，"就是知觉、评价和行动的分类图式构成的系统，它具有一定的稳定性，又可以置换，它来自于社会制

---

① 皮埃尔·布迪厄．资本的形式［M］//薛晓源，曹荣湘．全球化与文化资本．北京：社会科学文献出版社，2005：11.

② 曾长期、系统研究布迪厄思想的高宣扬先生认为将 habitus 译为"惯习""习惯""习气"等均属"误译"，他在充分考证基础上将其译为"生存心态"。参见高宣扬．布迪厄的社会理论［M］．上海：同济大学出版社，2004：作者自序，2.

③ 参见高宣扬．布迪厄的社会理论［M］．上海：同济大学出版社，2004：114.

度，又寄居在身体之中（或者说生物性的个体里）”[①]。在布迪厄的社会理论体系里，生存心态概念的含义是耐人寻味的：一方面指在特定历史条件下，个人意识中内化了的社会行为的影响的总结果，特别是指特定社会中的教育制度在个人意识的内在化和象征性结构中的结果。“它是一种先验的前反思模式，是已经沉淀成生存心态的、长期反复的个人和群体特定行为方式，是已经构成内在的心态结构的生存经验，是构成思维和行为模式的、具有持久效用的禀赋系统。”[②] 另一方面，这种来自长期实践的经验因素一旦沉淀、内化为个人或人群的意识体系即生存心态，便成为人的社会行为、生存方式、生活风尚（style de vie）、行为规则、策略（stratégie）等实际表现及其精神方面的总根源。不难看出，布迪厄提出、使用生存心态概念意在强调“某种强有力的生成机制”。在他看来，生存心态是兼备建构性、创造性、再生性和被建构性、被动性、稳定性的双重心态结构，是连接实践和结构的中介，在外在化、现实化和历史化的实践中发挥作用。

实际上，在对生存心态的描述和解释中，特别是对生存心态形成机制的阐述中，布迪厄强调了教育的效果及该过程中的结构性和建构性特征。[③] 作为一种同时具有“建构的结构”和“结构的建构”双重属性和功能的“持续的和可转换的秉性系统”，生存心态是随时随地与人的生活和行为相伴的状态和风格，“实际上就是通过我们的行动而外在化的社会结构的‘前结构’，同时它又是在我们的内心深层结构化，并持续地影响着思想和行为的客观性社会结构的化身”[④]。由此不难看出，生存心态概念实际上集中体现了布迪厄理论所具有的“建构的结构主义”或“结构的建构主义”特征。

---

① 布迪厄，华康德．实践与反思：反思社会学导引［M］．李猛，等，译．北京：中央编译出版社，1998：170，171．

② 高宣扬．布迪厄的社会理论［M］．上海：同济大学出版社，2004：115．

③ “惯习生成的逻辑本身就说明，它是一系列按时间顺序安排的结构。……具体地说，像在家庭中获得的惯习就成了型塑学校经验的过程的基础；而反过来，本身千差万别的学校中的行动，又改变着惯习，成为此后所有经验的基础，依此类推，惯习不断走向一次又一次的重新型塑的过程。”（布迪厄，华康德．实践与反思：反思社会学导引［M］．李猛，等，译．北京：中央编译出版社，1998：309）

④ 高宣扬．布迪厄的社会理论［M］．上海：同济大学出版社，2004：作者自序，4．

五、教育与社会地位结构

（一）社会地位结构

社会地位结构是从社会地位角度考察社会结构时形成的概念。社会分层研究将正式社会地位视为宏观社会的结构性要素，认为所谓社会分层无非是社会地位的分层，所以社会地位结构顺理成章地应为成层研究关注的重要主题。

在任何具体社会中，个体之间总存在这样那样的差别，综观这些差别无外乎自然差别与社会差别两种形式。自然差别存在于社会成员之间表现为性别、年龄、容貌、血型等基于生理或遗传机制方面的差异，属于客观性差别；社会差别则是根据某种社会属性区分的各类社会成员在社会境况如职业、收入、声望等方面的差异。两种形式的差别对个体的社会地位均有重要影响。

社会地位是社会关系空间中的相对位置及围绕这一位置所形成的权利与义务关系。"通俗地说，社会地位就是社会关系之网中的各个纽结"[①]，通常可区分为正式的社会地位和非正式的社会地位。前者指长期存在并同其他相关地位发生稳定的制度化关系的位置或属性，后者则指偶然或临时的、与其他相关地位之间处于易变的、非制度化关系的位置或属性。[②] 社会成员个体通过各种途径获得一定的社会地位，所有社会成员的社会地位共同构成的社会结构即为社会地位结构。

现代社会中，个人的社会地位通常受财富、声誉、权力等因素的影响和决定，由于职业生活直接影响甚至决定个人的收入、声誉和权力，所以职业地位一般被公认为主要社会地位，人们也习惯于将职业因素作为考察社会地位的一个基于并有别于收入、声誉和权力的综合指标。在此意义上，所谓社会地位结构也就成了职业地位结构的别称。

① 郑杭生．社会学概论新修［M］．北京：中国人民大学出版社，1994：273.
② 郑杭生．社会学概论新修［M］．北京：中国人民大学出版社，1994：273—274.

（二）教育建构社会地位结构的宏观载体

在现代社会中，教育直接影响着人的知识、技能、能力、趣味、价值观、审美观等，并与人的职业地位密切关联。因此，学界在考察社会地位结构时通常将教育作为社会地位的重要影响因素来对待。然而，教育对社会地位结构的建构性影响既为专业化的教育过程，同时也是复杂的社会过程，无论教育学者还是教育社会学研究者大都倾向于从宏观和微观两个层面对其予以分析。在宏观层面上，教育对社会地位结构的影响主要是通过教育制度和教育结构来实现的。

我们认为，教育制度是教育活动的制度化存在形态，包括社会对教育的规定及其制度化，以及教育活动本身的制度化。不妨称前者为教育外制度，它是对教育和其他各种社会制度（政治制度、经济制度、文化制度……）的关系及其制度化的总称，反映一个社会或国家对教育的基本要求与价值定位，通过社会对教育的意义与地位的法律规定、教育投入、管理机构的设置和具体的管理规章、社会对教育和其他社会制度及教育与整个社会关系的评估等体现出来；不妨称后者为教育内制度，亦即常规意义上所说的教育制度，它是教育领域中普遍性的、正式的行为规范体系。教育界在讨论问题和使用概念过程中，往往只对教育制度作后一种意义上的理解，应该说这是有缺陷的。

教育制度是一种结构性存在，由目标系统、规范系统、组织系统和工具系统等要素组成，一般可作三个层次的理解：一是整体意义上的教育制度，与社会的经济制度、政治制度等并列，教育学特别是教育政治学中所区分的所谓封建主义的教育制度、资本主义的教育制度、社会主义的教育制度，以及从文化学角度所提出的传统的教育制度和现代的教育制度，便都属于这个范畴；二是中观层次的教育制度即教育制度的各种子制度，如基础教育制度或义务教育制度、高等教育制度、成人教育制度，招生制度、考试制度、毕业生就业制度等；三是微观的教育制度，即对教育活动的具体性规定，如教学管理制度、班级规章等。

教育社会学研究者通常根据教育活动的特点对教育制度予以分类，如英国学者特纳（Ralph. H. Turner）认为，教育制度或学校制度的类型主要是根据社会流动的模式和规范而形成的。通过比较英、美两国教育制度在解决共同面临的社会流动问题上的异同，特纳分析了教育特别是学校教育与两种流动模式之间的内在关联。[①] 英国学者霍珀（Eart Hopper）则认为，特纳的教育制度类型学主要基于对英、美两个国家教育制度的经验研究，而"大多数教育制度是不能根据'赞助性—竞争性'的两分法进行有意义的划分的"[②]，霍珀因此指出"根据教育制度筛选过程的结构，就能基本了解教育制度的结构，尤其是工业社会中教育的结构"，"关于筛选过程，人们可以提出如下四个问题：教育筛选是怎样发生的？儿童何时被筛选？谁应被筛选？他们为什么被筛选？教育制度的四个结构特性都可在对这些问题的回答中得到反映"[③]。不难看出，特纳和霍珀关于教育制度类型学的观点基本上是根据教育的选拔功能而提出来的。

教育结构与教育制度概念联系密切却又有所不同。所谓教育结构，指的是教育活动的各种要素及其相互关系所形成的系统。就其构成而言，既包括实体性要素也包括关系性要素，由此形成教育结构的两种主要类型，即实体性教育结构和规范性教育结构。[④] 就类型而言，教育结构一般包括层次结构、形式结构、类别结构和布局结构等内容。"教育结构从总体上反映了一定社会教育的资源配置。"[⑤] 教育对社会地位结构的建构作用正是通过教育结构来承载的，下面便就此作较为详细的描述和分析。

1. 教育的层次结构

任何一种制度化的教育活动，只要形成一定规模或体系就必然表现出层

---

① "按照特纳的看法，不同的流动模式对教育制度的影响主要体现在以下几个方面：首先，赞助性流动中的教育和学校制度以培养英才文化为价值，而竞争性流动中的教育制度则作为进取的手段。其次，赞助性流动中的教育制度注重于灌输英才文化，而竞争性流动中的教育制度则强调竞争和机会。再次，赞助性流动注意培养学生的忠诚等，而竞争性流动重视的教育内容是学生的能力等。最后，赞助性流动中的教育制度强调遵守一定秩序和规则，而竞争性流动中的教育制度则重视学生对社会各种不同环境的适应，等等。"［谢维和．教育活动的社会学分析：一种教育社会学的研究（修订版）［M］．北京：教育科学出版社，2007：440］

② 厄尔·霍珀．关于教育制度的类型学［M］//张人杰．国外教育社会学基本文选．上海：华东师范大学出版社，1989：114.

③ 张人杰．国外教育社会学基本文选［M］．上海：华东师范大学出版社，1989：114，115.

④ 参见谢维和．教育活动的社会学分析：一种教育社会学的研究（修订版）［M］．北京：教育科学出版社，2007：504—505.

⑤ 谢维和．教育活动的社会学分析：一种教育社会学的研究（修订版）［M］．北京：教育科学出版社，2007：501.

次性。尤其是在现代社会，随着社会分工与纵向分化的加深并复杂化，教育的层次也不断分化和复杂化，最终形成了由学前教育、初等教育、中等教育、高等教育彼此衔接而又互相贯通的庞大层次体系。[①] 教育层次的划分与设置及其对社会分层的影响始终是学者们津津乐道的重要话题，甚至有研究者认为，“随着现代社会的进一步分化，教育在分配人们的社会角色中起到了决定性的作用。所以大量研究都在关注教育的层次化问题，并认为教育是造成分层结果的关键因素（Blau & Duncan，1967；Arum & Shavit，1995；Shanahan，Elder & Miech，1997；Caspi，Wright，Moffett & Silva，1998）”[②]。教育对社会地位结构的建构功能如何通过层次结构体现出来呢？

首先，教育结构的一般形态特征决定了其必然具有分化和区隔功能。教育层次结构所反映的是受教育者的分布状况，显示着受教育者在教育领域中的层次及其比例关系。一般而言，教育层次结构中的越低层级则其所占比例越大，反之，则其所占比例就会越小，整个层次结构表现为上小下大的宝塔型或类宝塔型。[③] 教育过程的展开即为教育层次的由低向高的过渡与衔接，教育层次结构的宝塔型或类宝塔型特征决定了过渡与衔接的过程成为一个淘汰与分流的过程，表现为总有一些受教育者在衔接与过渡的接口处被“甩出”教育体系而流向社会，教育层次结构因此成为对受教育者进行分化与分层的现实基础。

其次，教育结构的不同层次即意味着对受教育者的分化和专门化。由于不同层次的教育各自均有独立的培养目标和价值规范，都具有相对独立的价值基础和型塑过程，受教育者进入不同的教育层次首先即意味着接受不同程度和性质的教育影响，从而形成与该教育层次相适应的心理素质和行为能

① 所谓教育的层次结构，“按照国际教育的分类标准，指的是从6—12岁的小学教育为主的第一级教育；从11—12岁到17—18岁这一阶段进行的中等教育为第二级教育；从18岁左右开始的，为期6—7年的第三级教育，以及它们之间的比例关系。按照我们国家正规教育的阶梯来看，它也指的是小学、中学和大学这样三个层次的教育及其比例关系”［谢维和．教育活动的社会学分析：一种教育社会学的研究（修订版）［M］．北京：教育科学出版社，2007：507］。

② 莫琳·T. 哈里楠．教育社会学手册［M］．傅松涛，等，译．上海：华东师范大学出版社，2004：249.

③ 当然，在社会的人口基数及其发展相对稳定的情况下，教育的层次结构通常会表现为由宝塔型或类宝塔型向梯形的转变，原因是居于教育结构的塔尖的高等教育会出现由精英型向大众型和普及型的转变。

力，得到符合该教育层次预期和要求的发展与成长，这便使教育的层次划分及其衔接成为实现受教育者分流和分化的机制与过程。当然，教育体系的分层特性所反映的是受教育者的整体性分层，同一层次内部不同的受教育者所受的影响和驯化结果就其水平而言往往基本接近，但不同层次之间的差别无疑是巨大的，通常分别被赋予代表着不同“文化程度”和“知识水平”的符号标识。

最后，教育层次结构通过教育分流的形式生产着教育差异和分化，从而发挥着社会地位结构的建构功能。教育结构不同层次之间的自然衔接即为教育活动的展开过程，实际上正是教育分流过程，表现为一部分受教育者被“选中”进入上一层级而继续他们的教育之旅，另一部分受教育者则因不符合某些标准而被“抛进”社会从而中断了他们的教育旅程。任何一个教育层级只要存在不能与上一层级实现“全口径”对接，必然会造成“选中”和“淘汰”两种结果。不同教育层级即意味着不同的教育分流形式。我国教育分流形式多种多样，如小学后分流、初中后分流、高中后分流；义务教育后分流、高等教育分流等①，恰恰体现着由教育层次结构所造成的教育差异和分化的广泛存在。此外，现实中客观存在的包括重点小学、重点中学、重点大学等在内的“重点校”作为一个独立体系从教育体系的底端一直延伸至顶端，既体现着教育分层也体现着教育的分类，其浓郁的精英教育色彩显然对教育层次结构的分流功能产生着重要影响。这正是值得认真关注和研究的课题。

2. 教育的形式结构

所谓形式结构，通常指整个社会中由正规教育、非正规教育和非正式教育等教育形式构成的整体及其相互之间的比例关系。根据联合国教科文组织的界定，正规教育主要指的是从学前教育、小学、中学直到大学所形成的一个系统的教育发展阶梯，既包括公立学校和私立学校，也包括非官方系统的各种学校；非正规教育指的是不管教育形式如何，但学生需要通过报名注册方可入学的教育；非正式教育指的是学生或其他缴费学习的人，不必通过报

① 参见董泽芳，沈百福．百川归海：教育分流研究与国民教育分流意向调查［M］．武汉：华中师范大学出版社，1999.

名或其他手续即可上课的教育形式。[①] 在我国的教育体系中，正规教育指学校教育，非正规教育和非正式教育被看做社会教育。

正规教育在现代社会中之所以能够形成一个庞大体系，根本原因在于它在发挥社会地位结构建构功能过程中具有非正规教育所不具备的正规性、系统化、高效率、同质化等优势。正规教育作为一种有目的、有组织、系统化的教育形式，主要通过知识建构的形式发挥建构功能。正规教育本身就是一个设计周密的知识分类与成层机制——对知识进行取舍、分类、评价、编排，赋予合法性使其成为体现国家意志和特定社会群体要求的合法文化（合法知识、官方知识）。通过这种机制使不同的受教育者获得不同的文化资本，从而形成社会的文化资本的成层，进而影响甚至决定一个社会的成层过程和阶层结构。

当然，非正规教育在现代社会中也并非可有可无的存在，相对于正规教育的上述特点，非正规教育则是一种形式灵活、组织自由、系统化不甚强、能满足受教育者多种教育“口味”的教育形式，因此，“它更多地作为一些非智力性和非学科性知识的传授和非智力素质的培养”，“逐渐成为现代学校教育的延续、铺垫和补充”[②]，二者间形成主次的结构关系。在漫长的传统社会中，由于正规教育是为统治阶级所垄断的，对于广大劳动人民子弟来说，非正规教育成为他们所能够接触到的“正规”教育，此时的非正规教育与正规教育之间实际上是相互疏离的“并存”关系。在社会教育化和教育社会化步伐不断加快、知识社会日益成为现实的今天，非正规教育成为人类正在建设的教育化社会与学习化社会的重要基础和终身教育体系的重要组成部分。

3. 教育的类别结构

所谓教育的类别结构，通常是指整个社会中由普通教育、职业技术教育及各种专业教育构成的整体及相互之间的比例关系。随着社会分工与横向分化的加剧，教育的类别也越来越成为复杂的现象。不同的教育类别本身即意

---

① 谢维和．教育活动的社会学分析：一种教育社会学的研究（修订版）［M］．北京：教育科学出版社，2007：513．

② 谢维和．教育活动的社会学分析：一种教育社会学的研究（修订版）［M］．北京：教育科学出版社，2007：514．

味着对受教育者的不同要求和塑造，也就意味着对受教育者的分化与分流。教育的类别结构同样是一种分化与区隔机制，作为一种物质载体而发挥着重要的建构功能。

在现代社会中，普通教育是以学科为中心的普通科学文化教育，按照学科本身的要求与基本规律而设计和展开。这种教育注重教育活动的理论性、系统性和基础性。职业技术教育则以现实社会和经济发展为中心，直接按照社会的职业岗位的要求而进行，具有鲜明的应用性、专门性和操作性特征。工业革命以来，机器化大生产的发展和社会职业的分化与增加，促使职业技术教育作为现代教育体系中的一个独立组成部分迅速发展起来，在目前世界各国的教育结构中，普通教育和职业技术教育之间的关系成为一个重要的理论和现实问题。由于二者各自具有不同的培养目标和社会取向，而且在经济社会发展的不同水平和时期（低级水平、中等水平和高等发达阶段等），二者的关系具有不同的特征。① 这些正是普通教育和职业技术教育发挥分化与区隔功能的重要基础。

在现代学制中，世界各国都设计了并力求充分保证作为普通教育的义务教育，因此，职业技术教育是在所有儿童接受了一定的普通教育之后才分流出来的。随着社会的发展，普通教育与职业技术教育作为教育发挥区隔与成层功能的两种不同结构载体，二者分流的起点具有不断延后或上移的变化趋势，这恰恰反映了普通教育和职业技术教育作为建构功能的载体同样处于变动之中。

教育的类别结构还包括专业类别结构即学科专业设计之间的比例关系，其中需要特别指出的是人文社会科学教育与自然科学教育之间的关系。前者主要探讨人与人，以及人与社会之间的关系，后者则主要探讨自然界的问题与规律。在传统社会中，由于正规教育与生产劳动的脱离，学校教育并不直接作用于社会生产，人文社会科学教育在整个学校教育体系中往往占据主导地位；进入现代社会以来，伴随生产劳动和教育日趋融合，社会生产对科学技术知识的需求急剧增加，自然科学教育在学校体系中的地位迅速攀升；但

① 二者之间的关系随经济社会发展水平而变化的具体阐述可参见谢维和．教育活动的社会学分析：一种教育社会学的研究（修订版）［M］．北京：教育科学出版社，2007：510.

随着社会知识化的加深及人对自然控制力的显著增强，人与人，以及人与社会的关系相对于人与自然的关系越来越具有了优先性，人文社会科学在教育体系中的地位和比例又转而上升。可见，人文社会科学教育与自然科学教育二者间关系的变化是深受一定历史时期内人与人、人与社会的关系，以及人与自然关系孰轻孰重和孰居优先地位的影响的。

4. 教育的布局结构

所谓教育的布局结构，一般指教育的实体性要素——学校的分布结构，也就是不同学校在空间位置上的分布及其相互关系。值得注意的是，随着社会的发展，教育的布局结构具有从分散到集中的变化趋势。“随着农业工业化水平的提高和各种类型城镇的建设，居民的居住地将相对集中，这样，过去比较分散的学校，特别是中小学布局也将不断集中。”① 我国高等院校特别是所谓的“重点大学”主要分布于大中城市，甚至集中在数量有限的大城市中，这种分布特征常常导致教育机会区域分布的不平衡，对广大农村甚至对为数众多的中小城市来说是很不利的甚至是很不公平的。在某种意义上，这使得教育的布局结构所具有的建构功能带有了维护和再生产当前的地域差异特别是城乡二元结构的特征。

（三）教育选择（educational selection）

教育制度和教育结构对社会地位结构的影响是通过教育选择过程实现的。教育选择既是教育发挥建构功能的基本过程，也是教育建构机制的基本组成部分。

1. 教育选择的含义

选择（selection）概念我们并不陌生，《现代汉语词典》给的简明解释是“挑选”②。从社会学角度看，马克斯·韦伯的理解带有浓厚的专业界定色彩，他认为，“个人或者某几类人为了生活或者生存机会而进行的、在意向上没有斗争企图的相互对抗的（不稳定的）生存斗争，应该称之为‘选

---

① 谢维和．教育活动的社会学分析：一种教育社会学的研究（修订版）［M］．北京：教育科学出版社，2007：515.

② 中国社会科学院语言研究所词典编辑室．现代汉语词典［M］．北京：商务印书馆，2006：1545.

择'；只要涉及生活中生活者的机会，就叫'社会选择'；只要涉及遗传特征的生存机会，就叫'生物选择'"①。

教育选择概念可作宏观、微观两个层面的理解。宏观层面的教育选择是一个社会过程，属于社会选择范畴，系指通过教育领域中的各种社会争斗使优胜者获得较好的教育资源与机会，并通过教育利益的转换过程进而使其获得较好的社会地位的过程；微观层面的教育选择是一个教育过程，通常又被称做"教育筛选"，意指"按照一定标准，对学生进行分类，并把他们分配到不同的教育轨道上去的过程"②。作为教育过程的教育选择反映了教育制度的结构特征，是社会选择的一种特殊方式。这里讨论的主要是微观层面上的教育选择。

进入现代社会以来，随着国民教育制度的建立和学校教育的普及，个体在正式步入社会之前都必须经过学校教育的种种选择，如被选入某一年级、某一类型学校，被列入某一级评价等，因此教育选择具有了前所未有的普遍性特征。教育选择之所以能够成为现代社会选择的重要方式，是因为学校教育以各种方式作出的标定（如学历说明、考试评价、文凭和证书等）在社会选择中获得了制度的认可，成为选用人才的权威性参考依据。正因为教育选择的普遍性和教育标定的权威性，教育选择（特别是学校选择）对社会选择和分配人才的作用大大加强，学校因此被称为"社会选择和分配机构""进行考试和授予资格的最大场所"。当然，倘若教育的选择功能发挥得不全面或不合理，则会在一定程度上导致"学历主义"和"片面追求升学率"现象的出现。前者在当代日本社会中表现得异常突出，后者则成为一个多年来困扰着我国义务教育和基础教育发展的顽症。

2. 赞助性选择和竞争性选择

英国学者拉尔夫·H. 特纳在比较英、美两国教育制度时，以民间规范（folk norms）为基础，区分出赞助性流动和竞争性流动两种社会流动模式，与之相对应的则是赞助性选择和竞争性选择两种不同的精英选择模式。其中，赞助性选择是根据个人的身份、门第、阶级、种族、种姓等标准，通过

① 转引自刘精明. 国家、社会阶层与教育：教育获得的社会学研究［M］. 北京：中国人民大学出版社，2005：110.

② 顾明远. 教育大辞典：第6卷［M］. 上海：上海教育出版社，1992：398—399.

一定的资格规定、资格审查或推荐等方式而实现的选择；竞争性选择则是按照优胜劣汰的准则，根据个体自身所具有的知识、能力、德行、健康等特征与标准，通过公开竞争的形式而进行的选择。从人类历史上看，社会对人才的选择除世袭制外基本上不外乎上述两种方式。赞助性选择对应的是“赞助性民间规范”和“赞助性流动”，竞争性选择对应的则是“竞争性民间规范”和“竞争性流动”①，由此形成赞助性教育制度和竞争性教育制度。

“赞助性—竞争性”教育选择方式的区分，对教育发展进程是颇富解释力的。传统社会作为一种身份社会，出身对个人的社会地位的影响很大甚至起决定性作用，个人选择的空间相当有限。因此，赞助性流动在社会升迁流动模式中占主导地位，与之相适应，存乎传统社会中的教育制度带有鲜明的赞助性特征。无论是古代的西方社会，还是漫长的中国封建社会，莫不如是。进入现代社会以来，随着现代生产的发展，成就和绩效从根本上取代了家庭出身和世袭体制成为影响社会流动的主要因素，个人努力和文化资本等因素在个体社会地位的确立与变动中渐起重要作用，竞争性流动在社会升迁流动模式中开始跃居主导地位，此时的教育制度也逐渐向竞争性方向发展。

流动模式的这种转变在我国社会转型中同样有着显著体现。我国正处于由传统农业社会向现代工业社会进而向知识社会转型之中，社会一反过去对个人奋斗的否定转而鼓励个性张扬、推崇自我实现。社会的分化、发展与转型既打破了传统的社会关系格局，改变了个体的主体意识、竞争观念，也在带来更多流动机会过程中为个体实现自我提供了更大可能，社会升迁流动模式日益由赞助性流动向竞争性流动转变。特别是随着市场经济体制的建立和完善，若干年前单纯依据出身和政治标准选拔人才的制度与社会氛围得以扭转，个人的能力日益得到重视，知识和学历成为选拔人才的普遍价值取向和

① “竞争性流动是一种制度，在这种制度中，英才地位是一种依据某些公平原则在公平竞争中获得的奖品。竞争者在可运用的策略方面享有广泛的自由。由于成功的向上流动所获得的‘奖品’不是由某个公认的英才赐予，所以这位英才就无权决定谁将得到、谁将得不到‘奖品’。在赞助性流动中，英才的新成员由公认的英才或其代理人挑选，英才地位是依据某些假定的德行标准而授予，它不可能靠努力或策略来获得。向上流动就像加入一个私人俱乐部，每个候选人须经一个或多个成员的推荐。全体成员最终准予或否决其向上流动，则依据他们对候选人是否具备他们希望在同伴身上看到的那些品质而作出的判断。”（拉尔夫·H. 特纳．赞助性流动、竞争性流动和学校教育［M］//张人杰．国外教育社会学基本文选．上海：华东师范大学出版社，1989：92）

标准，在个人社会地位的确立和变更中教育与文化资本正日益取代家庭背景、阶级出身等先赋因素起主导作用。

3. 社会性选择和技术性选择

这是法国社会学家布迪厄与帕斯隆（J. -C. Passeron）在研究教育的再生产功能时提出的一对概念。透过布迪厄与帕斯隆对教育（特别是法国教育体系）中的选择和考试的精辟分析可以发现，社会选择和技术选择是交织在同一过程之中的。严格说来，二者并非完全对等意义上的两种教育选择方式，而是对同一个教育活动过程（选择、考试等）的属性从两个不同角度（技术与社会）所进行的具体揭示而已。所谓社会性选择，是根据身份、出生门第、阶级背景、民族、种族等制约教育场域的外在的“社会”因素而进行的选择；所谓技术性选择，主要是根据个人的智力、抱负水平、主观努力，以及由此产生的知识、能力、才华、德行和成就方面的差异而进行的选择，它通过考试、测评之类的技术方式得以实现。

布迪厄与帕斯隆通过对考试的实施及其功能的分析，揭示了学校教育借助考试形式而实现的选择与淘汰过程并得出如下基本结论：学校教育借助考试而完成的教育选择其实是在实现着社会再生产，教育在发挥再生产功能中所形成与依托的评价、选择和淘汰机制即教育过程中的选择机制是由社会因素所决定的。① 两种教育选择方式的区分将考试、测评等教育活动背后人们习焉不察的“社会因素”及其影响机制揭示出来，拓展了对教育活动运行过程及其社会分层功能的认识。

4. 社会选择与自我选择

教育选择是社会选择和个体自我选择统一的过程。作为社会选择，教育选择中体现着社会的要求与安排，即社会根据自身发展的整体性需要对社会成员的分流去向与职业出路作出有区别的安排；作为自我选择，教育选择则体现着个体意志和能动性的谋划与取舍，即受教育者根据自身能力、兴趣和爱好或其他参照系，对自己所要学习的课程，进入何种教育轨道或是否继续升学的判断与选择。社会选择和自我选择的辩证统一性表现如下：一方面，

① P. 布尔迪约，J. -C. 帕斯隆．再生产：一种教育系统理论的要点［M］．邢克超，译．北京：商务印书馆，2002：第3章：“淘汰与选择”．

二者之间彼此依存、互为基础。自我选择是在社会选择的基础上进行的，社会选择是通过众多的自我选择而体现的，实质上是无数自我选择的总和。另一方面，二者又是互相制约的。脱离一定社会安排的纯粹个人的教育选择是不存在的；若没有大量的自我选择，社会选择也必然成为不可能之事。教育选择过程作为社会选择与自我选择的统一，反映了社会需要与个人需要之间的辩证关系。

（四）教育分流（educational split-flow）

教育选择的过程必然伴随着种种教育分流。没有分流的发生就不可能有选择的实现，“选择”即意味着“取”与“舍”，而“取”与“舍”之间恰恰是分流过程。因此，教育分流也是教育建构社会地位结构的具体承载过程。

1. 教育分流的含义

教育分流概念与教育选择甚为接近，不少研究者在讨论教育的选拔功能时常不加区分地将二者相提并论。事实上，尽管二者均可视为教育选拔功能的具体表现形式，且从造成受教育者的分化与差异的角度理解二者确实在内涵上存在较大重合，但二者间的细微差别确实存在。首先，教育选择通常可作社会和教育两个层面的理解，既是一个教育学概念，也是一个社会学概念。换言之，教育选择既是教育过程，也是社会过程，教育分流则主要作为一个教育学概念在教育领域使用。其次，尽管二者均可从教育的社会功能角度来理解，但人们在使用时实际上更多地将教育选择作为功能概念理解，将教育分流作为过程概念理解，即视教育分流为实现教育选择功能的具体教育过程。最后，在已有研究成果中，教育选择所主要关注的是选择的标准、决定因素、谁被选中而谁被淘汰等问题，即霍珀所强调的“教育筛选是怎样发生的？儿童何时被筛选？谁应被筛选？他们为什么被筛选？”等问题，教育分流则侧重于对分流模式、流层、流向、流型、流域，以及教育分流与教育平等的关系等问题的关注。

不同的研究者对教育分流概念的理解往往不同。董泽芳教授认为，教育分流即人才培养的分流，系指学校教育系统根据社会需要和学生个人意愿与条件，把受完一定基础教育的青少年学生，有计划、分层次、按比例地分成几个流向，令其分别接受不同类型的教育，以培养社会发展所需要的各级各类人才。① 许庆豫和卢乃桂教授将教育分流限定为公立学校教育中的学术分流，即公立学校中依据学业考试成绩或学术性向测验，将学生分层别类，让学生进入不同的学校和课程轨道，按照不同的要求和标准，采用不同的方法，教授不同的内容，使其成为不同规格和类型的人才。②

综合上述理解及有关研究成果，所谓教育分流，系指学校教育体系在造成受教育者的差异和分化的基础上，根据一定的标准和条件，将受教育者予以区分和取舍，分别安排到不同的教育轨道乃至社会中去的过程。需要注意的是，教育分流过程与具体的教育教学过程是融于一体的，受教育者接受教育的过程也正是不断接受各种教育分流的过程。教育分流作为一种教育活动，既是社会分工的必然结果，也是教育趋向多样化和不断分化的反映。

2. 教育分流的意义

教育分流无论对于个体还是对于社会都具有非常重要的意义。从个体角度看，教育分流为受教育者提供了选择教育的自由空间，使他们能够接受多样的、适合自己的培养与训练，掌握基本的知识与技能，从而为从事不同的职业和进入社会的不同阶层奠定基础。“教育分流决定人们的教育程度和教育类型，进而影响人们的社会流动意识、能力和能够取得的社会地位。”③ 根据教育技术功能理论关于教育分流意义的基本观点，个体只有通过教育分流，才能接受较高程度的教育，才能形成社会流动的各种条件。“个人取得上升机会的一种基本条件是接受较高程度的教育，形成流动的能力和意识。”④ 从社会角度看，教育分流决定着教育价值的实现，并最终影响到社会的分层结构：“教育分流体制使教育能够培养、分类和选拔各个层次的人才，从而实现教育的多方面功能。倘若离开教育分流体制，国家赋予教育的所有职责均将落空。可以说，正是教育分流体制为教育价值的实现提供了基本途径”⑤；“通过教育分流，选择不同的个体进入不同的教育学制轨道，接

① 董泽芳，沈百福．百川归海：教育分流研究与国民教育分流意向调查［M］．武汉：华中师范大学出版社，1999：导言，1．

② 许庆豫，卢乃桂．教育分流论［M］．南京：江苏教育出版社，2005：1．

③ 许庆豫，卢乃桂．教育分流论［M］．南京：江苏教育出版社，2005：72．

④ 许庆豫，卢乃桂．教育分流论［M］．南京：江苏教育出版社，2005：44．

⑤ 许庆豫，卢乃桂．教育分流论［M］．南京：江苏教育出版社，2005：4．

受不同类型和性质的教育，从而也与不同的职业目标和社会、经济地位联结在一起。因此，教育分流机制从实质上讲，也是国家制度安排或制度框架下的社会分层机制。”①

现代教育的分流功能是学校教育体系的建构功能的具体表现。教育建构功能的形成与释放是通过教育结构这种重要分流载体而实现的。“教育结构通过其本身的不同层次、类别、形式和布局，使社会中的各种受教育者，特别是社会的青少年，进入不同层次和不同类型的教育机构学习，从而获得不同的学习机会，掌握各种不同的本领和技能，进而获得各种不同的文凭，并由此进入社会的各种不同的岗位。”② 从教育分流角度看，一定的教育结构也就是一定的教育分流结构，前文所述的教育的层次结构、类别结构、形式结构和区域结构实际上就是教育分流的流层结构、流向结构、流型结构和流域结构。③

3. 两种不同属性的教育分流

教育作为一种资源对不同个体往往意味着不同的机会。个体在呱呱坠地之时尚不是真正意义上的社会成员，只有在接受了起码的教育和训练，了解、掌握了基本的知识、技能、价值标准和行为规范，完成初级社会化之后才成为真正意义上的社会成员。这种帮助“自然人”或“生物人”转变成“社会人”意义上的教育对个体即意味着成长机会，这种意义上的教育是“成人”之教育，教育活动有史以来始终发挥着这种最基本的“成人”功能。这种作为成长机会的教育无疑是社会取向的，是基本的、必要的公民教育，可谓“雪中送炭的教育”，普及性强且分化不明显，具有机会均等倾向和强制性特征，对初级社会分层有直接作用，当然其中也有初级社会分化。而且，作为成长机会的教育也是社会分配的教育机会，在国际上已被认可为公民的基本权利或人权的重要组成部分。当今世界各国义务教育都被高度重视并得到大力发展便是明证。

---

① 刘精明．国家、社会阶层与教育：教育获得的社会学研究［M］．北京：中国人民大学出版社，2005：117.

② 谢维和．教育活动的社会学分析：一种教育社会学的研究（修订版）［M］．北京：教育科学出版社，2007：525.

③ 董泽芳，沈百福．百川归海：教育分流研究与国民教育分流意向调查［M］．武汉：华中师范大学出版社，1999：导言，10.

古往今来，希望拥有理想的社会地位可谓人之常情，正所谓“水往低处流，人向高处走”[①]。相对于作为成长机会的教育，还有一种作为流动机会的教育，其功能并不在于“成人”，而在于改变个体的地位，即个体通过教育而实现社会地位的变动。作为流动机会的教育发生在“社会人”范畴之内，帮助个体实现由一种身份的“社会人”向另一种身份的“社会人”转化，并非基本的、必要的教育，而是“锦上添花的教育”，具有机会不均等特征。在现实条件下，本科、硕士、博士、博士后等不同教育层次及双学位教育等即为这种教育的具体表现形态。这种教育是个人争取或创造的社会机会，蕴涵着个人意愿和努力成分，其发达程度反映着社会的开放度和多元状况，体现着教育发展上的效率优先取向，蕴涵帮助个人实现次级或多次分化的可能，对次级社会分层或多级社会分层具有直接作用。

区分成长机会和流动机会是基于教育的稀缺性[②]，只有将其置于整个社会变迁过程中这种区分的效果和意义才能充分显露出来。相形之下，促进个体成长是教育的基本功能，成长因此成为流动的基础与前提。在传统社会中，教育发挥着重要的再生产功能，成长功能是不容置疑的，但教育对社会流动的促进功能并不明显；进入现代社会以来，随着社会结构的分化和复杂化，以及社会流动性显著增强，教育的流动功能凸显并与成长功能分庭抗礼，甚至成为影响社会流动的重要因素之一。

4. 教育分流的具体形式

当今世界各国都高度重视教育分流问题，包括美国、德国、日本等在内的许多发达国家在教育分流上已积累了不少有益经验。新中国的教育分流随

---

① 上海虹口一带流行的《人心不足谣》，形象地揭示了人的不满足之心：
终日忙忙只为饥，食得饱来又思衣。衣食两桩俱完备，房中缺少美娇妻。
娶得娇妻又思妾，出入无轿少马骑。置下良田千百顷，身无官职怕人欺。
五品六品官太小，三品四品还嫌低。一品宰相篡皇位，更盼世上无死期。
（刘铁梁．20世纪中国民间文学经典［M］．北京：北京师范大学出版社，2004：490）

② 教育的稀缺性特征，既表现在量的方面，即教育供给的有与无或多与寡，又表现在质的方面，即教育供给本身的优与劣。在不平等的社会结构中，稀缺性决定了教育上的分化、差异与不平等的必然存在，并最终成为造成教育过程之外的社会分化、差异和不平等的重要因素，也正因此，教育成为影响社会地位结构生成与变动的重要变量之一。在漫长的发展进程中，教育从未也将不大可能绝对充分地满足所有社会个体的全部教育需求，因此，稀缺性始终是教育这种社会资源的本真状态和基本特征。

着体制改革的变化时起时伏，直到十一届三中全会以后，才在 1985 年发布的《中共中央关于教育体制改革的决定》中明确提出了三级教育分流——小学毕业后、初中毕业后、高中毕业后的三种分流方式，其中以初中毕业后的分流为主——的问题。现实中的教育分流形式多种多样，董泽芳教授等人曾就此作过系统归纳。①

——外分式。指学生在受完基础教育后，根据个人意愿和条件分别流向不同类型的学校。如在我国现行学制中，学生初中毕业后，可根据考试成绩、个人意愿和家庭条件选择升入高中学习或进入专科学校学习职业技能。

——内分式。亦称校内分流，指学生进入综合中学一类的学校，然后在学校内部进行专业或课程分流。如瑞典的综合高中就分为三十多个专业，学生可任意选修。这样不仅满足了学习者多样的兴趣，也适应了社会对各科人才的需求。

——交替式。亦称工读轮换式分流，指让接受完一定基础教育的学生先就业一段时间，再根据个人的兴趣与职业适应情况进行分流。如瑞典 16—19 岁的学生，有五分之一的人要求先离开学校工作一段时间后再选择学校和专业。

——参与式。亦称校企合作分流，指企业与职业学校合作承担分流培养人的任务。如日本的产学合作、德国的双元制、美国的合作教育，以及盛行于法国、荷兰的企业实习制度。学生既在职业学校学习同时又到企业做学员，学校负责传授理论知识，企业负责职业技能的传授，最后接受工商行会的全国统考，合格者成为企业的正式员工。

——沟通式。指分流后的学生可根据自己的条件与需要从一个流向转向另一个流向。如学生在学习某一学科一段时间后，如果觉得不适应，可转学其他学科。

（五）身份文化（culture of status）

身份（status）是一个社会学概念，专业辞书《国际社会学百科全书》指

① 参见董泽芳，沈百福．百川归海：教育分流研究与国民教育分流意向调查［M］．武汉：华中师范大学出版社，1999：25—27.

出："status 在社会学中有两种用法：（1）指社会身份。在角色理论中，它是对地位（或社会身份）和角色（或对某一社会身份的期待行为）之间作出的一种区别。（2）社会名誉或社会声望。对社会身份的评价和作等级排列，遵循着确定的原则，并会再产生一种地位体系。"①《现代汉语词典》对身份概念的解释是："（1）（人）在社会上或法律上的地位；（2）受人尊重的地位；（3）〈方〉（～儿）物品的质量。"② 现实中，每一社会个体都承载着不同的身份文化，都拥有多种社会身份，也都归属于一定的身份团体。③ 身份团体的基础是家庭和朋友，也可以扩大到宗教、教育或民族团体。一般而言，身份团体以共享一定的身份文化为标志，身份文化的共享往往表现在语言风格、衣着和服饰的趣味、举止及其他仪式习惯、传统的风俗、观念和价值观等方面的一致性，还可以表现在可以均等地参加体育、艺术和宣传活动上。

身份团体资格和身份文化的形成与教育活动紧密相连。身份团体资格和身份文化是教育活动所赋予或建构的，身份资格赋予和身份文化建构过程集中显示了教育在建构社会地位结构中的重要地位。美国学者柯林斯把教育看做身份共同体（status community）中为优势地位、经济利益及声誉而进行的多面斗争的组成部分，并认为学校教育活动的重要功能便是形成学生的身份集团意识和身份文化，为其归属于不同的身份团体奠定基础。④ 身份教育与

① 迈克尔·曼．国际社会学百科全书［M］．袁亚愚，等，译．成都：四川人民出版社，1989：655.

② 中国社会科学院语言研究所词典编辑室．现代汉语词典［M］．北京：商务印书馆，1987：1017.

③ 根据韦伯的定义，身份团体（status group）是以给予成员资格意识（consciousness of membership）的共同文化为基础的共同体，并且常常是社会秩序中声誉与合法性的某种宣告（瞿葆奎．教育学文集·教育与社会发展［M］．北京：人民教育出版社，1989：274）。韦伯将身份团体间形成差别的根源概括为三点：一是基于经济条件之上的生活方式的差别，例如阶级；二是基于权力地位之上的生活状况的差别；三是直接源于文化背景或制度的生活状况的差别，如地理区域、伦理、宗教、教育或理性的、美学的文化（张人杰．国外教育社会学基本文选［M］．上海：华东师范大学出版社，1989：54）。

④ 柯林斯指出："不论是在课堂内还是在课堂外，学校主要的活动是教学生接受特殊的身份文化。就此而论，在传递技术知识方面，学校的失败并不重要（尽管它在这方面也可能成功）；学校主要是教会学生如何使用语言、衣着方式、美的意识、价值观和风度……学校传授更为专业或职业的知识，其本身可能就是一种特殊身份文化的内容，学校可以提供各种价值观和谈话的材料，并预先为成员将来能符合团体要求而做身份的准备活动。""学校是获得特殊身份文化的场所，其渠道既来自教师，来自其他学生，同时也来自两者。"（张人杰．国外教育社会学基本文选［M］．上海：华东师范大学出版社，1989：55，56）

实用教育的不同之处在于它排除物质生产技能，是一种群体习性的训练与养成，“这种教育是礼仪的、审美的、脱离实用活动的。而这种教育在由贵族阶级和其他富裕而休闲阶级控制的社会中占统治地位”[1]。柯林斯甚至认为，“把教育用之于组织身份集团的，从历史上看，往往比用之于其他目的者更多”[2]。

总之，身份文化是决定个体社会地位的重要因素，教育作为一种身份文化获致或建构机制，其不同类型和层次分别赋予个体以一种相对特殊的身份文化——一定的社会期望、自我认同、自我期望、知识结构、行为方式等，从而使其在受教育者的身份文化习得和教育身份[3]获得的过程中成为影响身份文化成层的重要因素，教育活动对社会地位结构的重要影响于此得到集中体现。

---

① 瞿葆奎．教育学文集·教育与社会发展［M］．北京：人民教育出版社，1989：275.

② 瞿葆奎．教育学文集·教育与社会发展［M］．北京：人民教育出版社，1989：275.

③ 教育身份本身就是一种社会身份，与接受多少教育和接受什么教育存在直接关系。

第六章 教育和社会关系的重新审视

> 教育社会学是一门新兴的边缘学科，它的对象是从宏观和微观两个方面研究教育和社会之间的基本关系。
>
> ——厉以贤
>
> （北京师范大学教授，1930— ）

无论是教育成层及其拓展教育建构研究，还是更为上位的教育功能研究，最终都理应回归“教育和社会的关系”范畴上面，原因在于此三者实际上均无非“教育和社会的关系”这一基本范畴的具体表现形态而已。基于此，本章在以前各章节论述的基础上，通过对“教育和社会的关系”在我国教育学及教育社会学学科中的占位及其被解读的方式、特征及存在缺陷的重新审视，试图在“教育和社会的关系”的理论解释上有所突破。

一、“教育和社会”的理性反思

在国内目前可见到的教育学和教育社会学文本中，就表述形式来看，对“教育和社会的关系”范畴的讨论往往在“教育和社会”这一缩略称谓之下进行。基于这种学术现实，下文便直接使用缩略的称谓形式。

（一）“教育和社会”的学科地位

此处的学科地位系指“教育和社会”范畴在教育学和教育社会学学科

中所占据的位置。综观有关“教育和社会”的理论文献，不能不给人留下这样一种印象：该理论范畴在教育学和教育社会学中均占据突出的学科地位：在教育学里，该范畴及围绕该范畴的理论解释构成了教育学的重要理论基础，通常意义上的教育的两大基本规律之一的表述便于此称谓名下展开；在教育社会学里，该范畴则是贯穿学科重建和发展过程的核心范畴。

1. 教育学的基础性范畴[①]

教育学界一般认为，在教育学知识体系里有两个最为基本的范畴：一个是“教育和社会”，另一个是“教育和人的发展”（下文简称“教育和发展”）。国内大多数冠以“教育学”的教科书或学术专著彼此间在具体表述上可能存在这样或那样的差异，但在将上述两个范畴作为教育学知识体系的基本构件这一点上的高度趋同已成为基本事实。

“教育和社会”“教育和发展”之所以成为教育学的基础性范畴，乃在于教育学作为一门“育人之学”所直接面对的是“教育—社会—人”这一基本关系式。只有对其予以准确解析和充分阐释，才能为教育学这门“学问”铺垫一块坚实的理论基石，为教育学研究及教育知识的分化与整合奠定必要的知识平台。正因此，教育学这门关于“教育”的学问对“教育—社会—人”的解读当然应以“教育”范畴为中心而展开。“教育—社会—人”便被拆分为“教育和社会”“教育和发展”两个子范畴，对二者分别作出理论分析相应地形成了关于“教育和社会”及关于“教育和发展”的理论解释已成为教育学界的惯常做法。与此一脉相承，不同版本的教育学往往将围绕“教育和社会”“教育和发展”所形成的观点或理论命名为所谓的“教育基本规律”，教育学界目前因此流行着“两大基本规律”之说。[②]

2. 教育社会学的核心范畴

“教育和社会”范畴在教育社会学学科中更是占据着核心位置，集中表现为长期以来该范畴一直被大陆教育社会学研究群体直接作为该学

---

① 笔者于北京师范大学原教育系读硕士研究生时选修了时任系主任的劳凯声教授主讲的《教育学范畴研究》这门研究生课程，劳教授是将“教育和社会”作为教育学的一个基本范畴加以讲授的，笔者深受启发，至今印象深刻。当然，对“教育和社会”也还可以从其他角度理解，如视其为一个教育（学）问题、一种常见提法等。

② 参见瞿葆奎．教育基本理论之研究（1978—1995）［M］．福州：福建教育出版社，1998：243、250．

科的研究对象来理解、讨论和使用，聊举以下三个颇具代表性的例子予以说明。

例一：1980年版《辞海》将“教育社会学”解释为：“以社会学的原理研究教育问题的一门学科。它研究社会生活的各个方面同教育的关系。”[①] 其所理解的教育和社会的“关系”具体包括：教育和整个社会、班级与社会、学校教育与社会不平等、教育与社会阶层的形成和变迁的关系等。

例二：大陆教育社会学前辈厉以贤教授在《试谈教育社会学的学科性质和研究对象》一文中指出：“教育社会学是一门新兴的边缘学科，它的对象是从宏观和微观两个方面研究教育和社会之间的基本关系。”[②] 他还进一步指出，教育和社会的基本关系包括教育制度与社会制度的关系，文化与教育的关系，学校与社会的关系，个人与社会的关系等。

例三：由鲁洁教授牵头编写、自学科重建以来对普及教育社会学知识产生了不小影响的高校教材《教育社会学》一书，在梳理前人论述和已有研究脉络基础上指出，教育社会学“从宏观方面研究教育与整体社会之间的关系及其功能；从中观方面研究教育与区域社会之间的功能性关系及学校内部的社会关系；从微观方面研究教育过程中的有关社会学问题”[③]。

事实上，大陆教育社会学长期以来对“关系说”对象观是高度认同的。[④] 不仅国内如此，北京大学的钱民辉教授在对国外教育社会学研究对象近百年（始于1883年L.F.沃德首次使用“教育社会学”概念，直至苏联学者费里波夫1980年给出的定义）的梳理之后也得出了几近相同的结论：尽管各主要的教育社会学者对研究对象的表述有所不同，但都基本上倾向于教育社会学是研究教育与社会及其亚系统相互作用的学科。[⑤] 由此不难看出“教育和社会”范畴在教育社会学中的非同寻常的学科地位。正是基于这种

---

① 转引自鲁洁．教育社会学［M］．北京：人民教育出版社，1990：26．

② 厉以贤．试谈教育社会学的学科性质和研究对象［J］．北京师范大学学报：社科版，1985（2）．

③ 鲁洁．教育社会学［M］．北京：人民教育出版社，1990：29．

④ 详见拙文．教育社会学研究什么——“关系说”的思考［J］．唐山师专学报，1998（1—2）．

⑤ 钱民辉．对国外教育社会学知识体系的思考［J］．北京大学学报：哲社版，2003（1）．

学科现实，教育社会学前辈张人杰先生以“关系说”为证据批驳了教育学界关于教育社会学研究对象“尚不明确”的观点。当然，他同样是从这个“关系说”角度作出了教育社会学研究对象“不甚明确”的判断，意在强调用“关系说”界定教育社会学的研究对象“还有不少可以改进的空间”。[①]这一点与笔者十几年前对“关系说”的思考恰恰不谋而合[②]。

近几年来，随着研究的不断深入，对教育社会学研究对象的认识也在学界不断的反思中出现一些新的突破。理论探索和研究实践两方面呈现的一个总的变化趋势是，越来越倾向于将教育社会学置于社会学学科名下，越来越重视社会学的范畴、理论和方法在教育社会学研究中的具体运用。“教育社会学以教育活动作为自己的研究对象”[③] 的提法应运而生并被越来越多的研究者所认同。应该说，这种变化作为对“关系说”对象观的一种超越，已成为教育社会学研究不断走向深入和丰富的重要标志。

但也应该看到，即便将“教育活动”作为教育社会学的研究对象，人们在潜意识中仍然难以绕开“教育和社会”范畴，正如明确持“教育活动”对象观并围绕这一范畴撰写了《教育活动的社会学分析》这部力作的谢维和教授所言：“本书的观点并不是否定教育社会学对教育和社会关系的研究，而是认为，这种教育与社会的关系不仅是教育社会学的研究对象，更重要的是它是教育社会学研究教育活动的基本思路和重要方法。换句话说，教育社会学是从教育和社会的关系去研究教育活动的……这种作为社会现象和活动的教育活动本身就体现了教育与社会的关系。”[④] 由此可见，“教育和社会”至今仍在教育社会学学科中占据着举足轻重的地位。

现实中的教育和社会无时无刻不在悄然发生着深刻变化，单就社会而言，知识社会的日益临近、全球化的不断加深、社会的根本转型等依然是教育社会学研究的“薄弱地带”，教育和社会关系的鲜明时代特征和地域特征仍被忽视……综观这些问题与不足，教育社会学对“教育和社会”的分析

① 张人杰．教育社会学研究对象探索中需要澄清的三个问题［J］．教育研究，2009（9）．

② 刘生全．教育社会学研究什么——“关系说”的思考［J］．唐山师专学报，1998（1—2）．

③ 谢维和．教育活动的社会学分析：一种教育社会学的研究（修订版）［M］．北京：教育科学出版社，2007：14.

④ 谢维和．教育活动的社会学分析：一种教育社会学的研究（修订版）［M］．北京：教育科学出版社，2007：20.

至今尚未真正形成属于自己的成熟的角度或特色无疑成为不可否认的事实。[①] 实际上，对“教育和社会”的探讨还远远不够，表现为已经形成的理论解释依然未能摆脱简单化和抽象化倾向；而且，教育社会学在对“教育和社会”的分析上仍未摆脱与其上位学科教育学抢“地盘”甚至雷同的困扰。更值得关注的是，无论教育学还是教育社会学，近些年均出现了冷落“教育和社会”这一基本理论范畴和现实问题的倾向。正因此，重新审视“教育和社会”以深化认识，既是迫切需要的，同时也具有了某种特殊的意义。

基于以上分析，教育社会学研究应该意识到“教育和社会”在本学科中的重要地位和意义，寻求新的分析角度对其进行深刻反思和深入总结，不断拓展对该基本范畴的认识和解释空间。唯有如此，才能为提升教育知识的理论品质提供可能，为提高教育社会学乃至教育学的学科地位奠定坚实基础，才能为相关教育研究提供新的富有解释力的理论支撑。

（二）现有分析取向及其理论基础

1. 现有分析取向

根据笔者的整理和分析，自学科重建以来，教育社会学特别是教育学对“教育和社会”的解读主要形成和秉持了以下三种基本取向：一是哲学分析取向。系指在分析教育和社会的关系时，借用一些哲学特别是马克思主义哲学的概念与范畴（下文将有具体阐述）从抽象理论层面上进行。二是适应论分析取向。先讨论社会的各部分（或生产力、生产关系；或经济基础、上层建筑；或政治、经济、文化等）对教育的决定和影响，继而讨论教育对社会各部分的反作用和影响，最后归纳出一条抽象结论：教育要“适应”社会。三是功能分析取向。集中关注教育和社会间的功能性关系，即教育对社会有何意义，社会对教育又有何作用。[②]

---

① 在这一点上，“兄弟学科”如教育政治学和教育经济学对“教育和社会”的解读似乎比教育社会学因角度集中而显得更成熟一些。一般认为，“权力”视角是前者的特色，“投入—产出”或“效益”视角是后者的特色。

② 篇幅所限，这里仅对每一种分析取向的基本含义作简略说明，至于三种分析取向各自的具体内容可详见拙著：《论教育批评》（教育科学出版社 2006 年版）第八章（“教育批评的理论意义”）的有关内容。

2. 现有分析的理论基础

上述几种分析取向是以系统论、功能论和决定论为理论基础的。

系统论是研究系统①的一般模式、结构和规律的学问，它研究各种系统的共同特征，用数学方法定量地描述系统的功能，寻求并确立适用于一切系统的原理、原则和数学模型，是具有逻辑和数学性质的一门新兴科学。系统论的基本思想方法是把所研究和处理的对象当做一个整体，分析其结构和功能，研究系统、要素、环境三者的相互关系和变动的规律性。

长期以来，在教育研究实践中凡涉及对教育现象需作整体思考与把握时，人们总会自觉不自觉地将系统论作为理论基础和分析工具，这在对“教育和社会”范畴的分析中同样有普遍的体现。在分析过程中，作为系统的“社会”常被划分为政治、经济、文化……，或生产力、生产关系，或经济基础、上层建筑等子系统；“教育”当然也被视为社会子系统之一。在作此划分基础上，“教育和社会”就转化成社会这个大系统下的或“教育和政治”“教育和经济”“教育和文化”，或“教育和生产力”“教育和生产关系”，或“教育和经济基础”“教育和上层建筑”等各子系统之间的关系范

---

① 系统（System）一词源于古希腊语。系统思想可谓源远流长，亚里士多德早就说过“整体大于部分之和”。但作为一门科学的系统论，一般公认为是由加籍奥地利人、理论生物学家 L. V. 贝塔朗菲（L. Von. Bertalanffy）所创立。贝塔朗菲于 1952 年发表了“抗体系统论”，提出了系统论的思想；1973 年提出了一般系统论原理，奠定了这门科学的理论基础。但他的论文《关于一般系统论》到 1945 年才公开发表，到 1948 年在美国再次讲授“一般系统论”时他的理论才得到学术界的重视。真正确立这门科学学术地位的是 1968 年贝塔朗菲出版的《一般系统理论：基础、发展和应用》（*General System Theory*：*Foundations*，*Development*，*Applications*），该书被公认为系统学科的代表作。

人们从各种角度给系统下的定义不下几十种。贝塔朗菲认为，“系统可以被定义为一系列相互作用中的要素的复合体”（Ludwig Von Bertalanffy：*General system theory*：*foundations*，*development*，*applications*. New York：George Braziller，1968. p55.）。一般系统论通常把系统定义为：由若干要素以一定结构形式联结构成的具有某种功能的有机整体。这个定义包括了系统、要素、结构、功能四个概念，表明了要素与要素、要素与系统、系统与环境三方面的关系。

系统的基本属性包括：1. 整体性：即非加和性。系统不是各部分的简单组合。2. 相关性：系统中相互关联的部分或部件形成部件“集”，“集”中各部分的特性和行为相互制约和相互影响。3. 功能性：大多数系统的活动或行为可以完成一定的功能。4. 有序性：由于系统的结构、功能和层次的动态演变有某种方向性，因而系统具有有序性特点。有序能使系统趋于稳定。5. 适应性：一个系统和包围该系统的环境之间通常都有物质、能量和信息的交换，外界环境的变化会引起系统特性的改变，相应地引起系统内各部分相互关系和功能的变化。为了保特和恢复系统原有特性，系统必须具有对环境的适应能力。

畴，对这些关系范畴逐一予以分析，经过综合汇总，最后得出一条抽象结论，于是对“教育和社会”的解读便大功告成。

而且，在分析过程中，并不是将着力点放在探讨教育和社会之间的作用过程与机制上，而是仅从静态角度抽象地谈论教育对社会的种种功能，以及社会对教育的种种影响和作用。集中关注的多为教育和社会彼此间的功能性关系即教育和社会之间的彼此适应与满足、和谐与一致，却对二者之间表现为矛盾、冲突、紧张、张力的冲突性关系缺乏应有重视，而在我们看来后者恰恰是教育和社会关系的常态与实质。这种功能论取向显然是系统论思维顺理成章的延续和反映，几乎全盘承袭了在系统论中，事物的结构、功能是紧密连在一起的，同一系统内的不同子系统之间必然在相互关联和作用中发挥着某种功能以满足各自的需要这些基本的思想精髓。

系统论和功能论这两种理论假设与思维方式一方面固然有其积极意义，例如能将教育作为一个整体来把握，这对教育研究无疑具有一定的方法论意义，可在一定程度上揭示教育现象的某些基本特征和规律。但另一方面它们对深入认识“教育和社会”范畴也潜藏着严重缺陷。这种思维方式和假设无法看到教育与社会之间，以及教育内部客观存在的纷繁的冲突性关系及各种力量间的复杂作用过程。正如布迪厄所言，系统理论是以共有功能、内在统合（cohesion）和自我调控等为基本假定的，总与功能论交织在一起甚至以功能论为理论基础，无形中限制了准确把握“教育和社会”的思路与视野。①

此外需注意的是，现有教育理论在对“教育和社会”予以分析时一般沿着如下路径展开：先对作为社会子系统的教育和其他子系统之间的相互关系逐一进行分析，在揭示出教育相对于各个社会子系统的受动性特征之后，得出一条抽象结论：社会决定教育的发展。这集中体现了一种决定论的理论假设和思维方式。这种决定论思维也和系统论具有内在关联。系统论的一个基本观点就是，系统是分层次的，高层次的系统（如社会系统）总是对次级系统（如教育系统）在结构和功能上具有决定作用，只有如此系统才能

① 无独有偶，美国著名教育学者迈克尔·阿普尔也对系统方法和思维在教育中的运用及其存在的问题作了批判性分析。（参见 M. 阿普尔. 意识形态与课程［M］. 黄忠敬，译. 上海：华东师范大学出版社，2001：第六章：“系统管理与控制的意识形态”）

将各个次级系统整合起来形成整体。这种决定论思维的致命症结在于忽视了教育活动和社会之间的相互建构过程，尤其对教育的建构功能及发挥建构功能的结构二重性缺乏应有认识。

（三）源于现实和理论的双重挑战

综上所述，现有教育学和教育社会学理论在对“教育和社会”的解释中因坚持了系统论思维方式和分析模式，故能对教育活动进行整体性把握并做功能分析，一定意义上揭示了教育和社会的关系的某些基本特征。但更应清醒地看到，这种思维方式由于忽视了教育和社会关系本质上的冲突性，尤其是采用了哲学分析和适应论分析，致使对“教育和社会”的解读不仅显得乏力，从后果看还导致教育社会学和教育学之间长期陷入“边界纠纷”之中，直接危及教育社会学的独立学科地位。实际上，目前对“教育和社会”的认识正受到来自教育实践和学科发展的双重挑战。

1. 现实的困惑与挑战

当前，对“教育和社会”的解释所受现实挑战表现在两个方面：一是对怎样认识和解读“教育和社会”似乎人人都有发言权，这个问题似乎已讨论清楚，但往往不过千篇一律地存在于教育学文本中的几点抽象解释而已，这显然是很不够的；另一方面，随着时代变迁、社会变化以及教育的发展，教育和社会的关系格局已然发生深刻变化从而呈现出崭新特征，而现有教育理论并未及时将其揭示出来。

尤其是近年来，社会各界对教育的关注热情可谓空前高涨，对教育的议论、指责和批评之声此起彼伏，致使教育领域不再是风平浪静的“港湾”。[①]这无疑令教育利益相关方特别是教育场域内的各类行动主体深感困惑：教育究竟怎么了？为何如此的不适应社会？教育和社会的关系究竟出了什么问题？这种局面下我们该如何行动？置之不理？还是手忙脚乱地对每个问题进行头痛医头、脚痛医脚式的解决？显然都不可取！到底该怎么办？

俗语云：理论是灰色的，现实之树常青。现实中层出不穷备受关注的教育问题、教育中不断暴露的矛盾与冲突、教育场域内各类行动主体所切身体

---

① 详见刘生全. 论教育批评［M］. 北京：教育科学出版社，2006.

验到的种种困惑，促使我们不得不去作溯源式反思：这些问题、矛盾、冲突和困惑是不是根源于对“教育和社会”的描述与分析严重滞后于社会变迁和教育发展的客观现实？是不是多年来教育研究在“教育和社会”上的停滞不前使现有教育理论对该范畴的解释已变得乏力甚至过时？答案应该是肯定的。现实要求我们重新审视教育和社会关系的真实状态，并以此为契机反思既有解释方式及由此形成的理论观点。

2. 理论的挑战与创新

所谓理论的挑战，这里系指上述解释取向及其理论基础受到的来自其他理论和思潮的挑战，主要表现在关于“教育”“社会”，以及“教育和社会”的本体论、认识论乃至方法论上的挑战。

（1）场域论对系统论基础的尖锐批评

布迪厄的场域论作为一种新的社会观和教育观，对系统论和功能论进行了深刻的反思和批判，为重新认识“教育和社会”提供了重要的理论资源。

布迪厄试图通过场域论来突破传统思维方式即他所处时代普遍盛行的实在论思维方式的局限。他主张将“场域”作为开放式概念使用并取代“结构”概念，以克服社会科学中长期存在的结构与个人之间的虚假二元对立，他明确指出：“从场域的角度思考就是从关系的角度思考。从场域的角度思考，就意味着要对有关世界的整个日常见解进行转换，这种见解总是只注意有形的事物……场域的概念则预先就假定了与实在论的表现的决裂……从关系的角度出发的（而不是更为狭隘的‘结构主义的’）思考模式，正如卡西尔在1923年出版的《实体概念与函数概念：关于认识批判的基本问题的研究》（*Substanzbegriff und Funktionsbegriff*）中所证实的那样，是现代科学的一个标志。”①

“机器”“系统”是社会科学中的常见概念，场域论对其均作了批判性分析。布迪厄明确表示对“机器”这一提法“深恶痛绝”，认为学习体系、国家、教会、政治党派或协会等“都不是什么‘机器’，而是场域”②。在

① 包亚明．文化资本与社会炼金术：布尔迪厄访谈录［M］．上海：上海人民出版社，1997：141．

② 布迪厄，华康德．实践与反思：反思社会学导引［M］．李猛，等，译．北京：中央编译出版社，1998：140．

分析“场域”和“机器”（apparatus）的区别时，布迪厄坚信二者之间“一个基本的差别就是：争斗，以及因此产生的历史性！”① 他认为，“机器”就是一种残酷无情的机器，不管具体的时间、地点、场合，只按照规定的程序努力完成某个确定目标。场域与“机器”的根本区别在于前者并非机械地运转，而是时时刻刻发生着各种“争斗”，始终处于变动不居之状态。在一个场域里，各种游戏者和机构根据构成游戏空间的常规和规则，以不同的强度因此也就具有不同的成功概率不断地争来斗去（与此同时，在一定形势下，他们也对这些规则本身争斗不休），旨在把持作为游戏关键的那些特定产物。那些在某个既定场域中占支配地位的人有能力让场域以一种对他们有利的方式运作，不过，他们必须始终不懈地应付被支配者（以“政治”方式或其他方式出现）的行为反抗、权利诉求和言语争辩。布迪厄指出：“只有当人们反抗、革命、采取行动时，才存在历史。总体性制度——避难所、监狱、集中营——或专制国家就是从制度上力图让历史终结的范例。因此，‘机器’代表一种极端情况，我们可以视为场域的病态情况。但这种极限，在现实中从未达到过，即使在压迫最深重的所谓‘极权’政体下，也从未达到这样的极限。”②

布迪厄认为场域论本身摒弃了功能论和有机论。一个既定场域的产物可能是系统性的，但并非系统的产物，更不是一个以共有功能、内在统合（cohesion）和自我调控为特征的系统的产物。也就是说，对于系统论中如此之多的基本假定即共有功能、内在统合、自我调控等，场域论都拒绝接受。与功能论的基本假定相反，场域论非常强调冲突因素。“场域是力量关系——不仅仅是意义关系——和旨在改变场域的斗争关系的地方，因此也是无休止地变革的地方。在场域的某个既定状态下可以被察觉的协调统合，场域表面上对共同功能的取向实际上肇始于冲突和竞争，而并非结构内在固有的自我发展的结果。”③ 显然，场域论是以冲突论为基本假设的。

---

① 布迪厄，华康德．实践与反思：反思社会学导引［M］．李猛，等，译．北京：中央编译出版社，1998：140.

② 布迪厄，华康德．实践与反思：反思社会学导引［M］．李猛，等，译．北京：中央编译出版社，1998：141.

③ 布迪厄，华康德．实践与反思：反思社会学导引［M］．李猛，等，译．北京：中央编译出版社，1998：142.

场域论与系统论的另一个根本区别在于，前者认为场域并不具有组成部分（parts）和要素（components）。每一个场域都有自身的逻辑和规则，在场域分割的每一阶段（比如文学创作场域），都需要一种真正质的飞跃（比如从文学创作场域降至小说或戏剧子场域的层次）。每一个场域都构成一个潜在开放的游戏空间，其疆界是一些动态的界限，它们本身就是场域内斗争的关键。当然，布迪厄也指出，如果要想充分地洞察决定场域概念和系统概念差异的所有方面，那就必须在具体研究中使用它们并通过它们所产生的经验对象来权衡比较。

（2）后现代主义思潮对现代主义解释方式的巨大冲击

后现代主义作为一种重要思潮，最初起源于艺术和文学领域，20 世纪获得迅猛发展，如今在哲学、社会学、文学等领域均有表现。一般认为，后现代主义是基于现代主义应运而生的，而所谓现代主义，通常指 18 世纪以来的启蒙思想传统以及由此构成的西方文化传统主流。后现代主义作为对现代主义的挑战、质疑和反叛，反对现代主义者那种总体化、概括性的理论以及寻求统一的社会科学范式的做法，试图以解构主义方式进行推理，以谱系学分析取代宏大的理论建构，并重新引入道德和政治关注。后现代主义往往宣称在坚持以下几方面主张上与现代主义相决裂：① 拒斥一体化、总体化和普遍性方案而强调差异、多样性和复杂性。② 摒弃封闭的结构、固定的意义和僵硬的秩序而赞同游戏、悬而未决、非完整性、不确定性、暧昧、偶然性和混沌。③ 放弃天真的现实主义和再现认识论，以及无中介的客观性和真理，支持视角主义、反本质主义、解释学、互文性、拟仿和相对主义。④ 强调打破不同学科内部和学科间的界线。许多哲学和社会理论流派如法兰克福学派、后现代和后结构主义理论、文化研究、女权主义、多元文化主义等发生于跨学科的空间里。[①] 后现代主义的中心议题是批判“科学知识是普遍的并且可以以一种与语境无涉的方式加以证实”的主张，强调“真理的标准是随语境而定的”，现代主义所推崇的理性、主体性、真理性等观念被后现代主义以非理性、主体的有限性、建构性等观念予以猛烈冲击。需要

① 郑乐平．超越现代主义和后现代主义：论新的社会理论空间之建构［M］．上海：上海教育出版社，2003：6.

注意的是，尽管人们普遍认为后现代主义本身还存在不少问题[①]，对后现代主义的态度也不尽一致，甚至有学者如哈贝马斯认为现代主义属于“一项未竟的计划（事业）”，谈后现代主义为时尚早，但作为一种重要思潮，后现代主义所产生的影响无疑是相当广泛而深刻的。

伴随国内学术界自20世纪末以来对后现代主义思潮逐渐由陌生到熟悉、由排斥到接受、由学习到运用，后现代主义话语逐渐在国内兴起并流传开来，如今甚至“言必称后现代”的学者不乏其人。后现代主义在教育领域同样产生了不容忽视的影响。数个世纪以来，以理性主义认识论面目出现的现代主义在教育领域一直占据统治地位。教育学自创建[②]以来，从未停止过追求科学化的步伐，一直在现代主义的征途上蹒跚前行。19世纪中叶，受实证主义的影响，教育学科学化的呼声日益强烈，出现了将自然科学日益成熟的实证主义范式运用于教育研究的尝试。20世纪德国实验教育学派拉伊和梅伊曼试图以观察、实验和统计的方法对教育现象作客观的因果解释，教育哲学家奥康纳也认为“现代教育学需要精确的知识，只有奠基于科学假设的教育理论才有资格称为‘理论’，除此之外的理论建构，‘理论’一词只是尊称而已”[③]。回到本章讨论的主题上不难发现，教育学界今日对“教育和社会”的解释同样是科学主义或现代主义的产物，集中表现为崇尚对教育发展的普遍规律的把握，追求解释的科学性和真理性，以及解释上的宏大叙事特征等。“社会决定教育的发展”这一表述的形成过程及理论定位（即教育的基本规律）便充分反映了现代主义在教育学中的根深蒂固的影响，这恰恰是后现代主义思潮所力求批判和颠覆的。

（3）建构主义在教育社会学研究中的深入渗透

20世纪以来，建构主义认识论在教育教学领域兴起。主张学生在经验的基础上发现，在发现的基础上建构，是这一时期认识论的一大特色。它所提供的认知方式或学习方法不再是“先验”性地接受别人的理论或经验的

① 如认为后现代理论具有分析场域的局限性、非理性主义、总体化倾向、相对主义与虚无主义、忽视社会结构等“缺陷”。（详见郑乐平．超越现代主义和后现代主义：论新的社会理论空间之建构［M］．上海：上海教育出版社，2003：第3章）

② 以赫尔巴特1806年出版《普通教育学》、创建科学教育学为标志。

③ 里勒．当代教育思潮［M］．张银富，译．台北：五南图书出版有限公司，1989：177.

简单堆积，而是在经验基础上的建构。[①] 特别是20世纪上半叶，皮亚杰抛开经验主义与理性主义在认识论问题上长期存在的形而上争论，深入研究了个体认识的发生过程，用同化、顺应、平衡等概念描述经验的建构过程，提出了系统的认知建构理论。在皮亚杰看来，人不能自发或天生地产生知识，也不能简单地从外界获取知识，人类或个体的认识的发生都是与环境相互作用的结果；知识产生于人与外界的相互作用，知识的获得或个体心理世界的形成也是个体经验与外在物质世界和知识世界相互作用的结果，因此皮亚杰的理论被称为发生认识论或知识建构认识论。[②]

建构主义认识论揭示了人类认识的能动性及认识对经验、环境、社会的依赖性。20世纪后期特别是90年代以来，以建构主义认识论为理论基础的教育理论与实践逐渐遍布世界各地，出现了强调学生的创造性的后现代教育学，形成了建构主义的教学设计，建构主义认识论在教育理论和实践中逐渐取代经验主义认识论而占据主导地位。建构主义认识论对中国教育的深刻影响也是有目共睹的，2000年开始的新一轮国家基础教育课程改革的理论基础便有建构主义认识论成分。[③]

由于受其脱胎母体的影响[④]，教育社会学长期以来一直奉“接受”及自然主义研究范式为圭臬。这种研究取向集中表现为教育社会学在美国曾被称为“教育的社会学”（Educational Sociology），著名教育社会学家科尔曼（James S. Coleman）便是这种研究取向的典型代表。值得关注的是，自20世纪70年代起国外教育社会学研究范式发生了明显变化，“建构”取代“接受”的趋向更加明显，解释主义取代自然主义渐成现实。“建

---

① 毛景焕．试论20世纪教育领域中认识论的变革［J］．外国教育研究，2003（1）．

② 该理论曾因进步主义教育运动和心理学中行为主义的盛行而被冷落，但20世纪中期以后，随着认知心理学的兴起，皮亚杰的知识建构认识论重新受到重视并被认知结构理论和信息加工理论丰富和深化。本书第4章以“皮亚杰的发生认识论”为题，对皮亚杰的有关观点和概念作了介绍。

③ 靳玉乐，艾兴．新课程改革的理论基础是什么［N］．中国教育报，2005－05－28．

④ 社会学在其创始人孔德（A. Comte，1798—1857）那里是以自然科学为楷模的，作为对数学和物理学颇有研究的实证主义哲学家，孔德将社会学定位于试图发现社会构成和变迁的某种普遍规律的一门“科学”。实际上，社会学自19世纪上半叶从哲学母体中脱胎出来，其后近两个世纪的发展基本上未偏离实证主义（positivism）这根主线，并且带有鲜明的“接受”取向和自然主义色彩。自然主义研究范式将社会世界等同于自然世界，并将自然科学研究方法如相关性分析、现场实验、几率大小等移植于社会学研究中，所关心的是变量及各种变量之间的关系。

构”及解释主义研究范式的形成始于对教育社会学中的“接受”和自然主义研究传统的批判，通常被冠名为“新教育社会学”（the New Sociology of Education，NSOE），“‘新教育社会学’的核心就在于坚持不断地建构（making）问题，而非简单地从政策制定者与实践者那里接受（taking）任务”①。

“建构”取代“接受”不仅意味着研究者观察和解释教育现象、剖析教育问题的出发点、理论假设和切入角度发生了深刻变化，而且意味着教育社会学在方法论和研究技术上发生根本性变化，即从量的研究和实证主义传统向质的研究和解释主义传统转变，与前者强调观念实体具有理论普遍性且研究对象独立于研究者之外不同的是，后者则强调真实性（发现与再现行动者的意义）与建构性（社会行动者的观念是社会世界的解释），认为研究者的使命是理解人们赋予其行为的意义，这种理解是建立在对研究对象和所研究的生活情境的参与、熟悉和影响之上的。在建构主义视野下，教育和社会的关系明显地不同于传统的解释，教育在社会的运行、发展与变迁过程中，摆脱被动地位而扮演着积极的行动者角色，发挥着建构功能。

综上所述，正是教育实践的发展和场域论、后现代主义、建构主义这些理论与思潮在教育研究中的渗透，使得我们对“教育和社会”重新予以认识获得了压力，同时也具备了新鲜理论资源，从而使得将“教育和社会”研究及其理论解释向前推进变得必要而可能。

二、“教育和社会”的理论拓展

此处“理论拓展”是指在上述实践和理论双重挑战基础上，力求对教育在社会中的位置予以更准确、更全面的描述与解释，试图实现“教育的社会基础”和“社会的教育基础”两方面的有机整合。从成层功能角度看，前者是对教育成层的条件性和受动性的分析，后者则阐述并着力强调教育成层的能动性与建构性特征。

① 刘云杉．国外教育社会学的新发展［J］．比较教育研究，2002（12）．

（一）教育的社会基础

“教育的社会基础”即通常可表述为“教育的存在与发展离不开一个社会基础”这一范畴，无疑道出了教育和社会关系的一个基本客观事实。纵观教育发展史，教育在社会中的这一地位属性可谓自古及今，概莫能外。

首先，从社会事实角度看，有史以来，教育总是依托于、受制于社会的。教育作为一种人为的活动或社会建制，既非自为亦无法实现自足，社会的支持无可争议地成为教育存在与发展的必要前提。教育对社会的依赖性至少集中表现在两个方面：一方面，教育这种育人的社会活动总是为一定的社会（和阶级）服务的，教育的目的和目标不是内生的，而是社会给予和规定的，一定的教育必然反映着特定社会的要求与需要，后者成为教育发展的制约力量；另一方面，社会向教育提供必要的人力、物力和财力，没有社会对教育在物质基础上的这种“投入”，教育的存在、运转与发展必将因“无米下锅”而成为不可能之事，社会的物质支持成为教育发展的基本保障。

其次，从社会形态演化角度看，教育亦是受制于社会的。现代教育和古代教育具有不同的社会基础，二者之间的悬殊差异折射出现代社会与古代社会的天壤之别，其中最显著之点是社会知识化程度的差异，即现代社会相对于传统社会越来越成为知识社会。与之一脉相承，现代教育无论是目的、内容，还是方法、组织形式，乃至教育的结构和管理与运行，均与现代社会的知识社会特征内在关联，现代教育本身的知识性集中体现了鲜明的社会制约性特征。（详见第五章表 5－1）

再次，从教育活动的基本构成要素所受社会制约的角度也能看出教育的社会基础特征。教育活动“是人们在一定的条件下，运用一定的手段，按照一定的原则，通过对以知识为主的各种教育影响因素的组织、传递和评价而实施的促进人们身心发展的活动”①，从其构成一般所包括的目标、规范、条件和手段四个基本要素来看，无一不受社会的制约。目标作为特定教育活动所力求达到的某种未来状态，必然是某一特定社会历史阶段未来状态的反

① 谢维和．教育活动的社会学分析：一种教育社会学的研究（修订版）［M］．北京：教育科学出版社，2007：96.

映；规范作为与活动目标相一致的价值标准和行为准则，同样是特定社会时空背景下的标准或准则；条件本身就是教育活动所处的特定时空环境中不能被活动者所控制的对活动有直接影响的某些客观因素；手段作为教育活动所处的时空环境中可以被活动者所控制和利用的各种外部因素，同样也是受特定社会制约的。

最后，从教育活动的知识属性角度也能看到社会相对于教育的基础性特征。教育知识社会学认为，教育是在特定时间中对知识的一种选择、组织和赋权。根据英国教育社会学家麦克·扬的观点，课程、教学和评价这三种信息系统作为教育知识编码的实现形式，与权力结构及社会控制原则之间存在密切联系。[①] 课程、教学和评价三种信息系统为社会权力结构所控制，显然集中体现了教育的社会制约性特征。

（二）社会的教育基础

“教育的社会基础”强调了教育和社会关系的一面，即教育对社会的依赖性或教育的社会决定性特征。而本书前文特别是第四、五章教育建构研究所揭示的教育的能动性特征则集中表明，在“教育和社会”的解读上形成的有关观点和范畴是需要重新予以认识的。应该说，现有教育学和教育社会学理论对教育受制于社会这一属性是高度重视的，所进行的理论探讨还是比较深入、系统的。但由于过分强调此面而忽视二者关系的彼面，使得对“教育和社会”的认识仅仅局限于“社会决定教育的发展”（姑且称之为“社会决定论”）或“教育的发展需要一个社会基础”（姑且称之为“社会基础论”）这种结论，对“教育和社会”的另一面重视不够、阐述不足无疑成为一大缺憾。虽然已有一些教育学者意识到了随着社会变迁和教育发展，教育对社会的能动性和“超越”作用日益显著，也尝试提出了一些有价值的见解，由于仍受“决定论”思维束缚，这些见解终归未能达到强调教育在现代社会中的基础地位或教育对社会的决定性影响的深度。鉴于此，有必要突破“教育的社会基础”而提出“社会的教育基础”概念，将二者有机结合起来以准确、完整地

---

① 麦克·F. D. 扬. 知识与控制：教育社会学新探［M］. 谢维和，朱旭东，译. 上海：华东师范大学出版社，2002：译者前言，2.

揭示现代社会中“教育和社会”这一基本教育范畴的丰富内涵。

需要指出的是，不仅现有解释囿于社会本位立场以及对教育和社会关系的时代、地域特征的忽视，未能全面揭示“教育和社会”的丰富内涵，而且，随着上述“社会决定论”或“社会基础论”在教育领域不断地被“教条化”和“集体无意识化”，研究者们对“教育和社会”这一基本问题渐渐冷漠化。这些年在对“教育和社会”的探索上鲜有分量重的成果问世，现实中不少教育问题恰恰又与对“教育和社会”的认识和解释的滞后密切相关，其结果导致：一方面，教育学科群中的其他学科所需的关于教育和社会的坚实理论支撑缺失；另一方面，人们对现实中的教育问题（包括上文提到的教育批评）的分析和应对，往往就事论事、不得要领，出现头痛医头、脚痛医脚的被动局面。

具体到教育社会学学科，近几年来无论是研究领域的拓展，还是学术成果的生产与传播都呈现出加速推进的局面。但遗憾的是，多年来根深蒂固的“关系说”对象观和研究预设，带有直接照搬教育原理对“教育和社会”的解释的痕迹，从而使哲学分析、适应论分析和功能分析等基本解释取向至今仍在该学科中占据统治地位。这种现象已成为一种“痼疾”，给教育社会学学科带来的是长期摆脱不掉扮演教育原理的诠释者角色的困惑①，不仅导致教育社会学缺乏特色，而且直接危及其独立学科地位。

笔者认为，与已有教育理论对“教育和社会”的解释相比，本研究从教育成层及其拓展建构角度探讨和阐释了在现代社会中非但教育之发展与人类社会的以往任何历史阶段一样离不开社会的支持，同样地，现代社会的生成与健康运行也必须依托教育，离不开坚实的教育基础。应该说，与单纯强调教育和社会关系的此面即社会对教育发展的决定性，而不从当代社会转型和教育发展出发去触及教育和社会关系的彼面即教育对社会发展的决定性的传统解释相比，本研究基于鲜明的时代感和现实性，通过对教育作用于社会的实体结构、功能结构、意义结构以及地位结构的过程和机制的具体分析，提出“社会的教育基础”，无疑在突破“顾此失彼”的局限中丰富了观察教

① 当然，教育社会学界已经意识到这一点，一些教育社会学专著开始尝试着突破这种尴尬局面。详情可参见吴康宁教授为其2003年主编出版的《现代教育社会学研究丛书》所写的序言。

育和社会关系的视角，拓展了对“教育和社会”的解释空间。而且，通过阐释人类社会不同历史阶段中教育和社会关系的实然状态，也在一定程度上克服了我国教育理论界多年来盛行的对“教育和社会”仅作横向、静态、抽象分析之不足，在此意义上，这种探讨具有一定的方法论价值。

此外，本书从建构角度对“教育和社会”的分析具有整体性和综合性特点，有助于理解在传统社会向现代社会演进过程中，教育的社会地位和功能所出现的相应变化，据此在教育改革和发展方面采取区别性对待策略。当前，教育和社会关系的整体性变化①已经受到重视，教育作为社会的一种基础性、全方位的活动已经得到认可，教育在经济社会发展中的“基础性”地位已在各种文件或政策文本中被明确提出来。问题在于，要使这种地位真正得以落实，必须首先在理论上揭示这种基础性地位的合法性并把这一教育理念普及开去。本研究正是基于这种考虑的一项探索。

我们提出“社会的教育基础”（不妨称之为“教育基础论”），强调了人类迈入现代社会以后社会的发展与运行对教育的依赖越来越高，教育的重要性得到极大提升，因此非常有必要揭示出现代社会的教育决定性特征。但我们并未否认有史以来教育活动的存续与发展始终要以社会为依托这一基本事实和普遍规律，只是在首先肯定了传统分析模式所强调的社会对教育的“决定性”或教育对社会的“适应性”之同时，还特别指出现代社会的存在与发展也离不开一个教育基础这一基本事实。应该说“教育基础论”是对“社会决定论”或“社会基础论”的继承与完善，这恰恰得到了刘精明博士下述论断的有力印证与支持：“现代教育既不是简单地承担社会化功能（传播知识、技能、文化与思想），也不只是充当社会精英的选择机制。现代教育是现代社会的一个重要组成部分，它既受社会结构的制约，同时也通过不同教育主体在教育场域中追逐各种教育利益的活动，改变着人类社会的历史面貌。”②

---

① “如果说过去是一种针对性教育，它与社会、经济和文化的关系更多的是一种准备性的、阶段性的，那么在今天它更多的是一种基础性的、全方位的，而且与社会、经济的联系不仅仅是时间的先后关系，而是一种相互渗透的关系。”（谢维和．关于终身教育的若干理论问题［M］//郝克明，周满生．终身教育国际论坛报告集萃．北京：高等教育出版社，2005：55）

② 刘精明．国家、社会阶层与教育：教育获得的社会学研究［M］．北京：中国人民大学出版社，2005：112.

实际上，教育理论界对“教育和社会”的解读已经形成了几种不同的基本观点，其中包括决定与被决定的观点和相互作用的观点。前者强调的是教育和社会之间的决定与被决定关系，即社会对教育的决定性和教育对社会的被决定性特征；后者则认为教育和社会之间是相互作用的关系。这两种观点揭示了教育和社会关系的某些特征，均具有一定的解释力，但对“教育和社会”的解释同时也存在明显不足：一是受决定论思维的影响，流于抽象化，所形成的必然是宏大理论；二是对教育的能动性重视和揭示得很不够；三是对教育和社会相互作用机制的探讨不够深入和具体；四是没有把时代变迁因素充分考虑进来，因此未能准确地揭示教育在现代社会中的地位与功能。

本书引进建构主义观点对“教育和社会”重新予以解读，具有以下理论优势：一是包容了传统的社会分层和教育成层研究；二是关注了社会变迁和教育发展的现实过程，并体现了学术话语的转变；三是这种研究是一种试图摆脱抽象分析的中层研究，所形成的应该说是关于“教育和社会”的中层解释理论；四是揭示了教育作用于社会的过程和机制，形成了关于教育作用于社会的较为系统的解释框架。总之，建构主义观点通过对决定与被决定观点、相互作用观点的继承与拓展，对教育和社会的关系尤其是对教育作用于社会的一面作了更准确、更全面的解释。我们期望这种一家之言能对正确认识教育在现代社会中的功能与定位，对推动有关研究的深入，以及对教育的变革、创新与发展具有一定的理论和现实意义。

（三）延展分析：教育场域论

为了进一步深化对“教育和社会”的认识，从而为更深入探讨这一主题指出理论方向并留出“端口”，下文便从场域角度作些延展分析。

1. 场域论

场域论是布迪厄在作社会分析时提出的一种理论假设。关于何谓场域，布迪厄曾有明确界定：“从分析的角度来看，一个场域可以被定义为在各种位置之间存在的客观关系的一个网络（network），或一个构型（configuration）。”①

① 布迪厄，华康德．实践与反思：反思社会学导引［M］．李猛，等，译．北京：中央编译出版社，1998：133—134.

布迪厄认为，“社会”是一个空泛概念，一个分化的社会并非一个由各种系统功能、一套共享的文化、纵横交错的冲突或者一个君临四方的权威整合在一起的浑然一体的总体。在高度分化的社会里，社会世界是由大量具有相对自主性的小世界构成的，这些小世界都同样具有自身逻辑和必然性的客观关系空间，形成不同的社会场域。在不同场域中决定场域特性的往往是不同类型的资本。① 反之，资本也离不开场域。②

场域论是一种社会唯名论社会观。可能由于认为整体意义上的“社会”是空泛的，布迪厄非常重视具体的经验研究，在方法论上既反对个体主义，也拒斥整体主义，却独青睐于关系主义，主张社会科学应从关系角度（场域本身就是关系的代名词）切入进行社会分析。他明确提出：“我可以对黑格尔的那个著名的公式稍加改动，指出‘现实的就是关系的’：在世界中存在的都是各种各样的关系——不是行动者之间的互动或个人之间交互主体性的纽带，而是各种马克思所谓的‘独立于个人意识和个人意志’而存在的客观关系。”③ 因此他主张社会科学的适当对象，既不是个人也不是作为在社会空间中处于相似地位的、由具体的个人组成的团体，而是在人的躯体和事物两方面实现的两种历史性行为之间的关系。④

2. 教育场域的含义与特征

“教育”和“场域”结合生成“教育场域”（educational field）是对教育作场域解读的一种尝试，也是教育研究在理论范畴建构和方法论拓展上的一种探索。所谓教育场域，就其作为一种社会性存在而言，系指在教育者之间、受教育者之间，以及教育者和受教育者之间所建构起来的以知识的生产、传承和传播为依托，以人的发展、形成和提升为目的的客观关系网络。

① “确定何为场域，场域的界限在哪儿，诸如此类的问题都与确定何种资本在其中发挥作用，这种资本的效力界限又是什么之类的问题如出一辙（在这里，我们可以看到资本概念和场域概念是如何紧密相连的）。”（布迪厄，华康德．实践与反思：反思社会学导引［M］．李猛，等，译．北京：中央编译出版社，1998：136）

② “只有在一个场域的关系中，一种资本才得以存在并且发挥作用。”（布迪厄，华康德．实践与反思：反思社会学导引［M］．李猛，等，译．北京：中央编译出版社，1998：139）

③ 布迪厄，华康德．实践与反思：反思社会学导引［M］．李猛，等，译．北京：中央编译出版社，1998：133.

④ 参见包亚明．文化资本与社会炼金术：布尔迪厄访谈录［M］．上海：上海人民出版社，1997：174.

当然，作为一个理论范畴，教育场域无疑是对上述客观关系网络的一种抽象和提升。①

根据上述定义并结合场域论的精髓，不难发现教育场域的一些基本特征，如教育场域是一个社会学或教育社会学范畴、教育场域内的媒介资本主要是文化资本、教育场域中的权力中轴主要是文化权力、冲突论是教育场域的基本假设、教育场域具有很强的概念再生产能力，等等。②

3. 教育场域论的冲突论基础

诚如赫拉克利特所言，冲突乃万物之父。③ 在高度分化的现代社会里，社会世界是由大量具有相对自主性的小世界构成的，这些“小世界”便是社会的不同场域。场域是各种力量会聚之所，各股势力通过较量和斗争而形成的关系网络即为场域，由此决定了冲突成为场域的本质属性。集中反映场域的冲突本性的恐怕当数权力场域：“各种不同权力形式的拥有者之间对权力的争斗都发生在这里……这种争斗同时也是在争夺合法化的合法原则，争夺再生产各种支配基础的合法类型。”④ 当然，斗争和冲突并非总为消极之物，相反，根据社会冲突的一般特性和功能⑤，冲突乃场域动力之源，场域的发展、演变正是各种冲突、矛盾和斗争酝酿和演化的结果。冲突之根源何在？在于“利益”。布迪厄曾明确指出利益“促使人们采取行动”，使他们走到一起，使他们互相竞争和斗争，它是与场域发挥作用有关的条件。⑥

教育场域作为一种特殊的场域形态，完全秉承了场域的冲突特质。在教育场域里，为了占有更多的文化资本、掌握更大的文化权力、占据更高的场域位阶，不同竞争主体总是处于持续的较量和争夺之中：受教育者间的激烈竞争，教育者间的明争暗斗，管理者间的互相制约，教育者与受教育者间的

---

① 刘生全. 论教育批评［M］. 北京：教育科学出版社，2006：98.

② 关于教育场域的上述特征可详见拙文. 论教育场域［J］. 北京大学教育评论，2006（1）.

③ 让-弗朗索瓦·利奥塔尔. 后现代状态：关于知识的报告［M］. 车槿山，译. 北京：生活·读书·新知三联书店，1997：125.

④ 布迪厄，华康德. 实践与反思：反思社会学导引［M］. 李猛，等，译. 北京：中央编译出版社，1998：285.

⑤ 科塞. 社会冲突的功能［M］. 孙立平，等，译. 北京：华夏出版社，1989.

⑥ J.C. 亚历山大. 世纪末社会理论：相对主义、化约与理性问题［M］. 张旅平，等，译. 上海：上海人民出版社，2003：215.

控制与反抗……无不处处彰显着教育场域的冲突本性。因此，教育场域决非平静的“港湾”，而是种种冲突不断产生、消逝，新的冲突又不断出现之所。教育场域论看到了存乎教育这个特殊空间内的各种力量之间的持续不断的冲突过程，作为场域视角在教育研究领域中的渗透，无疑是对教育的本体论假设的重新认识。与系统论的基本假定即功能论相反，场域论认为“场域是力量关系——不仅仅是意义关系——和旨在改变场域的斗争关系的地方，因此也是无休止的变革的地方”[1]。综上所述，教育场域论显然是以冲突论为基本假设和理论基础的。

根据布迪厄和帕斯隆的分析，教育行动作为一种获得了合法性而成为权威的符号暴力，是为统治阶级和集团的文化专断服务的，是社会权力结构的生产机制，实现着文化—社会再生产，教育的符号暴力本性决定了教育场域的冲突论特征。[2] 作为阶级不平等的再生产机制，教育行动本身存在着难以克服的悖论，布迪厄在与帕斯隆合著的《再生产：一种教育系统理论的要点》（1970 年）一书中对这种悖论作了深入分析。在他们看来，教育作为一种符号暴力离不开“教育权威”这一社会条件，原因在于教育欲产生客观的效果则需要以信服（可信）为基础。但教育的客观暴力真相又会危及保证教育的信服基础的教育权威。这样，教育的客观效果和主观目的之间就存在着内在冲突从而形成悖论，解决冲突和悖论的可能手段是掩盖教育的符号暴力真相。但是，掩盖归掩盖，教育场域的内在冲突却无法自行消弭。既然教育场域内不同行动主体之间的关系实质上是冲突性的，那么其表层为何还会呈现出和谐、融洽之状？原因在于教育场域内不同行动主体为了最大化地实现自身利益且迫于某种压力而不得不彼此作了收敛和妥协。即便如此，和谐、融洽迹象之底层埋藏的依然是冲突之根。

4. 教育场域论可能带来的思维突破和理论创新

教育场域视角较系统论视角对把握教育的本质特征具有明显的优势，这首先集中表现为冲突论假设为认识教育活动的本质特征提供了新的可能。如

① 布迪厄，华康德．实践与反思：反思社会学导引［M］．李猛，等，译．北京：中央编译出版社，1998：142.

② 参见 P. 布尔迪约，J.-C. 帕斯隆．再生产：一种教育系统理论的要点［M］．邢克超，译．北京：商务印书馆，2002：19—21.

上所言，现有教育社会学和教育学理论在解读“教育和社会”之时，总是沉溺于视教育为宏观社会系统的一个子系统并将其与政治、经济、文化等子系统并提，这种认识背后潜隐的正是一种系统论假设和思维方式，致命弱点在于忽视了教育与社会之间，以及教育内部纷繁复杂的关系形态及各种力量之间的冲突属性。与之相反，教育场域论则反对将教育假定为一个以功能论为理论基础的系统，并在分析教育场域内各种力量之间的作用机制时，强调彼此间的冲突性关系。这种对冲突的关注对发掘教育发展的动力之源及重新认识教育场域内各种关系形态的实质，以及对把握教育现象演化规律等均具有重要意义，集中体现了教育场域论的理论价值。

综上所述，借助布迪厄的场域论，“社会”和“教育”都获得了全新的理解，“教育和社会”也不再仅仅是系统论视野下的教育系统与其他各社会子系统之间带有决定论色彩的抽象关系，而是教育场域和其他各个社会场域之间借助各种资本而产生的持续互动过程；教育和社会之间也绝不仅仅是所谓的功能性关系，而是既有彼此的适应与满足，亦有彼此的不一致、紧张、冲突和矛盾，二者总是处于以各种资本（经济的、文化的、社会的、符号的等）为媒介的动态的互动过程之中。笔者深信，借助教育场域论视角，不仅能够对“教育和社会”可作更深入的分析，而且对重新认识教育社会学的研究对象进而重新理解教育社会学学科价值具有很大的创新空间。当然，这毕竟还是一项刚刚开始的理论探索。

结　语

在为期十个年头的教育编辑生涯中，笔者曾与不少教育学或教育社会学博士学位论文打过交道，深感在我国教育学和教育社会学研究场域及人才培养体系中，摒弃凡博士（甚至硕士）学位论文选题总试图往大处走的久已成习做法，代之以要么做实证研究或尽可能增加实证研究成分，要么尽量选具体一些甚至微型问题（mini-theme）作为研究对象，对深化教育学和教育社会学研究，以及促进学科建设与发展，其意义无疑均是不言而喻的，因此是应该充分予以鼓励的。

不过，对于微型问题决不能“为微型而微型”，作此类研究需要结合本学科实际挖掘出微型问题背后并不微型的意义来。也就是说，要充分掂量微型选题在教育社会学学科中的可能占位，以及该研究的展开给本领域的知识生产与学科建设可能带来的积极影响，这无疑涉及对微型问题有无学术价值及价值大小的判断标准问题。在笔者看来，最理想的微型选题应该如阿基米德希望用来撬动地球的杠杆的“支点”，是能够小中见大并触及教育社会学学科中的某一基本问题的。

回想当初，笔者在博士论文选题上颇费一番周折，几乎各种各样的问题都曾经在脑海中浮现过。最终发现，教育成层研究在前些年的教育功能大讨论中曾有人涉足，但仅浅尝辄止之后便几乎无人问津了。这个非常具体的研究主题无疑属于一个微型问题，但因其直接触及教育与社会结构的关系而并不缺乏研究的价值和意义。准确言之，教育成层问题所涉及的是教育相对于社会的重要性这样一个基本理论问题，迄今学界并未将其置于人类社会变迁和教育发展的历史进程之中作对比性考察与历史分析。由此折射出教育社会学研究对教育和社会关系的变迁的关注与考察是不够前沿和深入的，现实中诸多不容忽视的教育问题客观上又要求我们对教育和社会的关系重新作出反思和审视。

基于上述判断，本研究便从对教育成层的系统考察入手，在社会变迁的背景下分析教育和社会关系的变化特征，进而阐述教育在现代社会中的功能与地位。通过研究我们发现，教育在现代社会中的功能与地位是传统教育所不可同日而语的，而且，这种功能与地位并非传统意义上的成层研究所能完全包容得下的。由于教育成层研究在教育社会学领域已基本形成一个相对成形的学术“范式”（从成层概念的理解和界定，到对教育和社会的结构性关系的基本解释，乃至研究本身所依托的特定时代背景和社会条件，甚至研究者本人的阶级立场和分析问题的侧重点等），在这种学术背景和环境中，打破教育成层研究多年来业已沉淀形成的风格与格局无疑是充满风险的。但教育、社会以及教育和社会的关系等，是永恒却又因时而变的现实问题和学术主题，需要与时俱进地予以关注和研究，尤其对教育作用于社会这个问题的探讨显然没有理由一蹴而就或止步不前。由于深受当今社会科学中盛行的后现代主义、建构主义、场域论等理论和思潮的影响，笔者便选择了“建构”这一视角对教育的社会功能乃至教育和社会的关系尝试进行新的解读。通过提出教育建构概念，探讨教育建构功能形成与释放的机制与过程，描述教育在现代社会的生成与运行中所发挥的重要作用和影响，而这种功能是以往教育成层研究所未能充分揭示的。由于究其实质教育的成层功能正是教育和社会关系的具体表现形式，在研究的最后又将焦点落到了教育社会学乃至教育学的基本问题即“教育和社会”范畴上。本研究沿着由教育成层到教育建构再到教育和社会的关系这样一条脉络展开，核心问题是揭示教育成层功能的历史变迁，从而把握教育在现代社会中的功能与地位，阐明教育的重要性的变化特征，最终回归教育社会学的基本问题，对教育和社会的关系的理论解释予以拓展。应该说，该研究之旅是笔者努力实现“以小见大”的研究预期的探索过程。

一位名人曾言，行文之时不妨“老子天下第一”，唯有如此方能有所创新，但成文之后，则“小子罪该万死”，此时当虚心求教，以使思考和文字表述在批判中趋于成熟。这句话很好地概括了笔者两年多的研究及写作历程。写作过程中，思路往往信马由缰，有种天不怕地不怕的气概；形成文字之后却又惴惴不安，期盼各种批评的出现。由于受时间、篇幅及本人研究能力的限制，不少问题在本书中尚未得到很好的回答。例如，在概念的理解和界定上，有些概念包括教育成层、教育建构、教育和社会的关系等还需要进一步明晰化，这些概念彼此之间的关系也需要作进一步的探讨。又如，文中提出和介绍了不少理论，但在将这些理论作为分析工具上还存在提炼不够的问题，换言之，在如何运用这些理论来分析和解决所研究的问题上面，也还有大量的工作要做。再如，对教育的社会功能的研究，实际上潜在地包括历史逻辑、理论逻辑和实践逻辑三个有机成分，本研究主要对前二者作了阐述，对实践的逻辑却未能深入考究。因此，对本书中提出的理论观点与教育实践是否完全符应或符合，例如，教育因重要性空前增强而成为社会的基础，成为建构社会的重要力量，但教育成层和社会流动究竟是何关系？教育目前是否有效地促进了社会公平与公正？诸如此类的复杂问题本研究并未直接予以回答。好在谢维和、周作宇两位先生的序对这些深层次的问题作了画龙点睛的提示或说明。此外，在谋篇布局和行文上面，本书试图遵循中国传统的“豹头、猪肚、凤尾”的为文之道，但每一个读者的阅读旨趣是不同的，本书可能也存在着随着研究的深入和思路的铺展，似有难以收笔之嫌。最后需要特别指出的是，书中有些章节资料性强，篇幅也较长，全书篇幅也可能过长。之所以如此，原因是笔者坚信在包括做博士学位论文在内的教育研究实践中，真正提出创新性观点其实是非常不易的，撇开研究者自己盲人摸象般的良好感觉，任何一项研究哪怕能有一点点突破和创新也就值得欣慰了，研究者在学术实践中不能不做好的则是把研究主题及主要问题建构准确，把研究脉络清晰呈现出来。我们相信这其中当然包含着学术创新，但更体现一种起码的学术伦理。

总之，本书作为对教育成层功能的理论研究，肯定还存在着这样或那样的不足与问题。但笔者深信，在这个变迁急剧加速的时代，教育成层及其所涉及的社会定位问题，以及教育和社会的关系问题，是教育研究中客观存在的重要问题，应该引起高度关注和深入探讨。当然，本研究仅仅开了一个头，还存在需要进一步探讨的巨大空间，笔者将以本研究为起点继续关注和思考教育成层问题，希望不断得到学界同仁的批评和帮助。

主要参考文献

一、中文文献

（一）中文图书

1. A. 托夫勒．力量的转移：临近21世纪时的知识、财富和暴力［M］．刘炳章，等，译．北京：新华出版社，1996.
2. A. 托夫勒．第三次浪潮［M］．朱志焱，等，译．北京：生活·读书·新知三联书店，1983.
3. B. Ji. 伊诺泽姆采夫．后工业社会与可持续发展问题研究：俄罗斯学者看世界［M］．安启念，等，译．北京：中国人民大学出版社，2004.
4. D. 贝尔．后工业社会的来临：对社会预测的一项探索［M］．高铦，等，译．北京：新华出版社，1997.
5. E. 迪尔凯姆．自杀论：社会学的研究［M］．北京：商务印书馆，1996.
6. J. C. 亚历山大．世纪末社会理论：相对主义、化约与理性问题［M］．张旅平，等，译．上海：上海人民出版社，2003.
7. M. 阿普尔．意识形态与课程［M］．黄忠敬，译．上海：华东师范大学出版社，2001.
8. O. 班克斯．教育社会学［M］．林清江，译．台北：复文图书出版社，1978.
9. P. 布迪厄，汉斯·哈克．自由交流［M］．桂裕芳，译．北京：生活·读书·新知三联书店，1996.
10. P. 布迪厄，华康德．实践与反思：反思社会学导引［M］．李猛，等，译．北京：中央编译出版社，1998.

11. P. 布尔迪厄，J.-G. 帕斯隆. 继承人：大学生与文化［M］. 邢克超，译. 北京：商务印书馆，2002.
12. P. 布尔迪厄，J.-G. 帕斯隆. 再生产：一种教育系统理论的要点［M］. 邢克超，译. 北京：商务印书馆，2002.
13. P. 布尔迪厄. 实践感［M］. 蒋梓骅，译. 上海：译林出版社，2003.
14. P. 布尔迪厄. 男性统治［M］. 刘晖，译. 深圳：海天出版社，2002.
15. P. 布尔迪厄. 关于电视［M］. 许钧，译. 沈阳：辽宁教育出版社，2001.
16. Peter L. Berger & Thomas Luckman. 知识社会学：社会实体的建构［M］. 邹理民，译. 台北：巨流图书公司，1991.
17. 阿尔文·托夫勒. 未来的冲击［M］. 北京：新华出版社，1996.
18. 安东尼·吉登斯. 社会的构成［M］. 李康，等，译. 北京：生活·读书·新知三联书店，1998.
19. 安东尼·吉登斯. 现代性的后果［M］. 田禾，译. 上海：译林出版社，2000.
20. 安东尼·吉登斯. 社会学：第4版［M］. 赵旭东，等，译. 北京：北京大学出版社，2003.
21. 安东尼·吉登斯. 亲密关系的变革：现代社会中的性、爱和爱欲［M］. 陈永国，等，译. 北京：社会科学文献出版社，2001.
22. 安东尼·吉登斯. 失控的世界［M］. 周红云，译. 南昌：江西人民出版社，2001.
23. 包亚明. 文化资本与社会炼金术：布尔迪厄访谈录［M］. 上海：上海人民出版社，1997.
24. 保罗·郎格让. 终身教育导论［M］. 滕星，等，译. 北京：华夏出版社，1988.
25. 北京大学社会学系社会学理论教研室《社会学教程》编写组. 社会学教程［M］. 北京：北京大学出版社，1987.
26. 边燕杰. 市场转型与社会分层：美国社会学者分析中国［M］. 北京：生活·读书·新知三联书店，2002.
27. 布莱恩·S. 特纳，克里斯·瑞杰克. 社会与文化：稀缺和团结的原则

[M]. 吴凯，译. 北京：北京大学出版社，2009.
28. 曹保印. 直击中国教育底线 [M]. 北京：中国社会科学出版社，2004.
29. 陈桂生，丁证霖等. 教育与社会发展 [M]. 北京：人民教育出版社，1989.
30. 陈建华. 教育知识价值取向研究 [M]. 哈尔滨：黑龙江人民出版社，2001.
31. 陈晏清. 当代中国社会转型论 [M]. 太原：山西教育出版社，1998.
32. 成有信等. 教育政治学 [M]. 南京：江苏教育出版社，1993.
33. 成有信. 教育学原理 [M]. 郑州：河南教育出版社，1993.
34. 成有信. 现代教育引论：现代社会、现代教育、现代人 [M]. 郑州：河南教育出版社，1992.
35. 成有信. 现代教育论集 [M]. 北京：人民教育出版社，2002.
36. 楚江亭. 真理的终结：科学课程的社会学释义 [M]. 北京：北京师范大学出版社，2005.
37. 辞海编辑委员会. 辞海（彩图本）[M]. 上海：上海辞书出版社，1999.
38. 辞海编辑委员会. 辞海：第3卷 [M]. 上海：上海辞书出版社，1999.
39. 大卫·布鲁尔. 知识和社会意象 [M]. 艾彦，译. 北京：东方出版社，2001.
40. 戴本博. 外国教育史（上、中、下）[M]. 北京：人民教育出版社，1989.
41. 戴维·斯沃茨. 文化与权力：布尔迪厄的社会学 [M]. 陶东风，译. 上海：上海译文出版社，2006.
42. 董泽芳，沈百福. 百川归海：教育分流研究与国民教育分流意向调查 [M]. 武汉：华中师范大学出版社，1999.
43. 董泽芳. 教育社会学 [M]. 武汉：华中师范大学出版社，1990.
44. 菲里波夫. 教育社会学 [M]. 上海：华东师范大学出版社，1985.
45. 傅松涛. 教育社会学 [M]. 石家庄：河北大学出版社，1997.
46. 高宣扬. 布迪厄的社会理论 [M]. 上海：同济大学出版社，2004.
47. 宫志刚. 社会转型与秩序重建 [M]. 北京：中国人民公安大学出版

社，2004.
48. 顾明远．教育大辞典：第6卷［M］．上海：上海教育出版社，1992.
49. 桂万宏，苏玉兰．教育社会学［M］．天津：天津人民出版社，1987.
50. 郭华．静悄悄的革命：日常教学生活的社会构建［M］．北京：北京师范大学出版社，2003.
51. 郝克明．面向21世纪我的教育观：综合卷［M］．广州：广东教育出版社，1999.
52. 黄白兰．盲点：中国教育危机报告［M］．北京：中国城市出版社，1998.
53. 黄仁宇．万历十五年（增订本）［M］．北京：中华书局，2007.
54. 黄济，王策三．现代教育论［M］．北京：人民教育出版社，1996.
55. 霍普金斯，等．转型时代［M］．吴英，译．北京：高等教育出版社，2001.
56. 江明．问题与对策：也谈中国语文教育［M］．北京：教育科学出版社，2000.
57. 姜添辉．资本社会中的社会流动与学校体系：批判教育社会学的分析［M］．台北：高等教育文化事业有限公司，2002.
58. 教育部．2003—2007年教育振兴行动计划［M］．北京：教育科学出版社，2004.
59. 教育部．面向21世纪教育振兴行动计划学习参考资料［M］．北京：北京师范大学出版社，1999.
60. 教育部师范教育司．教师专业化的理论与实践［M］．北京：人民教育出版社，2001.
61. 金生鈜．理解与教育：走向哲学解释学的教育哲学导论［M］．北京：教育科学出版社，1997.
62. 金一鸣．教育社会学［M］．南京：江苏教育出版社，1992.
63. 瞿葆奎，沈剑平．教育与教育学［M］．北京：人民教育出版社，1993.
64. 瞿葆奎．教育基本理论之研究（1978—1995）［M］．福州：福建教育出版社，1998.
65. 瞿葆奎．教育学文集·教育与社会发展［M］．北京：人民教育出版

社，1989.

66. 卡尔·曼海姆．意识形态和乌托邦［M］艾彦，译．北京：华夏出版社，2001.

67. 科塞．社会冲突的功能［M］．孙立平，等，译．北京：华夏出版社，1989.

68. 孔庆东，等．审视中学语文：世纪末的尴尬［M］．汕头：汕头大学出版社，1999.

69. 莱斯利·P. 斯特弗，杰里·盖尔．教育中的建构主义［M］．高文，等，译．上海：华东师范大学出版社，2002.

70. 雷尧珠，王佩雄．教育与人的发展［M］．北京：人民教育出版社，1989.

71. 李宝元．人力资本与经济发展［M］．北京：北京师范大学出版社，2000.

72. 李慧敏．社会转型时期的自我认同与教育：以吉登斯自我认同理论为视角［M］．北京：高等教育出版社，2005.

73. 李强．社会分层与贫富差别［M］．厦门：鹭江出版社，2000.

74. 里勒．当代教育思潮［M］．张银富，译．台北：五南图书出版有限公司，1989.

75. 厉以贤，毕诚．教育社会学引论［M］．哈尔滨：黑龙江教育出版社，1989.

76. 厉以贤．西方教育社会学文选［M］．台北：五南图书出版有限公司，1993.

77. 厉以贤．学习社会的理念与建设［M］．成都：四川教育出版社，2004.

78. 利奥塔尔．后现代状态：关于知识的报告［M］．车槿山，译．北京：生活·读书·新知三联书店，1997.

79. 联合国教科文组织国际教育发展委员会．学会生存：教育世界的今天和明天［M］．北京：教育科学出版社，1996.

80. 林传生．教育社会学［M］．台北：复文图书出版社，1982.

81. 林清江．教育社会学新论：我国社会与教育关系之研究［M］．台北：五南图书出版有限公司，1995.

82. 刘慧珍. 教育社会学 [M]. 沈阳：辽宁教育出版社，1988.
83. 刘精明. 国家、社会阶层与教育 [M]. 北京：中国人民大学出版社，2005.
84. 刘生全. 论教育批评 [M]. 北京：教育科学出版社，2006.
85. 刘铁梁. 20 世纪中国民间文学经典 [M]. 北京：北京师范大学出版社，2004.
86. 鲁洁. 教育社会学 [M]. 北京：人民教育出版社，1990.
87. 陆学艺，李培林. 中国社会发展报告 [M]. 沈阳：辽宁人民出版社，1991.
88. 马和民，高旭平. 教育社会学研究 [M]. 上海：上海教育出版社，1998.
89. 马克思，恩格斯. 马克思恩格斯全集：第 26 卷 [M]. 北京：人民出版社，1979.
90. 马克思，恩格斯. 马克思恩格斯全集：第 46 卷 [M]. 北京：人民出版社，1979.
91. 马克思，恩格斯. 马克思恩格斯选集：第 1 卷 [M]. 北京：人民出版社，1995.
92. 马克思，恩格斯. 马克思恩格斯选集：第 2 卷 [M]. 北京：人民出版社，1972.
93. 马克思，恩格斯. 马克思恩格斯选集：第 4 卷 [M]. 北京：人民出版社，1972.
94. 马克斯·舍勒. 知识社会学问题 [M]. 艾彦，译. 北京：华夏出版社，1999.
95. 马维娜. 局外生存：相遇在学校场域 [M]. 北京：北京师范大学出版社，2003.
96. 迈克·费瑟斯通. 消解文化：全球化、后现代主义与认同 [M]. 杨渝东，译. 北京：北京大学出版社，2009.
97. 迈克尔·曼. 国际社会学百科全书 [M]. 袁亚愚，等，译. 成都：四川人民出版社，1989.
98. 麦克·扬. 知识与控制：教育社会学新探 [M]. 谢维和，等，译. 上海：华东师范大学出版社，2002.

99. 莫琳·T. 哈里楠．教育社会学手册［M］. 傅松涛，等，译．上海：华东师范大学出版社，2004.

100. 尼科·斯特尔．知识社会［M］. 殷晓蓉，译．上海：上海译文出版社，1998.

101. 诺贝特·埃利亚斯．个体的社会［M］. 翟三江，陆兴华，译．上海：译林出版社，2003.

102. 庞树奇，范明林．普通社会学理论新编［M］. 上海：上海大学出版社，1998.

103. 裴时英．教育社会学概论［M］. 天津：南开大学出版社，1986.

104. 彭银祥．回眸与前瞻：世纪之交的教育批评［M］. 长沙：湖南师范大学出版社，1999.

105. 皮亚杰．发生认识论原理［M］. 王宪钿，等，译．北京：商务印书馆，1995.

106. 齐格蒙特·鲍曼．作为实践的文化［M］. 郑莉，译．北京：北京大学出版社，2009.

107. 钱扑．教育社会学的理论与实践［M］. 南宁：广西教育出版社，2001.

108. 乔纳森·特纳．社会学理论的结构（上、下）［M］. 邱泽奇，等，译．北京：华夏出版社，2001.

109. 乔治·里茨尔．社会的麦当劳化：对变化中的当代社会生活特征的研究［M］. 顾建光，译．上海：上海译文出版社，1999.

110. 乔治·瑞泽尔．后现代社会理论［M］. 谢立中，等，译．北京：华夏出版社，2003.

111. 冉云飞．沉疴：中国教育的危机与批判［M］. 海口：南方出版社，1999.

112. 任宝祥．教育社会学［M］. 重庆：西南师范大学出版社，1993.

113. 石中英．教育学的文化性格［M］. 太原：山西教育出版社，1999.

114. 石中英．知识转型与教育改革［M］. 北京：教育科学出版社，2001.

115. 史蒂文·塞德曼．有争议的知识：后现代时代的社会理论［M］. 刘北成，等，译．北京：中国人民大学出版社，1996.

116. 史蒂文·塞德曼．后现代的转向：社会理论的新视角［M］．吴世雄，等，译．沈阳：辽宁教育出版社，2001.
117. 斯各特·拉什．信息批判［M］．杨德睿，译．北京：北京大学出版社，2009.
118. 孙立平．转型与断裂：改革以来中国社会结构的变迁［M］．北京：清华大学出版社，2004.
119. 王道俊，王汉澜．教育学（新编本）［M］．北京：人民教育出版社，1989.
120. 王宏甲．中国新教育风暴［M］．北京：北京出版社，2004.
121. 王丽．中国语文教育忧思录［M］．北京：教育科学出版社，1998.
122. 王思斌．社会学教程［M］．北京：北京大学出版社，2003.
123. 王天一，等．外国教育史（上、下）［M］．北京：北京师范大学出版社，1993.
124. 王新霞．中国教育面临的紧要问题［M］．北京：经济日报出版社，2002.
125. 王有升．理想的限度：学校教育的现实建构［M］．北京：北京师范大学出版社，2003.
126. 王跃．教育批评［M］．成都：四川文艺出版社，2004.
127. 卫道治，沈煜峰．人·关系·文化：教育社会学观略［M］．武汉：武汉大学出版社，1989.
128. 沃尔夫冈·查普夫．现代化与社会转型［M］．北京：社会科学文献出版社，2000.
129. 吴铎，张人杰．教育与社会［M］．北京：中国科学技术出版社，1991.
130. 吴刚．知识演化与社会控制：中国教育知识史的比较社会学分析［M］．北京：教育科学出版社，2002.
131. 吴季松．21世纪社会的新趋势：知识经济［M］．北京：北京科学技术出版社，1998.
132. 吴康宁．教育社会学［M］．北京：人民教育出版社，1998.
133. 吴忠民，刘祖云．发展社会学［M］．北京：高等教育出版社，2002.
134. 西里尔·E. 布莱克．比较现代化［M］．上海：上海译文出版

社，1996.

135. 谢立中．当代中国社会变迁导论［M］．石家庄：河北大学出版社，2000.

136. 谢维和，等．当代青年社会学［M］．北京：中国青年出版社，1994.

137. 谢维和．教育活动的社会学分析：一种教育社会学的研究（修订版）［M］．北京：教育科学出版社，2007.

138. 熊丙奇．大学有问题［M］．成都：天地出版社，2004.

139. 许庆豫，卢乃桂．教育分流论［M］．南京：江苏教育出版社，2005.

140. 薛涌．谁的大学［M］．昆明：云南人民出版社，2005.

141. 雅克·德洛尔，等．学习：内在的财富［M］．北京：教育科学出版社，1998.

142. 鄢烈山，何保胜．杞人忧师：拯救中国教育［M］．北京：中华工商联合出版社，1999.

143. 杨昌勇，郑淮．教育社会学［M］．广州：广东人民出版社，2005.

144. 杨东平．教育：我们有话要说［M］．北京：中国社会科学出版社，1999.

145. 杨敏．社会行动的意义效应：社会转型加速期现代性特征研究［M］．北京：中国人民大学出版社，2005.

146. 杨晓升．中国教育：还等什么？［M］．北京：经济日报出版社，2001.

147. 杨支柱．先有蛋，先有鸡？——透视中国教育［M］．北京：中国民航出版社，2001.

148. 张人杰．国外教育社会学基本文选［M］．上海：华东师范大学出版社，1989.

149. 张行涛．必要的乌托邦：考选世界的社会学研究［M］．北京：北京师范大学出版社，2003.

150. 张雄．历史转折论［M］．上海：上海社会科学出版社，1994.

151. 张义兵．逃出束缚："赛博教育"的社会学解读［M］．北京：北京师范大学出版社，2003.

152. 张意．文化与富豪权力：布尔迪厄的文化社会学导论［M］．北京：中国社会科学出版社，2005.

153. 章辉美．社会转型与社会问题［M］．长沙：湖南大学出版社，2004.

154. 章士嵘．认知科学导论［M］．北京：人民出版社，1992.

155. 赵健伟．教育病：对当代中国教育的拷问［M］．北京：中国社会科学出版社，2003.

156. 赵宪宇．教育的痛与痒［M］．北京：北京大学出版社，2005.

157. 赵中建．教育的使命：面向二十一世纪的教育宣言和行动纲领［M］．北京：教育科学出版社，1996.

158. 珍妮·H. 巴兰坦．美国教育社会学［M］．李舒驰，刘慧珍，杨京梅，译．北京：春秋出版社，1989.

159. 郑杭生．转型中的中国社会和中国社会的转型［M］．北京：首都师范大学出版社，1996.

160. 郑杭生．社会学概论新修［M］．北京：中国人民大学出版社，1994.

161. 郑乐平．超越现代主义和后现代主义：论新的社会理论空间之建构［M］．上海：上海教育出版社，2003.

162. 中国大百科全书《社会学》编辑委员会．中国大百科全书·社会学［M］．北京：中国大百科全书出版社，1991.

163. 中国教育国际交流协会．中国教育国际论坛（第二辑）［M］．北京：人民教育出版社，2003.

164. 中国教育与人力资源问题报告课题组．从人口大国迈向人力资源强国［M］．北京：高等教育出版社，2003.

165. 中国现代化报告课题组．中国现代化报告 2001［M］．北京：北京大学出版社，2001.

166. 中国现代化报告课题组．中国现代化报告 2002［M］．北京：北京大学出版社，2002.

167. 中国现代化战略研究课题组，中国科学院中国现代化研究中心．中国现代化报告 2003：现代化理论、进程与展望［M］．北京：北京大学出版社，2003.

168. 中国现代化战略研究课题组，中国科学院中国现代化研究中心．中国现代化报告 2004：地区现代化之路［M］．北京：北京大学出版社，2004.

169. 中国现代化战略研究课题组，中国科学院中国现代化研究中心．中国现代化报告 2005：经济现代化研究［M］．北京：北京大学出版社，2005.

170. 朱小蔓．教育的问题与挑战：思想的回应［M］．南京：南京师范大学出版社，2000.

（二）中文文章

1. M. W. 阿普尔．国家权力和法定知识的政治学［J］．马和民，译．华东师范大学学报：教科版，1992（2）.

2. 厄尔·霍珀．关于教育制度的类型学［M］//国外教育社会学基本文选．上海：华东师范大学出版社，1989.

3. M. 弗里德曼．论科学知识社会学及其哲学任务［J］．张敦敏，译．哲学译丛，1999（2，3）.

4. 陈奇，张建伟．建构主义学习观要义评析［J］．华东师范大学学报：教科版，1998（1）.

5. 单鹰．人民满意的教育需要满意的投入［N］．中国教育报，2005－03－05.

6. 丁邦平．建构主义与面向 21 世纪的科学教育改革［J］．比较教育研究，2001（1）.

7. 冯晓芳．我国 2005 年网民将达 1.2 亿［N］．中国新闻出版报，2005－03－25.

8. 胡定荣．对建构主义教学论的历史、文化与实践的思考［J］．比较教育研究，2005（2）.

9. 黄军甫．俄罗斯社会转型问题学术研讨会综述［J］．当代世界与社会主义，2001（4）.

10. 靳玉乐，艾兴．新课程改革的理论基础是什么［N］．中国教育报，2005－05－28.

11. 拉尔夫·H. 特纳．赞助性流动、竞争性流动和学校教育［M］//国外教育社会学基本文选．上海：华东师范大学出版社，1989.

12. 莱纳兹：教育的各种职能［M］//瞿葆奎．教育学文集·教育与社会发展．北京：人民教育出版社，1989.

13. 李钢．论社会转型的本质与意义［J］．求实，2001（1）.
14. 厉以贤．终身教育、终身学习是社会进步和教育发展的共同要求［J］．教育研究，1999（7）.
15. 林枫．建构主义认识论评析［J］．教学月刊，2002（8）.
16. 刘兵．基础科学教育研究与建构主义：中国国内与西方的差异［J］．科学学研究，2002（6）.
17. 刘云杉．国外教育社会学的新进展［J］．比较教育研究，2002（12）.
18. 鲁洁．论学校的选择功能［J］．教育研究，1986（10）.
19. 毛景焕．试论20世纪教育领域中认识论的变革［J］．外国教育研究，2003（1）.
20. 皮埃尔·布迪厄．资本的形式［M］//薛晓源，曹荣湘．全球化与文化资本．北京：社会科学文献出版社，2005.
21. 施良方．新时期教育的社会职能［J］．教育研究，1986（8）.
22. 唐忠新．社区建设：中国城市社会转型的必然选择［J］．北京社会科学，2000（1）.
23. 谢维和．关于终身教育的若干理论问题［M］//郝克明，周满生．终身教育国际论坛报告集萃．北京：高等教育出版社，2005.
24. 谢维和．论教育理论发展的时代特点：教育学概念体系的创新与转型［J］．北京大学教育评论，2003（4）.
25. 扬森．中国社会转型的特殊性分析［J］．甘肃社会科学，2003（1）.
26. 杨昌勇，李长伟．中国大陆教育社会学三十年停滞沉沦之反思［J］．教育理论与实践，2003（1）.
27. 于一．社会学家中的一个异数［M］//社会学家茶座（第3辑）．济南：山东人民出版社，2004.
28. 袁维新．试论基于建构主义的科学教育理念［J］．外国教育研究，2002（6）.
29. 张广智．西欧社会近代转型问题断想［J］．浙江学刊，2001（5）.
30. 张人杰．"知识爆炸"悖论［N］．光明日报，1987-05-13.
31. 张玉林．从数字看教育不公［J］．中国改革，2004（12）.

32. 郑也夫．贵族文化与大众文化（上）［M］//社会学家茶座（第13辑）．济南：山东人民出版社，2006.

33. 朱伟珏．"资本"的一种非经济学解读：布迪厄"文化资本"概念［J］．社会科学，2005（6）．

34. 希来，等．教育打败中国？［J］．中国改革，2004（12）．

二、英文文献

1. Basil Bernstein. Class, Codes and Control, Volume Ⅰ、Ⅱ、Ⅳ [M]. Routledge, 2003.

2. Basil Bernstein. Class, Codes and Control, Volume Ⅲ [M]. Routledge & Kegan Paul Ltd, 1975.

3. Basil Bernstein. Class, Codes and Control, Volume Ⅴ [M]. Rowman & Littlefield Publishers, Inc., 2000.

4. Crook, S. et al. Post-Modernization: change in advanced society [M]. London: Sage, 1992.

5. David Bloor. Knowledge and Social Imagery [M]. London and Chicago: The University of Chicago Press, 1991.

6. Drucker P. The Age of Discontinuity: Guidelines to Our Changing Society [M]. New York: Harper & Row, 1969.

7. E. V. Glasersfeld. An Introduction to Radical Constructivism [M] //P. Watzlawick. The Invented Reality: How Do We Know What We Believe We Know? Contribution to Constructivism. New York: Norton, 1984.

8. George Ritzer. Postmodern Social Theory [M]. The McGraw-Hill Companies, Inc., 1997.

9. H. Garfinkel. Studies in Ethnomethodology [M]. Englewood Cliffs: Prentice-Hall, 1967.

10. I. Fagerlind. Formal Education and Adult Earnings [M]. Almqvist and Wilkseill: Stockholm, 1975.

11. L. P. Steffe & J. Gale. Constructivism in Education [M]. Lawrence Erlbaum Associates, Inc., 1995.

12. Lane R E. The Decline of Politics and Ideology in a Knowledge Society [J]. American Sociological Review, 1996 (31).

13. M. F. D. Young. The Curriculum of the Future: from the "New Sociology of Education" to a Critical Theory of Learning [M]. Routledge Falmer Press, 1998.

14. Matthews, M.. Introductory comments on philosophy and Constructivism in science education [J]. Science and Education, 1997, 6 (1-2).

15. Michael W. Apple. Education and Power [M]. Routledge, 1995.

16. Michael W. Apple. Ideology and Curriculum [M]. Routledge, 1990.

17. Michael W. Apple. Teachers and texts [M]. Routledge, 1988.

18. Nola, R.. Constructivism in science and science education: a philosophical critique [J]. Science and Education, 1997, 6 (2-3).

19. P. Bourdieu. La noblesse d' État. Grandes écoles et esprit de corps [M]. Paris: Editions de Minuit.

20. P. L. Berger & T. Luckmann. The Social Construction of Reality: a treatise in the sociology of knowledge [M]. The Penguin Press, 1967.

21. R. Inglehart. Modernization and Postmodernization. Princeton [M]. New Jersey: Princeton University Press, 1997.

22. Robin Borrow and Geoffrey Milbum. A Critical Dictionary of Educational Concepts [M]. Wheatsheaf Book Ltd, 1986.

后　　记

五年前的农历正月十五上午，我去看望导师和师母。导师见我来，高兴地放下手中正在做的事情，问起我的论文进展情况，我把遇到的问题及困惑一一作了汇报，导师似乎早有准备，一一予以深入解答。突然，导师话锋一转："生全，你说做学问什么叫做'扎实'呀?"我不假思索地回答："多读书，多动笔，打牢基础，这样做学问应该算是扎实吧?!""前几天我在给清华的学生上课时也问了同样的问题。你所说的没错，但那是一种传统意义上的'扎实'，或'扎实'的基础层面。对于读硕士、博士而言，做学问的'扎实'更应该体现在两个方面：一是要尽量抓住本学科中的基本问题去研究；二是要持之以恒，把所研究的基本问题做深做透……"

导师的问题及解释至今仍言犹在耳。十多年前他在指导我做硕士论文《论教育批评》时就一再强调，不能仅仅就教育批评论教育批评，要将对有关教育批评的研究与教育社会学乃至教育学学科中的基本理论问题联系起来。记得2005年盛夏，我抱着书稿去了导师家，把打算将这些年对教育批评的思考整理成册送去出版并请他作序等想法和盘托出，导师听了很支持，给我提了不少修改意见并在百忙中抽出时间为拙著写了《教育的合理性的重建——论教育批评的实质与意义》的点睛序言，蕴涵于字里行间的正是对建基于教育社会学的基本理论问题之上的教育批评研究的理论提升和意义深发。

在指导我的博士论文的过程中，导师付出了大量心血。这期间，他的工作单位出现变动，由北京师范大学到首都师范大学再到清华大学。然而，无论是提前预约还是贸然登门，导师不管多忙，都会抽出宝贵时间对我进行耐心、细致的点拨和指导。每次聆听导师的教诲，总有茅塞顿开之感。正是在导师的启发、引导下，我一点一点地前行：困惑一个个地解开，思路越来越清晰，行文越来越顺畅。给我留下深刻印象的是，在整个写作过程中，导师更加强调理论提升及要将本研究与教育社会学乃至教育学的基本问题关联起来。经过漫长的理论跋涉，最终本论文还是落到了“教育和社会的关系”这个基本范畴上。贯穿在导师对包括我在内的所有谢门弟子的论文指导过程中的基本精神就是要将研究做扎实。当然，由于写作时间和个人能力的限制，本研究离导师期望的扎实标准尚有不小的差距，至今我仍惴惴不安。

在论文选题、研究和写作过程中，我得到过众多前辈和师友的无私帮助，至今心存感念。年近九旬的教育学家黄济先生非常关心我的论文选题，在得知我最终选定教育成层这个富有挑战性的研究主题时，先生不仅给我以莫大鼓励，还提了许多很好的意见和建议。劳凯声教授认真审阅了我的开题报告，并在电话中对我的论文选题进行了有针对性的指导，后来还主持了我的论文答辩会。青年才俊石中英学兄、刘复兴学兄出席了我的论文开题会和答辩会，提了很多中肯的建议，使我对本研究关涉的问题域有了新的理解，两位学兄的学风和文风使我受益良多。北京大学社会学教授谢立中先生和首都师范大学的孟繁华院长对论文进行了深中肯綮的评审，同时出席了答辩会。

至今仍清晰记得，在“京师教育社会学沙龙”上及其他不同场合，魏曼华老师、刘慧珍老师、康永久博士、李艳博士、万作芳博士、徐瑞博士、李永生博士、桑锦龙博士、胡莉芳博士，以及其他各位师弟师妹给我提了很多很好的批评和建议，使论文选题及研究思路得以不断地调整和完善。

中科院中国现代化研究中心的何传启主任慷慨赠我《中国现代化研究报告》2001 年卷、2002 年卷；刘丽玲博士通过网络给我提供了尼科·斯特尔关于知识社会研究的大量英文资料；于然博士给我提供了尼科·斯特尔的中文版《知识社会》一书；楚江亭博士给我提供了一些关于建构主义的参考文献；导师给我提供了彼得·伯格等人著的《社会实体的建构》的英文版，并将《文化与符号权力：布迪厄的文化社会学导论》一书赠我作为参考资料；郭华博士则借《社会实体的建构》的中文版供我参考……

周作宇老师不仅出席了答辩会，还就如何修改论文题目提出了宝贵的建议，而且在百忙之中应我的请求为论文出版赐序，使本书增色不少。

师母郭晓莉女士多年来特别是在论文写作过程中给予我的鼓励和关心，使我切身感受到了亲情所带来的伟大力量。

2005年岁末至2006年年初的几个月是我做论文的攻坚阶段，在此紧要关头，我突然大病一场，正常写作一度被迫停止，这令我万分焦虑。爱人孟春莲女士不仅每天给我熬制汤药，同时包揽了洗衣、做饭、保洁等所有家务，而且帮我妥善处理了繁杂的人际应酬。爱妻的灿烂笑容如同温暖阳光，驱散了我心中的寒冷、孤寂和惆怅，使我能够尽快康复并重新集中心思投入写作。在最近一年多的论文修改过程中，恰逢女儿出生，她又主动承担起养育孩子的繁重任务，给我创造了一个安静的环境。

还值得一提的是，2011年既是首都北京文化创意产业“十二五”发展的开局之年，又恰逢十七届六中全会专题研究推进文化体制改革和文化大发展大繁荣。北京市委宣传部新任掌门人鲁炜同志，怀着超常的责任感、使命感和紧迫感，忘我工作，昼夜奋战，在常务副部长王海平同志及其他各位部领导的大力支持和鼎力配合下，带领全市宣传文化系统特别是部机关全体干部，短短几月之内开创了全新的工作局面，重塑了北京宣传文化系统的生态环境和工作方式。根据中央的战略部署，北京需要进一步发挥全国文化中心的示范带动作用，为此需要出台推动首都文化发展繁荣的系列政策。我有幸进入起草组亲身经历了“1＋X”政策的起草过程，这期间文风得到锻炼，对完善本书的表述帮助不小。在此，衷心感谢主管部长张淼同志的严格要求和给予的机会；感谢起草组的孔建华、孙祖兴两位兄弟，一起战斗的岁月必将成为我们人生中的美好记忆；感谢宣传部办公室张成刚主任对起草组工作的大力支持；同时感谢市文促中心梅松主任及其他各位同志对本人工作的理解、支持和帮助。

教育科学出版社的李东总编辑对本书出版给予了大力的支持，学术著作编辑部的刘明堂主任为本书的顺利出版付出了辛勤汗水，一切感谢尽在不言中。

最后还要感谢青年书法家李家原先生为本书题写书眉。

受人滴水之恩，当以涌泉相报。我愿继续在充满挑战的学术道路上以实际行动来表达对大家的谢意。

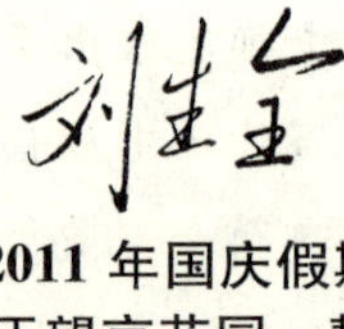

2011年国庆假期

定稿于望京花园·静心斋

出 版 人　所广一
责任编辑　刘明堂
版式设计　沈晓萌
责任校对　张　珍
责任印制　曲凤玲

图书在版编目（CIP）数据

教育成层研究／刘生全著．—北京：教育科学出版社，2011．12
ISBN 978－7－5041－5811－6

Ⅰ．①教…　Ⅱ．①刘…　Ⅲ．①教育社会学－研究　Ⅳ．①G40－052

中国版本图书馆 CIP 数据核字（2011）第 093245 号

教育成层研究
JIAOYU CHENGCENG YANJIU

出版发行	教育科学出版社		
社　　址	北京·朝阳区安慧北里安园甲 9 号	**市场部电话**	010－64989009
邮　　编	100101	**编辑部电话**	010－64989419
传　　真	010－64891796	**网　　址**	http://www.esph.com.cn

经　　销	各地新华书店		
制　　作	国民灰色图文中心		
印　　刷	北京中科印刷有限公司		
开　　本	169 毫米×239 毫米　16 开	**版　　次**	2011 年 12 月第 1 版
印　　张	19．25	**印　　次**	2011 年 12 月第 1 次印刷
字　　数	293 千	**定　　价**	39．80 元